에센스와 연금술

Essence and Alchemy
에센스와 연금술

ICAA

에센스와 연금술
2nd 수정본

초판 1쇄 2024년 6월 29일 발행

지은이 | Many Aftel(맨디 아프텔)
옮긴이 | 신지영
편 집 | 김경희, 이은정
펴낸이 | 이은정

등록번호 | 제 2015-000275호
펴 낸 곳 | (주)영국아로마테라피센터
주   소 | 서울특별시 강남구 논현로 98길 6 (역삼동) 신화빌딩 5층
전   화 | 02-508-8359
팩   스 | 02-508-8353
이 메 일 | icaa@daum.net
홈페이지 | icaa.co.kr
카카오톡 | icaa2016

ISBN 979-11-961235-2-9

이 책에 실린 글과 이미지의 무단 전제, 복제를 금합니다.
이 책 내용의 전부 또는 일부를 재사용하려면 반드시 출판사의 동의를 받아야 합니다.

파본은 구입처에서 교환해 드립니다.

정가 27,000원

서문

나는 20여 년 전에 에센스와 연금술에 대해 기술한 바 있다. 향수 경력 초창기에 쓴 이 책은 천연 향수 및 장인 정신이 깃든 향수에 대한 지속적인 움직임에 불을 붙이는 데 일조했다. 수 년 동안 미국에서 꾸준히 판매되고 있으며 해외 에디션도 12까지 나와 있다. 나는 향수를 수집하고 아름다운 표지를 보는 것을 좋아한다.

그때 내가 했던 말을 지금 돌이켜보면 그때 언급했던 말이 아직도 유효한 것을 보면 놀라움을 금할 수 없다. 천연 향료의 역사와 관능, 화장품, 의학, 영성에서 향료의 역할을 엮어 세기 말 향수 서적 100여 권을 열정적으로 연구한 것이 여전히 타당성이 지니고 있고, 사실로 여겨져서 기쁘다. 역사는 변하지 않았고, 훌륭한 재료들도 변하지 않았다. 나는 30년 전 처음 천연 에센스를 접했을 때와 마찬가지로 지금도 여전히 천연 에센스에 매료되어 있으며, 향수를 만들기 위해 천연 에센스로 작업하는 데 대한 모든 부분을 사랑한다. 이 개정판의 독자들은 천연 에센스를 다루는 방법에 대한 나의 이해가 어떻게 발전했는지 볼 수 있는 혜택을 누릴 것으로 기대된다.

나는 향수를 만들고 가르치면서 20년 동안 쌓은 경험을 바탕으로 특히 구성에 대한 새로운 접근 방식을 개발하여 구성의 기술 챕터에 소개했다. 에센스와 연금술의 초판을 출간한 이후 나는 홈 스튜디오의 개인 학생들과 구글과 애플의 디자인 팀뿐만 아니라 노숙자 쉼터, 폐쇄 시설, 시각장애인 센터, 학교, 수련원 등에서 수 천 명의 학생들에게 수 백 차례의 수업을 진행했다. 가르치면서 향수의 구조와 주요 블렌딩 개념(buryng: 베링, locking: 록킹, filler note: 필러 노트, shape: 형상, texture: 텍스처)에 대한 나의 아이디어가 발전했고(꽃을 피웠다고 할까!) 여기에 이를 추가하고 싶었다. 모든 챕터에 조금씩, 그리고 향수 구성에 관한 챕터에 크게 반영된 나의 최신 생각을 볼 수 있다. 나는 조향뿐만 아니라 예술가와 작가들을 위한 테라피스트로서 30년 넘게 일해 왔기 때문에 창의성에 대해 많은 생각을 한다. 천연 향수를 만드는 것은 식물의 아름다운 에센스를 다루는 장인 정신이 깃든 작업이다. 개인적인 창작 활동으로 이어지든, 샵의 향수 라인으로 이어지든, 이 작업은 모든 단계에서 독자들이 참여하게끔 이끌고 자연과 연결되게 해 주는 즐겁고도 성취감 높은 과정이 될 것이다.

　지금 이 작업에 착수하는 사람들은 내가 처음 에센스와 연금술을 집필한 이후 엄청나게 변화한 향수 제조의 세계로 들어가게 될 것이다. 당시에는 대형 향수 회사를 제외하고는 향수를 만드는 사람이 거의 없고, 고급 백화점 외에는 향수를 판매하는 시장도 거의 없으며, 고급 패션 잡지 외에 향수를 다루는 공간도 전무하다시피 했다. 아주 천천히 상황이 바뀌기 시작했고, 향기로 자신을 꾸미고자 하는 보편적이고 열정적인 관심은 급격하게 변화한 미디어와 경제 상황에서 새로운 출구를 찾았다.

　향기 애호가들은 블로그를 작성하고, 향기를 공유하고, 향수를 만들기 시작했다. 틈새시장과 장인들이 만든 향수는 사람들의 상상력을 사로잡았고,

곧 대기업 브랜드가 아닌 이 사람들이 새로운 길을 개척하고 트렌드를 선도하게 되었다. 미디어와 문화적 지원이 뒷받침되면서 향수의 세계는 블로거, 지식이 풍부한 소비자, 천연 에센스에 호기심을 가진 애호가, 향수 라인을 시작하는 장인, 부티크 향수 샵 등으로 구성된 생태계로 변모했고, 그중 많은 곳이 온라인에서 나와 같은 커뮤니티를 형성했다. 이 흥미진진한 시기에 장인이 만든 천연 향수는 번성했고, 지금도 계속 번창하고 있다. 이제 에센스와 재료를 찾고, 장인 정신으로 작업하고, 향기를 가지고 놀고, 동료 조향사들과 팁을 교환하고, 리뷰를 받고, 샘플을 공유하고, 향수 라인을 시작하고, 수업을 듣고, 자기표현과 창의성으로 번성하는 세계를 만드는 것이 훨씬 쉬워졌다.

내가 처음 시작했을 때 동경했던 세상이고, 그 세상을 만드는 데 일조했다는 자부심과 함께 이런 세상에서 살게 되어 기쁘기 그지없다.

환영합니다!

Mandy Aftel
2022년, 버클리

소개

한 사람이 고대의 플라스크를 발견하자, 그 주둥이에서 이제 회복되어
살아 있는 영혼이 쏟아져 나온다. 수 천 개의 잠든 생각들,
음울한 번데기가 그림자 속에서 새 나비처럼 떨고 있다.
구겨진 날개가 하늘빛, 장미빛 서리, 금빛 조각으로
펼쳐지면서 날아오르기 시작한다.

- 샤를 보들레이(Charles Baudelaire), "플라이크(The Flask)"

허브와 향신료, 꽃, 나무껍질, 동물과 나무의 에센스가 결합 된 향수는 우주의 원동력이다. 사람들은 일찍부터 향기로운 물질을 피부에 바르는 것을 즐겼다. 시대를 초월한 보편적인 향기는 의식, 의학, 신화, 정복의 역사에서 강력한 힘을 발휘해 왔다. 향수는 사람들이 기도하고, 치유하고, 사랑과 전쟁을 하고, 죽음을 준비하고, 무언가를 창조하는 데 도움을 준다. 결국 영감을 준다(To inspire)는 것은 말 그대로 "숨을 들이마신다"는 의미이다. 향료는 고대 세계에서 사치품이자 고급품으로 매우 귀한 대접을 받았으며, 향료 성분을 좇아 끊임없이 나아가다 보니 그 길을 따라 무역로가 발달했다. 멀리 떨어진 문명으로부터 캐러밴과 배를 타고 아프리카에서 시나몬을, 인도에서 스파이크 나드와 카다멈을, 인도네시아에서 진저, 넛맥, 샤프란, 클로브를 가져왔다. 먹기에는 너무 귀한 이 탐나는 재료들은 종교의식, 신체 치료법, 몸의 향을 내는 데 사용되는 향기로운 혼합물의 구성 요소였다. 세상은 향수의 여파로 발견되었다는 말이 있을 정도이다.

향수는 단순한 제품이 아니라 수 세기 동안 마법과 신비의 후광을 간직한 세상의 존재 방식이다. 대부분 독학자들이었고 배타적이면서도 독특한 형태의 친목 단체를 이루고 있던 조향사들은 물리적 물질을 신성한 에센스로 변화시키는 것을 목표로 삼았던 연금술 전통을 실용적, 철학적으로 계승한 사람들이었다. 조향사들은 그들의 제조법을 비밀로 유지했고 멋들어진 플라스크에 담긴 물약을 선별된 소수에게 거액의 돈을 받고 제공했다. 세계 무역의 증가와 증류 및 기타 기술(일부는 연금술사들이 직접 개발한 기술)의 발달로 더욱 다양한 고품질의 에센스를 사용할 수 있게 되면서 조향사들은 새로운 차원의 창의성을 발휘하게 된다. 19세기 말에는 자스민, 오렌지 꽃, 튜베로즈의 에센스를 추출하는 '냉침법(enfleurage)' 기법을 통해 향수 예술이 꽃을 피우게 된다.

화려하고, 불안정하며, 기발하고, 값비싼 천연 에센스는 열정적인 관심과 규칙마저 기꺼이 포기하라고 요구하는 까다로운 여주인이다. 예측 가능한 관계의 편안함을 버리게 하고, 그 복잡함 때문에 함께 일한 많은 사람들이 향수와 삶의 다른 측면의 관계에 대해 철학적으로 생각하게 되었다. 특히 19세기 말과 20세기 초의 향수 황금기에 향수를 중심으로 성장한 문학은 향기에 대한 열정과 먼 곳의 낭만에 취하고 고대의 신비로운 전통과 자기 기술의 유대감에 이끌린 괴짜 장인들의 세계를 드러냈다.

이러한 유대감은 곧 산산조각이 났다. 1905년, 전설로 남은 이야기가 전해진다. 프랑수아 코티(François Coty)는 향수 판매를 거부하던 고급 백화점 바닥에 향수 한 병을 떨어뜨려 자신의 신생 향수 사업을 세상에 널리 알렸다. 이 소동 속에 그가 뿌린 향기에 매료된 고객들이 몰려들어 그의 향수를 구입했다. 전설이든 아니든, 작은 병에 향수를 포장한다는 기발한 아이디어를 낸 사람은 분명 코티였다. 더 결정적으로, 그는 천연 에센스와 함께 합성 물질을 사용한 최초의 조향사 중 한 명으로, 대중을 상대로 향수를 합리적인 가격의 사치품으로 각인시키는 데 결정적인 역할을 했다.

합성 향료는 저렴한 가격과 안정성 덕에 적극적으로 홍보되었고, 향수 제조에서 복제하기 어려운 귀한 꽃을 제외하고는 천연 에센스의 대체품이 되었다. 합성 물질은 원더 브레드(Wonder Bread: 미국 인디애나 주의 대량 생산 제빵업체)의 제품과 같은 신뢰성과 균일성을 제공했으며, '현대적'이라는 점이 매력으로 작용했다. 그 덕분에 향수는 브랜드 제품을 생산하는 주요 산업으로 부상했고, 장인들의 손을 거친 수제품은 급격히 쇠퇴했다. 조향사들은 여전히 분리, 정제, 재조합, 고정과 같은 연금술적 공정의 단계를 따랐지만, 향수 제조는 말 그대로, 그리고 철학적으로도 아틀리에를 벗어나 실험실로 옮겨갔다. 그 결과 한때는 결과 만큼이나 시적이었던 과정이 사라지게 되었다.

그로부터 한 세기가 지난 지금, 음식과 환경이 화학화되고, 인공적인 냄새가 모든 것을 덮어버리면서 우리의 후각은 소외되고 약화되었다.

많은 사람들이 레몬 냄새를 맡으면 가구용 세정제를 떠올릴 정도로 천연 향의 세계는 인공 향기 제품들로 대체되었다. 화학적인 냄새가 과포화되다 보니 복잡하고 미묘한 자연의 향을 감지하는 능력이 저하되는 것이다. 많은 고객들이 로즈나 자스민 앱솔루트 향수병에서 나는 향기에 감탄하는 동안, 진짜 꽃의 냄새가 어떤 것인지 잊어버리고 살거나 아예 전혀 알지 못하기도 한다.

존재감을 뽐내면서 사람의 신체와 공기 중에 널리 그리고 단조로이 퍼져 있는 백화점 향수의 홍수 속에서 살아가는 동안, 향수의 진정한 마법은 우리에게서 멀어져 가고 있다. 우리는 애초에 인류가 꽃과 허브의 냄새에 이끌린

증류, 16기 초 Hieronymus Brunschwig의 Destillirbücher(증류소)

이유, 그리고 우리 종과 그 풍부하게 얽혀 있는 역사를 잊어버렸다. 파올로 로베스티(Paolo Rovessti) 잃어버린 향수의 세계를 기록하면서 "인공적인 현대

소개 15

생활에 잠식되어 있는 우리는 인간이 마음껏 사용할 수 있는 자연의 선물, 지금은 방치되거나 더 이상 사용되지 않는 수많은 것들을 노스탤지어와 슬픔 없이는 떠올릴 수 없다"고 썼다. 그 중에는 잃어버린 천연 향수의 낙원, 과거의 향수와 영혼의 향수가 있다.

조향사가 되기 전에도 나는 손으로 작업하는 것을 좋아했고, 손으로 만든 물건과 제작자의 감성이 담긴 물건으로 실내를 꾸미곤 했다. 20대에 직물예술가로 활동했고, 오랫동안 민속 공예품을 열정적으로 수집했다. 꽃과 허브로 정원을 가꾸는 것을 즐기고, 내가 가꾼 식물의 향기로 집안을 가득 채우는 일상을 사랑한다. 나의 진정한 열정은 화려한 에센스를 담은 천연 향수를 만드는 것이다.

처음부터 나는 순수한 에센스로 작업하는 것을 좋아했다. 에센스는 한 병에 담긴 풍요로움 그 자체였고, 향기를 맡는 것만으로도 마치 경험의 세계를 흡입하는 듯한 기분이 들었다. 어떤 이름은 독서나 요리, 정원 가꾸기를 통해 익숙한 것이었고, 어떤 이름은 전혀 낯선 것이었다. 처음에는 아로마테라피 문헌에서, 그 다음에는 서적에 기록된 흔적을 따라 이 모든 것에 대해 읽어 나갔다.

나는 희귀 서적 박람회와 딜러를 통해 골동품 향수 서적을 찾기 시작했다. 수년에 걸쳐 향기에 관한 200여 권의 도서들을 수집하여 희귀 서적 서재를 만들었다. 에센스와 마찬가지로 이 책들도 복잡하고 특이한 성격을 지니고 있다. 일부는 오래된 매혹적인 사진이나 목판화로 가득 채워져 있고, 또 다른 책들은 이런저런 오일의 조달 또는 사용에 대한 난해한 세부 사항들이 넘친다.

예를 들어, 조향사이자, 불만투성이 미용사였던 유진 림멜(Eugene Rimmel)은 1865년, 정교한 삽화가 가득한 『향수의 책 Book of Perfumes』에서 고대 문명과 '미개한 나라'를 여행하며 이국적인 헤어 스타일과 향수의 관습을 거의 같은 레벨에서 조사하는 등, 저자들은 의견과 기발함으로 가득한 야생 토끼와도 같았다. 학자이든 독학자이든, 소박하든, 두뇌가 명석하든, 이 작가들은 천연 재료에 대한 경외심과 향기로운 경험의 중요성에 대한 심오하고도 변함없는 믿음을 공유하고 있다.

 책을 읽다 보면 새로운 오일을 실험하고, 내가 생각하지 못한 성분을 조합하는 방법을 발견하는 경우가 많았다. 때로는 문명 이후의 문명을 통해 에센스의 역사를 이해하는 것만으로도 에센스가 내 손에서 살아나기도 했다. 이런 식으로 천연 향수의 예술을 발견하는 것은 마치 아름답고 완벽하면서 화려하게 꾸며진 오래된 집의 문턱을 넘어서면서, 문득 버려진 채 누군가의 손길을 기다리는 듯한 황량함을 느낄 때와 같은 기분이었다. 나는 이 귀중한 에센스로 창작할 수 있는 기회를 갖게 된 것을 영광으로 생각했고, 내 자신이 사라져가는 신성한 예술의 수호자라는 생각이 들기 시작했다.

 그 역할을 맡게 된 것은 행운이다. 아로마테라피가 인기를 얻으면서 새로운 세대에 우수한 품질의 천연 에센스를 소개했으며, 이러한 재료를 널리 구매할 수 있게 되었다. 기존 향수 학교는 합성 성분에 집중하지만, 천연 향수는 가정에서 공부하기에 매우 적합하다. 아름답고 향기로운 집을 만들기 위해 필요한 것은 방법론에 대한 기본적인 이해와 에센스의 역사와 정신에 대한 이해 뿐이다.

 향수를 연구하고 실습하다 보면 우리 안의 진정성에 대한 갈망을 충족시킬 수 있다. 영적이면서도 미학적인 과정인 향수 예술은 거룩함과 육체적인 것, 영적인 것과 물질적인 것, 신비로운 것과 현대적인 것, 유형과 무형, 심오함과 피상적인 것을 동시에 지니고 있다. 향수에 참여한다는 것은 가장 오래된 뿌리, 특히 연금술의 길고 비밀스러운 전통을 접하는 것이다. 심리학자 칼 융(Carl Jung)이 연금술 과정을 갈등, 위기, 변화를 통한 인간 영혼의 성장에 대

1516년, 허브 정원과 증류소

한 은유로 받아들인 것처럼 연금술은 이러한 이중성을 구현했다.

향기는 항상 영혼으로 향하는 직접적인 통로가 되어 왔으며, 향기에 몰입하는 사람은 그 경험으로 인해 기분 좋게 변화할 수밖에 없다. 호기심이 발동하여 몇 가지 에센스를 시향하거나 명상이나 목욕에 사용할 수 있는 간단한 블렌딩을 마스터 할 수도 있다. 아니면 에센스의 세계로 빠져들어 에센스로 작업하고, 놀고, 창조하는 최면에 가까운 즐거움에 빠져들 수도 있다. 하지만 천연 향수에 관한 책만 읽어도 웅장하고 이국적인 과거와 숨겨져 있는 관능적인 현재로 향하는 놀라운 여정을 시작할 수 있다. 잠시라도 향기의 세계에 빠져든다는 것은 의식을 전환하고 순간을 더욱 온전히 깨우는 일이다.

목차

서문 7
소개 10

Essence and Alchemy

1장. 연금술사의 정신 : 향수의 자연사　　　　　　　　　　　23

2장. 첫 번째 문제 : 향수의 기초　　　　　　　　　　　　　61

3장. 고착의 계산법 : 베이스 노트　　　　　　　　　　　　85

4장. 아로마 구성 : 미들 노트　　　　　　　　　　　　　　115

5장. 고상함과 휘발성 : 탑 노트　　　　　　　　　　　　　135

Essence and Alchemy

6 장. 향기의 옥타브 : 구성의 예술	150
7 장. 유혹적인 향수 : 향수와 내실	185
8 장. 물의 향수 : 목욕의 환상	204
9 장. 신들의 향기 : 향수와 영혼	215
부록. 초보 조향사를 위한 에센스 및 용품	230

비고 236
참고문헌 248
감사의 말 270

1 장
연금술사의 정신 : 향수의 자연사

먼 과거로부터 사람들이 죽은 후, 모든 것이 부서지고 흩어진 후,
맛과 냄새만 남아 있을 때, 더 연약하지만 더 오래 지속되고, 더 실체가 없고,
더 끈질기고, 더 충실한 것들은 영혼처럼 오랫동안 남아 나머지 모든 것들의
폐허 속에서 기억하고, 기다리고, 희망하며, 작고 거의 만질 수 없는
에센스의 방울 속에서 기억의 거대한 구조를 흔들림 없이 견뎌낸다.

- 마르셀 프루스트(Marcel Proust), "과거의 추억(Remembrance of Things)"

 향기는 순수한 즐거움으로 의식을 관통하는 즉각적이고 보이지 않는 힘을 가지고 있다. 향기는 시각과 청각을 피하고 상상력을 불러일으키는 관능적인 방식으로 우리에게 다가와 숨겨진 세계를 열어준다. 소나무와 장작 타는 냄새가 가득한 첫 캠핑 여행, 쿠키가 구워지는 겨울 부엌의 김이 모락모락 피어오르는 창문과 바닐라 향이 가득한 공기, 교실에서 선생님이 삼나무 연필이 담긴 새 상자를 열었을 때, 애플 사이다와 썩어가는 나뭇잎의 달콤한 냄새, 봄의 첫 비, 푸른 풀과 젖은 땅의 향기가 연상되는 미 중서부의 대학 캠퍼스 등 추억이 감정의 바다에서 의식 속으로 솟구쳐 오르는 순간이 있다.

20세기 프랑스 철학자 가스통 바슐라르(Gaston Bachelard)는 향기가 고체 물질이 대기를 통과하는 흔적과 같아서 기억을 되살린다는 사실을 발견했다.

냄새는 마치 시간이 전혀 흐르지 않은 것처럼 생생하게 오래된 경험의 디테일과 분위기를 즉시 불러일으킬 수 있다. "냄새는 다른 어떤 감각의 인상보다 시간의 흐름에 의해 거의 영향을 받지 않고, 그 순간이나 그 사이의 세월의 무의미함을 제거한 채, 분명히 살아 있고 설득력 있는 기억을 의식에 전달한다."라고 로이 베디첵(Roy Bedichek)은 『후각 감각 The Sense of Smell』에서 말한다. "시각도, 청각도, 촉각도, 심지어 후각과 거의 유사한 미각도 아닌 오직 코만이 광대한 심연으로부터 거짓된 영화를 구체화한 것과 같은 추억을 진실로 불러낸다."

  냄새가 기억과 강력하게 연관되어 있다는 사실은 놀라운 게 아니다. 후각은 아기가 세상에 태어나서 가장 먼저 깨어나고 움직임으로 이끄는 감각 중 하나이다. 아기는 코만으로 엄마 젖을 찾을 수 있다. 아기는 엄마의 냄새를 인지하면 미소를 짓는다. 다른 여성의 냄새보다 엄마의 냄새를 더 선호하고, 이는 곧 엄마를 기쁘게 한다. 후각에 기반한 이러한 진화적이고 상호적인 상황은 엄마와 아이 사이의 친밀한 관계를 형성하는 데 중요한 역할을 한다.

  하지만 후각은 그 강력함에도 불구하고 우리가 가장 소홀히 여기는 감각 중 하나이다. 우리는 예술 작품과 자연에서 시각적 아름다움을 찾고, 눈을 즐겁게 하기 위해 정성을 다해 집을 꾸민다. CD 컬렉션에 추가할 새로운 음악과 뮤지션을 찾고, 직접 악기 연주를 배우기도 한다. 새롭고 이국적인 요리를 맛보는 데 시간과 돈을 투자하고, 심지어 요리하는 법도 배운다. 캐시미어 스웨터, 실크 파자마, 보송보송한 린넨 셔츠로 촉각에 대한 애착을 키우며 끝도 없이 다양한 촉각 세계와의 상호 작용을 통해 촉각을 다듬는다. 하지만 우리 대부분은 후각을 당연한 것으로 여기고 단조롭고 과포화 상태인 후각 환경에 후각을 방치한다. 결과적으로 인생의 가장 절묘한 즐거움 중 일부를 놓치는 것인데 후각을 기르거나 풍부하게 하는 것에 대해서는 별로 생각하지 않는다. 여러 종류가 섞여 있는 장미 꽃다발에서 대부분의 사람들은 티 로즈(Tea rose)의 섬세함과 캐비지 로즈(Cabbage rose)의 풍성함을 한눈에 구별할 수 있지만, 티 로즈의 갓 수확한 차 향과 캐비지 로즈의 스파이시하고 꿀 같은 풍부한 꽃 향기를 쉽게 구분할 수 있는 사람은 얼마나 될까? 문화 사학자 콘스탄스 클라센(Constance Classen)은 "우리는 아무리 익숙한 냄새라도 그 냄새의 근원을 분리해 놓으면 인식하지 못하는 경우가 많다. 즉, 장미 자체가 있으면 장미 냄새를 알 수 있지만, 장미 냄새만 있으면 대부분의 사람들은 장미 냄새를 식별하지 못한다."라고 말한다.

그라스의 장미 채집

후각은 무의식적으로 사용되기 때문에 숨을 쉴 때 냄새를 맡는다는 사실을 당연하게 생각하기 쉽다. 코의 상부 각각의 공기 통로에 있는 동전 크기의 후각 점막 조각은 후각을 담당하는 신경 말단을 포함하고 있다. 천만 개가 넘는 후각 신경 세포의 노출된 말단에는 수용체가 장착된 6~12개의 털, 즉 섬모가 있다. 향기의 기체 분자는 수용체로 운반된다. 충분한 자극이 가해지면 세포가 발화하여 뇌에 신호를 보낸다.

후각 점막은 인체에서 중추 신경계가 환경과 직접 접촉하는 유일한 곳이다. 다른 모든 감각 정보는 처음에 시상하부를 통해 들어온다. 그러나 후각은 뇌에서 가장 오래된 부분 중 하나이자 성적 충동 및 감정적 충동을 담당하는 변연계에서 먼저 처리된다. 즉, 우리가 냄새를 맡았다는 것을 알기도 전에 이미 냄새를 받아들이고 반응한다는 뜻이다.

코를 땅에 대고 네 발로 걸으며 서로의 후각을 감지했던 인류의 선조들이 후각적으로 우위에 있었다는 것을 후각의 생리적 구성을 통해 알 수 있다. 과학자들은 이러한 방식으로 성별, 성적 성숙도, 가용성에 대한 정보를 확인할 수 있었다고 추측한다. 프로이드(Freud)는 인간이 직립보행을 시작하면서 냄새 흔적과 냄새가 제공하는 후각 정보에 대한 근접성을 잃었다고 가정했다. 동시에 시야가 넓어지면서 시각이 후각보다 우선시 되기 시작했다. 시간이 지남에 따라 후각은 예민함을 잃었다.

후각이 시각으로 대체된 것은 인류의 진화 과정에서 필수적인 단계였던 것으로 보이며, 그 때문에 후각의 예민함과 함께 후각의 지위도 하락한 것일 수도 있다. 특히 계몽주의와 함께 후각은 동물과 원시적 충동, 오물, 질병과 관련된 '하등한' 감각으로 여겨지게 되었다(질병의 악취는 오랫동안 증상이 아니라 질병의 원인으로 여겨졌기 때문에 도움이 되지 않았다). 엠마누엘 칸트(Immanuel Kant)는 후각을 감각 중 가장 중요하지 않은 감각이자 수양할 가치가 없는 감각으로 규정했다. 후각의 소외는 "문명화된" 인간의 특징 중 하나가 되었다.

하지만 인간의 후각은 그 기능이 약화되었음에도 불구하고 여전히 놀라운 발전을 거듭하고 있다. 파올로 로베스티가 전 세계의 후각 감성의 쇠퇴와 천연 향수 재료의 사용에 대한 연구인 『잃어버린 향수를 찾아서 In Search of Perfumes Lost』에서 기록한 것처럼, 후각은 원시 사회의 사냥, 치유, 종교 생활에서 중요한 역할을 유지했으며, 결과적으로 훨씬 더 정교한 도구가 되었다. 그가 방문한 오지의 사람들 중에는 "산 속에서 완전히 알몸으로 살아가는" 인도의 오리사족도 있었다. 그들은 문명의 영향을 전혀 받지 않았고 계속 석기 시대처럼 살았다.

> 아직 고원의 산봉우리가 보이지 않고 울창한 정글로 인해 그들과 한참 떨어져 있을 때, 축제의 함성을 들었다. "우리가 오는 냄새를 맡았다. 그들은 우리의 냄새를 맡았다." 가이드가 우리에게 설명했다. 우리는 정글 속에서 여전히 그들과 100야드 이상 떨어져 있었다. 게다가 근처에 시끄러운 폭포가 있어서 우리의 소리를 듣지 못했을 것이다. 이들 미개 민족이 원시인만큼이나 예리한 후각 능력을 가지고 있고, 수많은 동물과 같은 예민한 후각을 가지고 있다는 사실을 여러 차례 깨닫고 놀라움을 금할 수 없었다.

뉴기니의 우메다 사냥꾼들은 다음 날 사냥에 성공하기 위해 베개 밑에 지도처럼 길잡이가 될 허브 다발을 깔고 잠을 청한다고 한다. 모로코의 베르베르인들은 두통과 열을 치료하기 위해 페니로얄, 타임, 로즈마리, 로렐의 향기로운 연기를 흡입하는 것으로 알려져 있다. 수선화 꽃 냄새를 맡으면 매독으로부터 자신을 보호할 수 있다고 믿었고, 벤조인 타는 냄새에 루를 섞어 향불을 피우면 악령이 몸에서 빠져 나간다고 믿었다.

다른 감각을 잃은 사람들은 특별한 후각을 가지고 있는 경우가 많다. 헬렌

켈러(Helen Keller)는 오래된 시골집의 '여러 층으로 쌓여 있는 냄새들'을 알아챌 수 있었고, 옷 냄새로 사람들이 하는 일을 구분했으며, 그 전에 딱 한 번 만났는데도 볼에 입을 맞추며 인사하는 동안 그 사람을 기억할 수 있었다고 말한다. 켈러는 짧은 기간 동안 후각과 미각을 잃고 전적으로 촉각에 의존해야 했을 때, 시각 장애인이 실명하는 것이 어떤 것인지 비로소 이해하게 되었다고 말할 정도로 후각은 그녀의 삶에서 중요한 역할을 담당했다.

하지만 가스 새는 냄새나 상한 우유를 감지하는 것 외에도 대부분의 사람들에게 냄새는 의식, 감정, 환상의 내적 상태와 즉각적으로 연결된다는 점에서 가장 '유용한' 감각이다. 냄새는 우리의 강한 반응을 이끌어 내는데, 이는 생각이나 의무로 중재될 수 없다. 이러한 이유로 후각은 샤를 보들레르의 향기가 가득한 『악의 꽃 Les Fleurs du Mal』부터 조리스 칼 휘스망(Joris-Karl Huysmans)의 『자연에 반하여 À Rebours』, 오스카 와일드(Oscar Wilde)의 『도리안 그레이의 초상 The Picture of Dorian Gray』에 이르기까지 문학에서 오랫동안 찬사를 받아왔다. 콜레트(Colette)는 자신을 '후각 소설가'라고 정의했는데, 마르셀 프루스트(Marcel Proust)에게도 이 칭호를 붙였을 것이다. 이탈로 칼비노(Italo Calvino)의 소설 『이름, 코 The Name, the Nose』는 후각에 관한 이야기이며, 로알드 달(Roald Dahl)의 『스위치 암캐 Switch Bitch』는 "발정난 암캐의 냄새처럼 사람에게 짜릿한 효과를 주는" 향수의 공식을 만들어내는 재능 있는 조향사에 관한 이야기이다. 최고의 후각 소설은 파트리크 쥐스킨트(Patrick Suskind)의 『향수: 어느 살인자의 이야기 Perfume: The Story of a Murderer』이다. 주인공 그르누이는 초능력에 비길만한 후각을 갖고 있다. "그는 벽에 기대거나 구석진 곳에 웅크린 채 눈을 감고 입을 조금 벌리고 콧구멍을 열어, 깊고 어두운 느리게 흐르는 물결 속에서 먹이를 사냥하는 창 끝처럼 조용히 서 있곤 했다. 그리고 마침내 한 줄기 바람이 섬세한 향의 실 자락을 던져주면 그는 놓치지 않고 돌진해 잡아내었다. 그런 다음 그는 이 냄새 하나만 꽉 붙잡고 자신의 몸 안으로 끌어 당겨 늘 간직했다. 그 냄새는 오래 전부터 알고 있던 냄새일 수도 있고, 변형된 냄새일 수도 있으며, 그 순간까지 그가 실체를 본 적도 없고, 맡아본 적도 없는 전혀 새로운 냄새일 수도 있다. 예를 들어 압착된 실크 냄새, 야생 타임 차 냄새, 은실로 수놓은 실크 냄새 같은 것들이다."

후각은 촉각이나 미각의 모호함과 시각과 청각의 풍부하고 다양한 느낌의 중간 정도에 자리한다. 냄새는 본질적으로 확산성이 있으며, 분자 덩어리가 대기 중으로 널리 퍼져 있기 때문에 냄새가 항상 물질성을 의미한다고 보기 어려울 수 있다. 냄새를 에센스 또는 영혼이라고 부르는 것은 우연이 아니다. 냄새는 물리적인 세계와 형이상학적인 세계 사이의 경계를 넘나든다. 따라서 냄새는 정신과 관련하여 독특하고 강력한 역할을 한다. 해블락 엘리스(Havelock Ellis)은 다음과 같이 말한다.

> 우리의 후각 경험은 삶을 통해 우리를 동반하는 일련의 감각을 어느 정도 연속적으로 형성하는데, 실용적인 의미는 크지 않지만, 다양성, 친밀감, 연상 기능, 먼 조상의 잔향이 우리의 뇌를 통해 상당한 정서적 의미를 지니고 있다. 모호하면서도 구체적이고, 쓸모없으면서도 친밀한 이러한 특성 때문에 여러 작가들은 후각을 무엇보다도 상상력의 감각이라고 묘사했다. 냄새만큼 강력한 암시의 힘, 더 넓고 깊은 감정적 울림으로 오래된 기억을 불러일으키는 힘, 동시에 수용자의 일반적인 태도와 조화를 이루며 감정적 색채와 톤을 쉽게 바꾸는 인상을 주는 감각

은 없다. 따라서 냄새는 정서적 삶을 통제하고 향의 노예로 만드는 데에 더욱 적합한 것이다.

향기가 특별히 강력하다면, 시간의 흐름을 순식간에 지워버리는 독특한 힘을 갖고 있는 위안이 될 수도 있다. 발터 벤야민(Walter Benjamin)은 "어떤 하나의 향은 거기에 얽힌 추억 속에 몇 년 동안이고 침잠하도록 만들 수 있다"고 말한다. 동시에, 향기와 그와 관련된 기억은 부분적으로 초점이 맞지 않고 시야에서 사라지기도 한다.

철학자 앙리 베르그송(Henri Bergson)은 "어떤 대상이 영혼의 넓은 공간을 차지하거나 심지어 영혼을 완전히 채운다고 말할 때, 우리는 단순히 그 이미지가 수천 개의 지각이나 기억의 그늘을 바꾸어 놓았으며, 이런 의미에서 그 자체가 시야에 들어오지는 않지만, 그것들에 스며든다는 것을 이해해야 한다"고 말한다. 기억된 냄새는 기억과 그에 얽힌 감정으로 가득 찬 의식의 바구니로 흘러들어가 절묘하면서도 모호한 풍요로움으로 기억의 정서적 기운에 스며든다.

무의식의 메신저인 이러한 기억은 우리가 의식하지 못하는 사이에 우리 뒤에 무엇을 끌고 있는지 떠올리게 해 준다. 그러나 뚜렷한 생각이 없을 지라도 우리는 과거가 우리에게 존재한다고 막연하게 느낀다… 의심할 여지없이 우리는 과거의 일부만을 가지고 생각하지만, 우리가 욕망하고 의지하고 행동하는 것은 우리 영혼의 원초적인 굴곡을 포함하여 우리의 전체 과거와 함께 한다. 그러므로 우리의 과거는 전반적인 충동으로 드러나며, 경향의 형태로 느껴지지만 그 중 작은 부분만이 관념

의 형태로 알려져 있다.

향기는 기억에 스며들지만 마치 사물의 내부에서 발산되는 것처럼 보이지 않는 채로 남아 있다. 향기는 "내면의 진실과 내재적 가치를 전달하는 것으로 쉽게 이해될 수 있기 때문에" 영적인 개념에 대한 적절한 은유가 될 수 있다고 클라센(Classen)은 설명한다. "냄새와 호흡 및 생명력이 공통적으로 연관되어 있기 때문에 냄새는 원소적 힘의 원천이 되며, 따라서 신성한 생명과 힘의 적절한 상징이자 매개체가 된다. 냄새는 강하게 끌어당기거나 밀어낼 수 있으며, 선과 악에 대한 강력한 은유가 되기도 한다. 냄새는 또한 미묘하기 때문에 파악하거나 붙잡을 수 없으며, 그 애매함 속에서 신의 신비한 존재와 신비한 부재를 모두 전달한다. 마지막으로, 냄새는 종교적 경험에서 말하는 것처럼 언어로 정의할 수 있는 우리의 능력을 초월한다."

향수, 일종의 향기로서 이 모든 것을 담고 있다. 또한 역설적이게도 향수는 유형과 무형, 지상의 것과 천상의 것, 현실과 마법의 경계를 넘나드는 본질적으로 가치 없는 제품이기도 하다. 향기의 초월적인 속성은 우리가 추적할 수 있을 만큼 인류의 역사에서 오래 전부터 인식되어 왔다. 실제로 우리가 알고 있는 최초의 조향사는 이집트 사제들로, 즙이 많은 꽃과 식물에서 추출한 즙, 과일의 과육, 향신료, 나무의 수지와 검, 기름진 씨앗으로 만든 음식, 와인, 꿀, 기름 등을 혼합하여 향과 향수를 만들었다.

모세가 이집트 유배에서 돌아왔을 때 여호와는 올리브 오일과 향기로운 향신료로 성스러운 기름을 만들라고 명령하였다. 유대인들은 향기로운 기름과 향유를 몸에 바르는 이집트의 관습도 함께 가져왔다. 고고학자들은 기원 전 1세기에 지어진 예루살렘의 한 주택 지하에서 오븐, 요리 냄비, 절구 등 인근

신전에 향수 공방이 존재했다는 증거를 발견했다. 당시의 벽에 남아 있는 조각과 그림에는 향수 제조 과정이 자세히 기록되어 있다.

향수의 기원, 17세기 판화

그러나 이집트 시대부터 향기로운 혼합물은 종교의식뿐만 아니라, 신체 장식과 치료 목적으로도 사용되었다. 성경은 "이것이 왕의 길이니... 그가 너희 딸들을 데려다가 조향사가 되게 하리라"라고 말한다 (삼상 8:11~13). 예루살렘 벽화를 보면 조향사가 실제로 여성이었으며, 성전과 더불어 궁정을 위해서도 봉사했을 가능성이 높았음을 알 수 있다. 또한 코스투스, 샌달우드, 카다멈, 클로브, 시나몬, 특히 프랑킨센스, 미르와 같은 희귀하고 귀하며, 캐러밴으로 쉽게 운반할 수 있는 향기로운 물질이 물물 교환에 사용되었다. 이러한 재료는 매우 중요하고 구하기 어려웠기 때문에 이집트 여왕 하트셉수트(Hatshepsut)는 신전에 심을 미르 묘목을 가져오기 위해 푼트(소말리아)로 배를 보냈을 정도였다.

향기의 미학적 사용은 로마 제국의 전성기에 가장 절정에 달했다. 부유한 로마인들은 비둘기에 향을 뿌린 다음 하늘로 날려서 잔치 중에 공기를 향기롭게 하고, 개와 말에 향유를 문지르고, 벽에 아로마오일을 바르고, 바닥에 꽃잎을 뿌렸다. 네로 황제는 루시나 호수를 장미 꽃잎으로 덮어 연회를 열었고, 꽃잎 침대에서 잠을 잤다고 전해진다. (꽃잎이 하나라도 말라 있으면 불면증에 시달렸다고 한다).

하지만 우리가 알고 있는 향수는 일련의 변형을 통해 원료를 완벽하고 정제된 형태로 전환하는 고대 예술인 연금술이 없었다면 탄생할 수 없었을 것이다. 흔히 '신성한' 또는 '성스러운' 예술이라고 불리는 연금술은 고대 중국, 인도, 이집트로 거슬러 올라가는 복잡하고 깊은 뿌리를 가지고 있지만, 중세 유럽에서 독자적으로 발전하여 17세기까지 번성했다.

연금술사들의 작업 방식은 비밀에 싸여 있었다. 연금술사들은 혼자서 실험실을 운영하는 경우가 많았고, 제자를 두거나 학회, 심지어 비밀 학회와도

기원전 15세기 이후, 미르를 배에 싣는 모습, 구호품

거의 교류하지 않았다. 그러나 그들은 기록을 남겼고, 대부분 명백한 동의 하에 서로를 광범위하게 인용했다. 어떤 것에 대해 합의했는가 하는 것은 또 다른 문제이다. 한편으로 그들의 작업 또는 작품은 일련의 화학 실험과 유사한 실용적인 것이었다. 그리고 실제로 연금술사들은 와인 제조, 화학 및 기타 산업 및 과학 분야는 말할 것도 없고 향수의 진화에 매우 중요한 증류 과정을 개선한 점에서 공로를 인정받을 만하다. 그러나 그들의 글에서 그 과정에 대한 확실한 정보를 찾아 내기는 어렵다. 연금술에 매료되어 이에 대해 광범위하게 저술한 칼 융(Carl Jung)은 "물질의 무한한 혼돈 속에서 어떤 종류의 질서를 확립하고자 하는 것은 매우 절망적인 시도라고 생각한다."라고 탄식했다. "우리는 작업이 어떻게 이루어졌는지, 어떤 재료가 사용되었는지, 어떤 결과를 얻었는지 대략이나마 알기가 매우 어렵다. 보통 물질의 이름은 어떤 의미로든 유추될 수 있는 난해하고 모호한 것이 대부분이므로 독자들은 마치 암흑 속에 놓인 느낌을 갖는다." 연금술사들 스스로도 서로의 기호와 도표을 이해하는 데 어려움을 겪었고, 때로는 자신의 의미조차도 혼란스러워 하는 것처럼 보였다.

융은 이러한 모호함에는 이유가 있다고 설명한다.

연금술사는 작업의 화학적 부분에 관심이 많았지만, 이를 이용해 자신을 매료시킨 심령술에 대한 명명법을 고안하기도 했다. 최초의 모든 연금술사들은 철학자들의 말과 연금술의 기본 개념에 대한 기타 유추로 구성된 다소 개별적인 아이디어의 체계를 스스로 만들었다. 일반적으로 이러한 비유는 여기저기서 가져온 것이다. 심지어 예술가에게 유추할 수 있는 자료를 제공하기 위한 목적으로 논문이 작성되기도 했다. 심리적으로 연금술의 방법은 무한한 증폭의 방법 중 하나이다. 증폭은 모호한 경험을 다룰 때 언제나 적절하며, 모호한 경험은 심리적 맥락에 놓여 확대되고 확장되어야만 이해될 수 있다.

근본적으로 연금술사들은 자신의 작업이 신성한 영감을 받았으며 신의 도움을 받아야만 결실을 맺을 수 있다고 믿었다. 그들의 직업은 일반적인 의미의 '직업'이 아니라 소명이었다. 부름을 받은 사람들은 그 은유를 이해하고 자신의 은유로 표현했다.

연금술 철학은 물질에서 신성의 불꽃, 즉 퀸타 이센티아(quinta essential: 제5원소)를 발견할 수 있다는 신념을 표현했다. 16세기에 큰 영향을 끼친 의사이자 연금술사였던 파라셀수스(Paracelsus)는 "퀸타 이센티아는 모든 식물과 생명을 가진 모든 것에서 물질을 추출한 다음 모든 불순물과 부패하기 쉬운 부분을 제거하고 최고 순도로 정제하여 모든 원소로부터 분리한 것이다... 사물의 고유성, 본질, 힘, 미덕, 치료 효능, 그 어떤 이물질도 섞이지 않은 것... 그것이 바로 퀸타 이센티아이다. 그것은 생명 정신과 같은 정신이지만, 이 차이점은 생명 정신인 스피릿투스 비타(Spiritus vitea)가 불멸한다는 것이다... 퀸타 이센티아는 사물의 생명 정신으로, 지각할 수 있는 것, 즉 물질적인 부분에서만 추출할 수 있다." 궁극적인 목표는 물질과 정신이 변화된 상태로 재결합하는 것이었는데, 이 기적의 실체는 불로장생 약(철학자의 돌이라고도 함)으로 알려져 있다. 어떤 사람들은 불로초를 마시면 수명이 천 년으로 연장된다고 믿었고, 어떤 사람들은 불로초가 영원한 젊음뿐만 아니라 지식과 지혜를 증가시킨다고 믿었다.

융이 인식한 것처럼, 연금술 과정은 "무의식적인 내용으로 가득 차 있어서 연금술사와 그가 작업하는 물질 사이에 참여의 신비 또는 무의식적인 정체성"이 생겨났다. 무의식적일지라도 그 비유는 널리 퍼져 있었다. F. 셔우드 테일러(F. Sherwood Taylor)는 『연금술사 The Alchemists』에서 "그는 두 몸의 결합을 결혼으로 보았다"고 말한다. "죽음과 같은 특징적인 활동의 상실, 탄생과 같은 새로운 것의 생성, 증기의 상승, 죽은 육신을 떠나는 영혼, 휘발성 고체의 형성, 영적인 몸을 만드는 것 등이다. 이러한 개념은 어떤 일이 일어나야 하는가 하는 그의 생각에 영향을 미쳤고, 따라서 그는 수술한 물질의 최종 종말이 인간의 최종 종말, 즉 새롭고 영광스러운 몸을 입은 새로운 영혼과 유사해야 하며, 명확성, 미묘함, 민첩성의 특성을 가져야 한다고 결정했다."

연금술사는 해결하고 결합하라(용해하고 결합하라 solve et coagula)는 원칙에 따라 육체를 영으로, 영을 육체로 변화시키고, 고정된 것을 휘발시키고, 휘발성인 것을 고정시키기 위해 노력했다. 그러나 그가 작업한 '기본 재료'와 그가 생산한 '금'은 자신의 본성을 완성하기 위해 노력하는 인간 자신으로도 이해 할 수 있다.

연금술 문헌에서 반복되는 공리는 다음과 같다. "위에 있는 것은 아래에 있는 것과 같고, 아래에 있는 것은 위에 있는 것과 같다." 연금술사들은 우주의 본질적인 통일성, 즉 물리적 사물과 영적 사물 사이에는 대응 관계가 있으며, 두 영역 모두에서 동일한 법칙이 작용한다고 믿었다. 17세기 모라비아의 연금술사 마이클 센디보기우스(Michael Sendivogius)는 "이 세상의 실제 존재는 천상의 원형이라는 실재에 근거하고 있으며, 신은 영적이고 보이지 않는 우주를 모방하여 이 세상을 창조하셨다는 것이다."라고 썼다.

연금술사들은 사제(비록 이단적인 사제이긴 하지만)와 공통점이 많다고 할 수 있지만, 그 당시에는 종교, 의학, 과학, 예술, 심리학의 구분이 지금처럼 절대적이지 않았다는 것이 더 맞는 말일 것이다. 물질과 정신의 경계도 그

렇게 확고하지 않았다. 티투스 부크하르트(Titus Burckhardt)는 이렇게 말한다:

> 이전 시대의 사람들에게는 오늘날 우리가 물질이라고 부르는 것이 개념이나 경험 면에서 오늘날의 사람들과는 달랐다. 일부 민족학자들이 생각하는 것처럼 소위 원시인들이 "마술적이고 강박적인 상상"의 베일을 통해서만 세상을 보았거나, 그들의 사고가 "논리적"이거나 "논리적이지 않은" 사고였을 뿐이다. 돌은 오늘날과 마찬가지로 단단했고, 불은 뜨겁고, 자연법칙은 냉혹했다...
>
> 데카르트(Descartes)에 따르면 정신과 물질은 완전히 분리된 실재이며, 신성한 안수 덕분에 인간의 뇌라는 한 지점에서만 합쳐진다. 따라서 '물질'로 알려진 세계에서는 영적인 내용이 자동으로 박탈되는 반면, 정신은 그 부분에서는 동일한 순수 물질적 현실의 추상적 대응물이 되지만, 그 자체로, 그리고 그 너머에 무엇이 있는지는 명시되지 않은 채로 남아 있다.

과학과 이성이 발전함에 따라 연금술은 쇠퇴하게 되었다(아이작 뉴턴(Isaac Newton)을 비롯한 몇몇 중요한 과학자들이 연금술을 수행했지만). 연금술사들의 실질적인 유산은 화학자들에게 전해졌고, 화학자들은 자연계의 원소를 해부하고 분석하는 데 연금술을 활용했다. 연금술사들의 정신적 유산은 연금술사처럼 이중성을 조화시키기 위해 노력하는 심리학자들에게 전해진 것으로 볼 수 있다. "모든 연금술적 사고는 정신과 육체, 사랑과 증오, 선과 악, 의식과 무의식, 정신과 물질 등 우리가 심리적 존재로 알고 있는 상반된 상태와 관련이 있다."라고 네이선 슈워츠-살란트(Nathan Schwartz-Salant)는 『인간 관계의 미스터리 The Mystery of Human Relationship』에서 말한다.

연금술 작품 - Micbelspacher's Cabala, Augsburg, 1616

    조향사들만이 연금술 전통의 두 가지 줄기를 모두 이어받았다. 그리고 그들은 오랫동안 연금술사들이 사용했던 수많은 방법을 유지했다. 향수는 주로 약제사, 집에서 직접 향료를 만드는 여성, 기타 익명의 개인 사업가들의 영역으로 남아 있었다. 1555년 프랑스 최초의 향수 책, 『알렉시스의 비밀 Les Secrets de Maistre Alexys』에 실린 "여성을 영원히 아름답게 만드는 방법", "둥지에서 어린 까마귀 한 마리를 잡아 40일 동안 딱딱한 알을 먹여 죽인 다음 머틀 잎, 활석, 아몬드 오일로 증류한다"와 같은 레시피에는 신비로운 기원의 흔적이 고스란히 남아 있다.

그러나 점차 향수 사업과 비슷한 형태가 형성되기 시작했다. 처음에는 16세기 프랑스에서 향이 나는 장갑이 인기를 끌면서 장갑 산업에서 파생되었다. 사람들은 피부를 부드럽게 유지하기 위해 향 장갑을 착용했으며, 어떤 사람들은 잠자리에 들 때에도 장갑을 끼고 잤다. 카트린 드 메디치(Catherine de Medici-프랑스의 왕비이자 섭정)의 조향사 르네(René)는 장갑을 비롯한 다양한 제품을 만들었다. 카

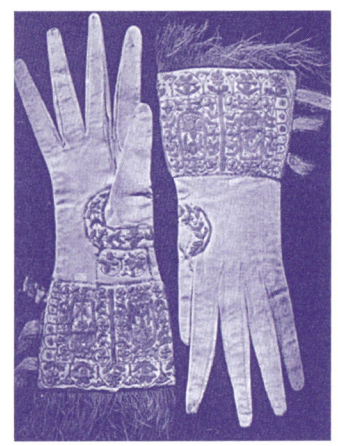

엘리자베스 여왕의 향수 장갑

트린은 적을 없애고 싶을 때 르네에게 마법을 의뢰했고, 효과적인 결과를 얻었다. 프랑스 헨리 4세의 어머니 잔 달브레(Jeanne d'Albret)는 카트린이 선물한 향수 장갑을 끼고 있다가 독살당했다.

르네는 파리에서 최초의 향수 가게를 열었다. 아마도 프랑스에서 최초일 것이다. 곧 모든 사람들이 그곳으로 몰려들었다. 르네는 1층에서 향수, 연고, 화장품을 일반인에게 판매했고 일부 고객들만 2층으로 초대되었다. 이로써 르네는 직업으로써 연금술적 유산을 이어갈 수 있었다.

넓고 깊은 가게 안에는 두 개의 문이 있었는데, 각각 계단으로

연결되어 있었다. 두 문 모두 가운데 태피스트리가 드리운 채 나눠진 1층 방으로 이어졌고, 그 뒤쪽에는 비밀 계단으로 통하는 문이 있었다. 또 다른 문은 지붕에서 조명이 들어오는 작은 방으로 통했고, 그 안에는 대형 난로, 증류기, 레토르트, 도가니가 있는 연금술사의 실험실이 있었다.

1층 방 앞쪽에는 이집트의 따오기, 금박을 두른 미라, 천장에서 하품하는 악어, 눈알과 잇몸이 없는 두개골, 그리고 낡고 찢어져 곰팡내 나는 책들이 방문객의 눈을 어지럽혔다. 커튼 뒤에는 두 개의 은색 램프에 불이 들어와 있었고, 약병, 특이한 모양의 상자, 기이한 구조의 꽃병이 놓여 있었다. 각 램프에는 검은색 사슬 세 개가 매달려 있고 향기로운 오일 향과 함께 음침한 금고 주위로 노란색의 불빛을 드리웠다.

안느 아스트리아(Anne of Austria-루이 13세의 왕비)는 고운 린넨과 향수로 저승의 신 하데스(Hades)를 꾀어낼 수 있을 정도였다고 전해진다. 손이 아름답기로 유명한 안느는 장갑 매니아로도 알려져 있다. 그녀는 스페인에서 가죽을 준비해 프랑스에서 재단하고 영국에서 마무리하는 것이 완벽한 장갑이라고 말한 것으로 알려졌음에도 장갑을 나폴리로 보냈다. 그녀의 궁정에서는 쥐가죽 장갑이 유행했다. 1656년 장갑 조향사 길드에 헌장을 부여한 것은 안느의 아들 루이 14세였다.

한편, 조향사들은 다양한 천연 재료 팔레트와 상상력을 발휘하여 재료들을 사용할 수 있는 정교한 기술을 빠르게 습득해 나갔다. 벤조인, 시더우드, 코스투스 루트, 로즈, 로즈마리, 세이지, 주니퍼 우드, 프랑킨센스, 시나몬은

Red the Perfumer - 상점

고대부터 사용되어왔다. 1500년에서 1540년 사이에 안젤리카, 아니스, 카다멈, 펜넬, 캐러웨이, 러비지, 메이스, 넛맥, 셀러리, 샌달우드, 주니퍼 베리, 블랙페퍼가 증류 오일의 아로마 레퍼토리에 추가되었다. 1540년에서 1589년 사이에는 바질, 멜리사, 타임, 시트러스, 코리앤더, 딜, 오레가노, 마조람, 갈바넘, 구아이악우드, 캐모마일, 스피어민트, 랍다넘, 라벤더, 레몬, 민트, 캐롯씨드, 피버퓨, 큐민, 미르, 클로브, 오포포낙스, 파슬리, 시트러스, 아이리스, 웜우드, 샤프란 등이 추가되었다. 1725년 요한 파리나(Johann Farina)는 쾰른에 시트러스와 허브 향이 혼합된 유명한 오 드 콜론(Eau de Cologne)을 선보였다. 1730년에는 페퍼민트, 진저, 머스타드, 사이프러스, 버가못, 머그워트, 네롤리, 비터 아몬드가 추가되어 조향사의 선택의 폭이 더욱 넓어졌다.

냉침법 프레임

로즈는 증류법을 사용할 수 있지만 자스민, 튜베로즈, 오렌지 플라워와 같은 다른 꽃들은 증류법을 적용할 수 없었다. 19세기에 이르러서야, 프랑스인 인 자크 파시(Jacques Passy)가 자스민, 튜베로즈, 오렌지 플라워는 자른 다음에도 계속 향기가 나는 것을 관찰한 이후, 꽃잎 향을 지방이 많은 포마드로 만들어 강력한 향이 나는 오일을 추출하는 기술인 냉침법을 개발했다. 이 기술은 점차 다른 꽃에도 적용되었다.

카트린 드 메디치가 프랑스에서 향수 산업의 발전을 장려하면서, 당시 프랑스 남동부 그라스가 그 중심지로 부상했다. 그라스 주변 지역의 기후와 토양이 오렌지 나무, 아카시아, 로즈, 자스민에 적합한 조건을 갖추고 있었기 때문이다. 시간이 지남에 따라 증류 공장과 향수 원료를 가공하는 그 밖의 시설들이 이곳에서 성장했으며, 그중에는 오늘날까지 운영되는 업체들도 있다.

이러한 발전과 함께 유럽의 대도시에서는 점차 향수 소매업이 등장하기 시작했다. 18세기 초 런던에서는 페리(Mr. Perry)라는 사람이 현대식 약국처럼 의약품 판매와 향수 및 화장품 판매를 병행했는데, 그가 광고한 제품 중 하나는 태양 아래 모든 질병을 치료할 수 있다는 머스터드 씨드 오일이었다. 1730년대에 윌리엄 베일리(William Bayley)는 런던의 유명 조향사  이름을 딴 '사향 고양이 ye olde civet cat'이라는 간판을 내걸고 향수를 판매하는 가게를 열었고, 패션계 인사들의 사랑을 받았다. 하지만 최초의 진정한 유명인 조향사는 찰스 릴리(Charles Lillie)로 런던 스트랜드에 위치한 그의 가게는 문인과 패션계 종사자들의 만남의 장소였다. 그의 친구 중에는 조나단 스위프트(Jonathan), 조셉 애디슨(Joseph Addison), 리차드 스틸(Richard Steele), 알렉산더 포프(Alexander Pope)가 있었다. 에디슨과 스틸은 모두 릴리에 대한 찬사를 아끼지 않았으며, 스틸은 릴리가 "마법의 힘을 이용해 상품의 가치를 높였다"고까지 말했다.

릴리는 향수업계에서 표준을 지키기 위해 노력한 선구자였으며, 그의 저서 『영국 조향사 The British Perfumer』에서 놀라울 만큼 선견지명을 지닌 용어들로 대중들에게 향수 평가 방법에 대해 교육하기 시작했다:

향수를 판매하고 스스로를 조향사라 칭하는 사람들, 그리고 대부분의 구매자들은 그들이 판매하는 물건의 본질과 구매하는 물건에 대해 완전히 무지하기 때문에, 언젠가 이 사실을 공개하는 것이 잘못되었다고 생각하지 않을 수도 있다. 비록 현재 향수 무역을 가장하고 있는 수 많은 사람들에 대한 이 설명이 그들에게는 받아들이기 힘들지라도, 호기심 많은 예술을 완전한 망각과 무지로부터 구하기 위해, 또한 대중의 정보를 위해, 마지막으로 진실을 위해, 이러한 성격의 작업들이 절대적으로 필요하게 되었다: 특히, 그것이 없다면, 현재의 척하는 종족은 그들이 원하는 것을, 그들이 원하는 이름으로, 계속 팔 수 있다 (악명 높은 경우처럼). 그것이 진짜라면, 단순하다면, 또는 적절하게 준비된 복합 물질이라면...

이 작품의 또 다른 설계는 실제 조향사에게 (가짜들은 위에서 배운 대로) 여러 가지 상품을 언제, 어디서, 어떤 계절에 구입할 수 있는지, 그 상품의 우수성을 판단하는 방법, 그리고 사고나 불의의 상황으로 인해 부분적으로 또는 완전히 용해되어 최고의 향수가 역겹고 악취 나는 냄새로 바뀌는 것을 방지하는 방법에 대해 설명한다.

릴리의 저서는 19세기 후반에 정점을 찍으며 급성장한 '방법 how-to' 향수 문학의 초기 장르로 자리 잡았다. 이 책에는 향수 제조법과 함께 꽃 재배, 고대 문화와 의식, 납이 함유된 염색약 제조법, 아편을 포함하여 인간과 짐승의 질병에 대한 치료법, 사회와 그 안에서 여성의 위치에 대한 반성 등이 담겨 있다. 이 담화는 매력적이고 기묘하며, 식물과 추출 장치를 묘사한 사랑스러운 목판화가 삽화로 실려 있다. 그러나 향수 정보 자체는 책마다 거의 그대로 반복되며 새로운 재료가 약간씩 추가되고 공식 자체가 일반적이어서 제작자의 고유한 시그니처가 느껴지지 않는다.

이 책에 수록된 레시피는 손수건 향수를 만드는 방법과 증류, 냉침법 또는 당시 다른 방법으로 표현할 수 없었던 특정 꽃의 향을 모방하는 방법, 두 가지 범주로 나뉜다. 후자는 세련된 여성의 냄새의 본질로 간주되었다. 이 공식은 강렬하고 비슷한 향의 플로럴 향 몇 가지를 조합하여 하나의 달콤한 플로럴 노트를 완성한 다음, 약간의 바닐라를 추가해 달콤함을 더하고 때로는 시벳, 앰버그리스, 머스크 한

17세기의 조향사 가게

방울을 더해 지속력을 높이는 방식으로 이루어졌다. 릴리, 화이트 라일락, 매그놀리아, 나르시서스, 허니써클, 헬리오트로프, 스윗 피, 바이올렛 등이 표준 레퍼토리이다. 예를 들어 릴리 향은 오렌지 플라워, 바닐라, 로즈, 카시아, 자스민, 튜베로즈, 비터 아몬드를 혼합하여 대략적인 향을 표현할 수 있다. 유진 림멜(Eugène Rimmel)은 이러한 향수의 제조를 "화가가 팔레트에 색을 칠하듯 유사성과 친밀감을 연구하고 향의 색조를 혼합하는 방식으로 이루어지기 때문에 향수의 진정한 예술적 부분"이라고 칭송했다. 그러나 사실 그들은 당시 사용 가능한 에센셜오일이 제공하는 대비와 강도의 범위를 전혀 활용하지 못했다.

손수건 향을 내기 위한 혼합물 블렌딩도 높은 예술로 간주되었다. 각 컬렉션은 알함브라 향수 (Alhambra Perfume), 부케 다모르(Bouquet d'Amour), 에스테르하지 부케(Esterhazy Bouquet), 에스 부케(Ess Bouquet), 오 드 콜론 (Eau de Cologne), 자키 클럽(Jockey Club), 스톨른 키스(Stolen Kisses), 오 드 밀플뢰르(Eau de Millefleurs), 인터내셔널 부케(International Bouquet of

All Nations), 론델리샤(Rondeletia)의 레서피를 반복하고 있다. 보통 냄새보다 향이 더 흥미롭다. 꽃 모조품과 마찬가지로 대부분은 시벳, 머스크 또는 앰버그리스로 고정된 무거운 꽃 혼합물이다. 몇몇 이들은 조금 더 모험을 감행한다. 에스테르하지(Esterhazy)는 베티버와 샌달우드를 함유하고 있으며, 시트러스와 로즈마리 향이 특징인 콜론도 있다. 인터내셔널 부케(International Bouquet)는 이름 그대로 터키산 로즈, 아프리카산 자스민, 사르데냐산 레몬, 남미산 바닐라, 영국산 라벤더, 프랑스산 튜베로즈를 블렌딩한 향수이다. 밀플뢰르(Millefleurs)에는 주방 싱크대를 제외한 모든 것이 들어 있다. 라벤더와 클로브를 혼합한 론델리샤(Rondeletia)는 대담한 혁신으로 여겨졌다. 그러나 이러한 희귀한 향료조차도 향수 가이드에 명시된 구성 원칙에 따라 본질적으로 비슷한 톤과 가치를 지닌 재료로 구성되었다:

> 아마추어 조향사들은 서로 어울리는 향수를 많이 섞으면 결과물의 향이 더 풍부해질 것이라는 생각으로 한 가지 향수에 여러 가지 향을 무분별하게 섞는 경우가 있는데 이에 대해 경고할 필요가 있다. 음악 소리와 같이 일부 냄새는 혼합할 때 조화를 이루어 각 성분의 향기가 결합된 복합적인 냄새를 만들어 내는데 각각의 향기를 따로 분리할 때보다 더 풍부하고 깊으며 순결하고 섬세한 반면, 다른 냄새는 상호 길항적이거나 양립할 수 없는 반대 효과를 낸다.

각각의 향수 판매자들은 상점이나 카트에서 자신만의 론델리샤 또는 오 드 콜론을 판매했지만, 판매량은 극도로 제한된 범위 내에 머물렀다. 마치 화가가 색상환 전체의 4분의 1만 사용하는 것에 비유될 수 있었다.

눈에 띄는 예외는 16세기에 가죽 향을 내기 위해 사용되었던 매우 복잡하고 고급스러운 향수, 뽀 데스빠뉴(Peau d'Espagne 스페인의 가죽 향)이었다. 샤무아(Chamois, 알프스 영양) 가죽에 네롤리, 로즈, 샌달우드, 라벤더, 버베나, 버가못, 클로브, 시나몬 등을 섞은 후 시벳과 머스크 향을 더했다. 가죽 조각은 문구류와 의류에 향을 입히는 데 사용되었다. 머스크와 시벳, 그리고 피부 냄새가 주는 성적 자극에 대한 오랜 기억을 자극하는 가죽 자체 때문에 감각적인 사람들이 좋아했다. (아마도 이것은 가죽 페티쉬를 가진 사람뿐만 아니라 오래된 책 수집가와 신발 광신도들의 열정을 설명한다.)

1910년, 가죽 향을 내는데 사용되던 오리지널 포뮬러, 뽀 데스빠뉴에 바닐라, 통카, 스티락스, 제라늄, 시더우드를 첨가하여 향수를 만들게 되었다. 비엔나커피 하우스에 모이던 지성인 중 한 명이자 세기말 보헤미안의 전형이었던 페터 알텐베르그(Peter Altenberg)는 이렇게 회상한다:

> 어렸을 때 나는 어머니의 책상 서랍에서 알 수 없는 어떤 향수의 강한 향기가 남아 있는, 마호가니와 잘라낸 유리로 만든 사랑스럽고 놀랍도록 아름다운 작은 빈 병을 발견했다.
> 나는 종종 몰래 들어가서 냄새를 맡곤 했다.
> 나는 이 향수를 사랑, 부드러운 느낌, 우정, 그리움, 슬픔과 연관시켰다.
> 모두 어머니와 관련된 것이다. 그 후 운명은 예상치 못했을 때 훈족 무리들처럼 우리쫓아와서 폭풍우을 쏟아 부었다.
> 어느 날 나는 고인이 된 어머니의 책상에서 작은 향수 샘플 병을 꺼내들고 이름을 알아내고자 향수 가게를 찾아갔다. 그리고 마침내 그 이름을 알아냈다: 뽀 데스빠뉴. 나는 이 향수를 찾

아 파리를 방문했다.

그때 어머니가 나에게 기쁨과 슬픔, 그리움과 절망을 가져다 줄 수 있는 유일한 여성적 존재이면서 몇 번이고 모든 것을 용서하고 항상 나를 돌보셨고, 아마도 잠자리에 들기 전 남몰래 내 미래의 행복을 위해 기도했던 때를 회상했다…

나중에 아직 유치함이 남아 있고 변덕스러운 수 많은 젊은 여성들이 자신이 가장 아끼는 향수를 내게 보내주면 나는 목욕 직후 옷을 입기 전 향수를 전신에 직접 문질러 진정한 피부 클렌징 효과를 줄 수 있다는 나의 처방을 알려주었다. 여성들은 여기에 열렬히 감사를 표했다! 하지만 이 모든 향수는 사랑스러우면서도 독한 이국의 꽃 향기와도 같았다. 오직 파리 피노의 뽀 데스빠뉴만이 더 이상 어머니는 살아 계시지 않고 용서를 구할 기회조차 잃어버린 나에게 우울한 기쁨을 안겨주었다!

뽀 데스빠뉴는 수십 년 동안 계속해서 향수로 만들어졌고 감각적인 매력을 잃지 않았지만, 일반적으로 길들여지고 영감을 받지 않은 향수 접근 방식에서 예외였다. 나는 가볍고 꽃향기 나는 달콤한 향수를 만들어 달라는 한 매장의 요청에 따라 향수를 디자인하는 과정에서 당시 문헌에 명시된 공식을 사용하다가 포기했다. 내가 사용해 본 모조 플로럴 블렌드는 모두 같은 문제를 갖고 있었다. 쓰디 쓴 아몬드 향이 압도적으로 강해서 텁텁하고 촌스러운 냄새가 났다. 더 중요한 것은 향수의 구성이 제대로 되어 있지 않았고, 값비싼 꽃을 섞은 뒤 동물성 향을 첨가하는 데 그쳤다는 점이다. 상상력도 없고 진부하고 쓸모없는 향수였다.

연금술사의 정신이 살아 숨 쉬는 것은 레시피 자체가 아니라 향수의 역사에 대한 정보, 재료의 특성에 대한 해설, 그리고 때때로 재료 조합에 대한 상상력 넘치는 제안을 담고 있는 오래된 책들이다. 하지만 19세기의 마지막 10년과 20세기의 초반 20년에 이르러서야 향수 조성이 진정한 예술의 태도, 창의성, 라이센스를 갖추기 시작했다. 향수 연구자이자 작가인 슈테판 엘리네크(Stephan Jellinek)는 "현대 향수는 1889년에서 1921년 사이에 파리에서 탄생했다"고 말한다. "이 32년 동안 향수는 그 이전 4천 년 동안 보다 더 많은 변화를 겪었다."

조향사들은 론델리샤와 오 드 콜론의 소심한 시작을 넘어 자연에서 발견되는 향을 모방하는 것이 아니라 그 자체로서 아름다운 향을 창조하기 시작했다. 조향사들은 더 이상 전통적인 레시피에 얽매이지 않고 예술가가 색채를 사용하거나 음악가가 음색을 사용하듯 자유롭게 재료를 사용할 수 있게 되었다. "역사상 처음으로 조화가 아닌 대비에 기반한 미학이 탄생했다."라고 엘리네크는 말한다. "아열대 꽃의 부드럽고 마약같은 향과 함께 톡 쏘는 허브와 드라이 우디 노트가 사용되었고, 시트러스 과일의 시원한 상쾌함이 발삼과 바닐라의 나른한 따뜻함을 상쇄했으며, 봄꽃의 순수함이 사향과 시벳 고양이의 유혹과 짝을 이뤘다. 물론 이 모든 것에서 조화의 감각이 유지되었지만, 이는 더 고차원적이고 복잡한 질서의 조화였다. 예술적 창조의 정교한 조화가 자연의 단순한 조화를 대체한 것이다."

이 창조적 발효의 시기는 합성 향료 성분의 도입과 맞물렸고, 어느 정도는 그 자극을 받았다. 갓 깎은 건초의 냄새를 재현하기 위해 고안된 쿠마린은 1870년경에 등장했다. 쿠마린은 통카 빈에서 추출했지만 통카 에센스 가격의 4분의 1에 불과했고, 고갈되지 않으므로 시장 변동과 무관했다. 바닐라를 모방한 바닐린이 그 뒤를 이었고, 무색이라는 큰 미덕을 가지고 있었다. 저가의 이 화학 물질은 천연 재료를 판매하는 동일한 공급업체에서 제공되었지만 일관된 품질과 안정적인 공급에 만족해야 했다.

겔랑(Guerlain)의 지키(Jicky)는 최초의 모던 향수이다. 1889년에 탄생한 이 향수는 쿠마린을 베이스로 한 푸제르(Fougère), 즉 고사리류 향이었다. 또한 리나룰(들장미에서 자연적으로 발생하는 성분)과 바닐린(바닐라에서 자연적으로 발생하는 성분)이 함유되어 있었다. 이 합성 칵테일에 레몬, 버가못, 라벤더, 민트, 버베나, 스윗 마조람을 첨가하고 사향을 고착제(fixative)로 사용했다. 이 향수는 이전의 향수에서 크게 벗어난 것이었다: 지키는 자연에서 발견되는 냄새를 재현하는 데는 아무런 문제가 없었다. 지키가 큰 성공을 거두면서 이후 20년 동안 여성들이 향수를 선택하는 데 더욱 과감해지면서 그 인기는 더욱 높아졌다.

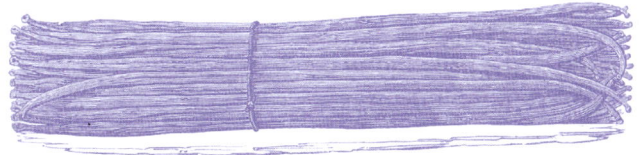

바닐라 다발

향수 커뮤니티는 처음에는 값싸고 새로운 합성 향료를 사용하는 것에 대해 조심스러웠다. 조향사들은 천연 향의 깊이와 아름다움을 잘 알고 있었기 때문에 처음에는 이를 증폭하거나 변조하는 용도로만 합성 향료를 사용했다. 1923년에 한 가이드는 "인공 향수는 값싼 추출물을 제조하는 업체에는 분명 훌륭한 자원이지만, 고급 향수를 제조할 때는 냄새의 '색상'이나 '노트'를 변화시키거나 강도를 높이는 등 천연 향수의 보조적인 역할에 그친다"고 경고했다. 그러나 그 무렵 향수 업계는 값싸고 안정적이며 무색이라는 매력에 이끌려 의구심을 버리고 합성 향료를 전폭적으로 수용했다.

이러한 변화는 세기 전환기에 에센셜오일의 주요 공급업체 중 하나였던 쉬멜 앤 컴퍼니(Schimmel and Co.나중에 프리췌 브라더스Fritzsche Brothers로 개명)가 1887년부터 1915년까지 매년 두 차례 발간한 보고서에서 찾아볼 수 있다. 처음에는 식민지와 재식민지, 그리고 더 나은 품질의 재료를 경쟁력 있는 가격에 제공하기 위해 자원과 노동력을 착취함에 따라 천연 재료 공급의 변동을 도표화했다. 그러나 점차 카탈로그 페이지의 점점 더 많은 부분이 합성 성분의 경이로움에 할애되고, 새로운 성분의 장점을 점점 더 과장된 문구로 설명하고 있다. 1895년 보고서에는 쉬멜의 첫 번째 합성 자스민이 소개되었으며, 1898년 카탈로그에는 "이 특산품에 대한 수요가 점차 증가하여 더 큰 규모로 제조 준비를 확대하도록 유도하고 있다. 동시에 자사민 포마툼(jassamine pomatum)으로 만든 추출물 대신 상당히 저렴한 가격으로 제공할 수 있게 되었다."라고 적혀 있다. 3년 후, 카탈로그는 합성 버전의 우수성을 과시한다: "꽃에서 추출한 천연 추출물은 향의 섬세함이 뛰어나며, 인공 제품은 더 강하고 오래 지속되면서 가격마저 저렴하다." 그리고 1년 후, "우리가 처음으로 상업에 도입한 이 향수의 사용은 점점 더 일반화되었다. 이제 향수 무역에서 가장 중요한 보조제 중 하나로 꼽히며, 최근에는 품질 면에서 천연 제품에 매우 근접하여 희석 시에는 다른 제품과 거의 구별할 수 없을 정도로 개선되었다."

로즈, 네롤리, 심지어 저렴한 꽃인 일랑일랑도 같은 운명을 맞이했다. 인공 로즈 오일은 추운 날씨에 탁해지거나 파편처럼 변하지 않으므로 사용하기 쉽다고 광고되었다. "새로운 불순물을 끊임없이 시도하는 것을 고려할 때" 평가에 전문성과 경계가 필요한 "터키산 오일"의 다양한 품질과는 달리 "항상 정확히 동일한 성분"을 통해 "지속적인 균일 효과"를 내는 것으로 신뢰할 수 있었다. 1898년 쉬멜 보고서는 "프랑스산 증류액 대신" 합성 네롤리 오일을 사용한 것을 부끄러워하지 않고 오히려 칭찬하고 있다:

> 수년에 걸친 경험을 통해 우리가 정당하게 그렇게 할 수 있다는 것을 완전히 확신하기에 이르렀다. 1895년부터 당사의 합성 네롤리가 독점적으로 사용된 다양한 향수 제품을 지속적으로 취급하고 연구 한 결과, 모든 면에서 최고의 기대와 요구 사항을 충족했다는 사실을 보고할 수 있다. 이 모든 제제는 천연 오일로 향을 낸 것보다 더 강하고 비교할 수 없을 정도로 섬세하고 상쾌한 향기를 항상 유지했다. 비교 평가를 위해 이러한 제품을 제출한 전문가들은 예외 없이 합성 오일로 향을 낸 제품의 우수성을 인정하고 선호했다.

물론 합성 오일은 천연오일과 품질이 같지 않았다. 의심할 여지 없이 저렴했고, 모든 면에서 무색이었다. 천연오일의 복잡성이나 뉘앙스가 없는 별개의 화학 물질이었다. 고급스럽고 관능적인 제품의 실용적인 구성 요소라는 모순을 안고 있었다. 그러나 조향사의 레퍼토리에 스며든 이들은 향수를 지배하기 시작했고 향수 블렌드의 특성을 결정했다.

합성 물질을 가장 영감 있게 사용한 향수는 투박하고 일차원적인 특성을 살린 향이었다. 샤넬 NO.5 가 가장 좋은 예이다. 어니 보(Ernie Beaux)가 코코 샤넬(Coco Chanel)을 위해 만든 이 향수는 알데하이드 향을 기반으로 한 최초의 향수였다. 이 향수는 겔랑과 코티가 꽃 이름을 딴 향으로 간신히 유지하던 천연 향의 고리와 완전히 결별했음을 의미했다. 샤넬과 함께 향수와 패션의 관계는 더욱 공고해졌다.

프랑수아 코티가 주도한 포장 기술의 혁명은 현대 향수 시대의 탄생을 완성했다. 1876년 코르시카 섬에서 프랑시스 스포르노(Frances Spoturno)로 태어난 코티는 어린 나이에 프랑스로 이주했다. 젊은 시절, 그는 인근의 조향사와 친해져 직접 향수를 블렌딩하여 매우 평범하게 포장하여 판매했다. (당시에는 일반 유리 약병에 담긴 향수를 사서 집으로 가져와 장식용 플라스크에 옮겨 담았다). 코티는 향수를 만들어 아름다운 병에 담는다는 아이디어에 집착하게 되었다. 20대에 그는 그라스로 가서 당시 가장 큰 플로럴 에센스 생산업체 중 하나였던 크리스(Chiris) 하우스에서 일했다.

파리로 돌아온 그는 할머니에게 돈을 빌려 자신의 아파트에 향수 연구소를 차렸다. 1904년 그는 첫 번째 향수인 라 로즈 자크미노(La Rose Jacqueminot)를 만들었고, 이는 즉각적으로 성공을 거두었다. 1908년에는 방돔 광장에 우아한 상점을 열었는데, 우연히도 아르누보 보석상 르네 라리크(René Lalique)의 바로 옆 집이었다. 코티는 라리크에게 향수병 디자인을 의뢰했고, "향수는 코뿐만 아니라 눈도 사로잡아야 한다"는 생각에 철제 주형으로 대량 생산할 수 있는 방법을 찾아냈다. 그는 또한 고객이 향수를 구매하기 전에 시향 할 수 있도록 하는 기발한 아이디어도 가지고 있었다. 라리크가 디자인한 테스터, 간판, 라벨은 모두 매우 아름다웠으며 코티의 놀라운 성공에 큰 도움이 되었다.

향수 제조는 화려하고 신비로운 분위기와 자수성가 할 수 있는 잠재력 덕분에 여전히 선구자들과 보헤미안들의 관심을 끌었던 화려한 사업이었지만, 이제 완전히 현대적인 사업이 되었다. 그중에는 교육과 직업 생활에 대한 참여를 제한하는 일반적인 제약 없이 빠르게 발전하는 이 분야에서 이름을 알릴 수 있었던 여성들도 상당수 있었다. 이 분야의 초기 선구자는 해리엇 허버드 에어스(Harriet Hubbard Ayers :1849~1903)였다. 시카고에서 사회적으로 명망 있는 집안에서 태어난 그녀는 열여섯 살에 부유한 철물 판매업자 허버트 에어스와 결혼했다. 1871년 역사적인 시카고 대화재로 세 자녀 중 한 명을 잃고 결혼 생활이 뿌리째 흔들리게 된 에어스는 회복을 위해 파리로 건너가 1년을 보내면서 그 문화에 흠뻑 빠져들었다. 그 후 그녀는 독립을 결심하고 뉴욕으로 이주하여 자신이 파리에서 나폴레옹 시대에 모든 미녀들이 사용했다는 레카미에(Recamier)라는 미용 크림을 발견했다고 광고하면서 판매업을 시작했다. 사실이든 아니든, 이 제품은 즉각적인 성공을 거두었고, 에어스는 곧 디어 허트(Dear Heart), 나의 꽃(Mes Fleurs), 골든 챈스(Golden Chance) 등의 향수를 제품군에 추가했다. 가족들은 그녀의 사업을 빼앗고 정신병원에 입원시키려는 음모를 꾸몄지만, 결국 그녀는 미국 최초의 뷰티 칼럼니스트이자 미국에서 가장 높은 연봉을 받는 기자로 부상했다.

에어스의 후계자는 파리 태생의 릴리 다셰(Lilly Daché 1893~1990)로, 1924년 단돈 15달러를 들고 뉴욕에 도착한 지 얼마 지나지 않아 카르멘 미란다(Carmen Miranda)를 위한 과일 터번, 진 할로(Jean Harlow)와 마를레네 디트리히(Marlene Dietrich)를 위한 독특한 모자를 전문으로 제작하는 자신의 사업체를 운영했다. 호화로운 녹색 새틴 쇼룸에서 그녀는 모자와 함께 드리프팅(Drifting), 대싱(Dashing)과 같은 이름의 향수를 판매했다.

향수의 경제적, 미학적 매력에 사로잡힌 또 다른 여성은 웨스트 버지니아에서 스페인 오페라 가수 부모에게서 태어나 파블로바, 디아길레프(Diaghilev)와 함께 투어를 다녔던 발레리나, 수채화가, 음악가이면서 사자, 코끼리, 말의 조련사인 에스메 데이비스(Esmé Davis)였다. 그 과정에서 카이로에서 향수를 공부했고, 나중에 파리의 러시아 친구들이 쓴 골동품 향수 제조법 책에서 향수 레시피를 받아 뉴욕에서 '5월의 아침(A May Morning)', '인디언 섬머(Indian Summer)', '초록 눈동자(Green Eyes)'라는 이름을 붙인 향수 라인

루이 15세 시대의 향수 판매상

을 출시했다.

폴 포아레(Paul Poiret, 1879-1944)는 디자이너 가운데 최초로 향수 제조업에 참여한 사람이다. 그의 고객 중에는 사라 베르나르(Sarah Bernhardt)가 있었고, 전문 조향사를 고용하여 보르지아(Borgia), 알라딘(Alladin), 중국의 밤(Nuit de Chine) 등 이국적인 재료와 강렬하고 향기로운 플로럴 향을 결합한 새로운 영역을 펼쳐 보이는 블렌딩을 만들기도 했다. 포아레는 패션쇼에서 향이 나는 부채를 나눠주었는 데, 창문을 전부 닫은 채로 부채를 사용하도록 했다. '카이로의 향수 왕(Cairo's Perfume King)'으로 알려진 아메드 솔리만(Ahmed Soliman, 1906-56)은 파라오 시대부터 이집트의 향수 중심지였던 칸 엘-칼릴리(Khan el-Khalili) 바자르(Bazaar: 시장)에 향수 제조 가게를 운영했다. 하지만 이집트 여성들은 프랑스산 향수에만 관심이 있었기 때문에 카이로의 향수 왕은 사하라의 꽃(Flower of the Sahara), 오마르 카이얌(Omar Khayyam), 사막의 비밀(Secret of the Desert), 이집트의 여왕(Queen of Egypt), 하렘(Harem) 등 이국적인 이름을 붙인 향수를 판매하여 미국과 유럽 관광객을 대상으로 큰 성공을 거두었다: 그의 가게 한 가운데에 는 파라오 람세스(Ramessess)의 화려한 동상이 있었는데, 30분마다 입에서 향수를 뿜어내었다.

향수 사업은 호황을 누리고 있었지만, 그동안의 사업 방향은 창의적인 원천과 단절되어 있었다. 합성 물질에 의존하면서 결국 향수의 구조와 성분의 상호 작용에 변화를 가져왔다. 대부분의 현대 향수는 강하고 즉각적인 효과를 내도록 설계된 "1차원적" 향수로, 한 번에 감각을 강타하고 빠르게 사라진다. 이러한 향은 정적이며, 향수를 뿌리는 사람의 신체 화학 작용과 섞이지 않고 피부에서 진화하지도 않는다. 냄새를 맡으면 그대로 느껴진다.

천연 향수의 쇠퇴는 물질적 손실뿐만 아니라 정신적 손실이기도 했다. 천연 향수는 신체 화학으로 진화한다. 가장 기본적인 수준에서 향수는 우리와 상호 작용하여 우리가 누구인지, 그리고 우리가 변화하는 과정에 있는지를 이야기의 일부로 만든다. 향수는 우리 자신과의 관계에 관한 것이며, 다음 단계는 다른 사람과의 관계에 관한 것이다. 20세기의 위대한 조향사이자 철학자인 에드몽 루드니츠카(Edmond Roudnitska)는 "우리가 냄새에 더 많이 침투할 수록 냄새는 결국 우리를 소유하게 된다"고 말 했다. 냄새는 우리 안에 살면서 우리의 필수적인 일부가 되어 우리 몸의 새로운 기능에 참여한다."

천연 향수는 그 구성 성분 자체가 공식으로는 포착할 수 없는 다른 요소의 흔적을 포함하고 있기 때문에 궁극적으로 공식으로 환원될 수 없다. 파라셀수스(Paracelsus)가 "마법은 인간의 이성으로 접근할 수 없는 것을 경험하고 파악할 수 있는 힘을 가지고 있다"고 말한 것처럼, 향수의 상징과 사용의 풍부한 역사와 마찬가지로 이러한 본질적인 신비함이 향수를 마법처럼 만들어 준다. 이성이 위대한 대중의 어리석음인 것처럼 마술은 위대한 비밀의 지혜이기 때문이다."라고 말했다.

연금술처럼 천연 에센스를 향수로 바꾸는 작업은 지성보다는 직관과 상상력에 호소하는 과정이다. 그렇다고 논리가 없다는 것은 아니지만, 그것은 다른 질서의 논리이다. 다른 창조적 노력과 마찬가지로 이 또한 고독한 작업이다. 조향사의 아틀리에는 연금술사의 실험실에 대응하는 개념으로, 물질을 정신으로 변환하는 데 사용되는 밀폐된 플라스크의 거울이자 '비밀' 또는 '봉인된'이라는 뜻의 헤르메스로 외부의 영향을 차단한 신성한 공간을 뜻한다.

연금술 과정의 신비주의는 작품의 고독한 특성뿐만 아니라 작품의 내면성으로도 구성된다. 즉, 우리가 사랑에 빠져야만 사랑을 이해할 수 있는 것처럼 그 안에 있어야만 이해할 수 있는 것이다. 앙리 베르그송은 "철학자들은 사물을 아는 두 가지 방법을 깊이 있게 구분하는 데 동의한다. 첫 번째는 사물을 둘러보는 것이고, 두 번째는 그 안으로 들어가는 것이다. 첫 번째는 선택한 관점과 사용된 기호에 따라 달라지는 반면, 두 번째는 어떤 관점에서도 취하지 않고 기호에 의존하지 않는다. 첫 번째 종류의 지식에 대해 우리는 상대적인 것에서 멈춘다고 말하고, 두 번째 지식은 가능한 한 절대적인 것에 도달한다고 말할 수 있다."

연금술에서 절대자를 얻는다는 것은 시간의 황폐화를 물리칠 수 있는 마법의 묘약인 엘릭서(Elixir, 연금약액)를 만드는 것을 의미했다. 하지만 그 과정은 연금술사가 인식할 수 없는 원소들의 결합에 달려 있었다. 이 원소들은 "시공간을 초월해야만 하는" '신비체(Subtle Bodies: 오감으로 식별할 수 없는 초감각적 세계에 존재하는 몸)'였다. 모든 실체는 물질로 이루어져 있기 때문에 공간을 채우지만, 신비체는 물질로 이루어져 있지 않거나 지각할 수 없을 정도로 지극히 미묘한 물질이라고 한다. 따라서 신비체는 공간을 채우지 않는 몸, 공간을 초월한 물질일 수밖에 없다며 "신비체는 시간과 공간의 범주 안에 있기 때문에 우리의 언어나 철학적 관점으로는 표현할 수 없는 초월적인 개념"이라고 융은 덧붙인다.

다시 말해, 연금술의 탐구는 궁극적으로 화학으로 환원될 수 없는 과정을 통해 세상에 새롭고 아름다운 것을 창조하려는 시도를 의미한다. 원소, 아니 그 안에 있는 신비체는 결합하는 법을 배운다. 가스통 바슐라르(Gaston Bachelard)의 말처럼 "연금술사는 물질의 교육자"이다. 연금술사가 만들어내는 변화의 경험은 결국 자신을 변화시킨다. 체리 길크리스트(Cherry

Gilchrist)는 『연금술의 요소 The Elements of Alchemy』에서 "연금술사는 자신의 작업을 통해 자연을 완벽하게 만드는 예술가로 묘사된다. 그러나 그 과정은 또한 연금술사가 그릇 안에서 일어나는 변화를 지켜보는 세계 창조의 과정과도 같다. 그릇은 우주의 축소판이며, 그 안에서 변화의 드라마를 볼 수 있는 특권을 누리는 결정체이다." 조향사에게 엘릭서는 에센스와 함께 작업할 때 경험할 수 있는 온전함에 대한 은유이다. 그 자체로 감각적이면서 매력적인 엘릭서는 드라마틱한 역사를 간직한 채 조향사가 완전히 새로운 것을 창조하기 위해 용해하고 결합하는 과정을 통해 변화한다. 앙리 베르그송의 말처럼 "예술의 목적이 우리 성격의 활동적이고 오히려 저항적인 힘을 잠들게 하여 우리를 완벽한 반응의 상태로 만드는 것"이라면, 향기 작업은 거기에 도달할 수 있는 매우 직접적인 방법을 제공한다. 향기는 삶을 새롭게 경험하게 하고 상상력을 자극한다. 하지만 다른 예술과 마찬가지로 우리는 향기를 찾고 향기가 주는 변화를 환영해야 한다. 파라셀수스는 "예술을 추구하지 않으면 세상의 비밀을 결코 알 수 없으므로 예술을 추구하는 것이 우리의 임무이다. 손대지 않았는데 입 속으로 꼬치구이가 들어오는 것, 아니면 포도나무가 살아서 나를 쫓아오는 것이 무슨 자랑거리가 될 수 있을까? 모든 것은 내가 스스로 해 보아야만 가치가 있다."

2 장
첫번째 문제 : 향수의 기초

폴(Paul) [보울스(Bowles)]는 페낭의 패출리, 인도의 베티버 뿌리, 방콕의
샌달우드, 1940년경 파리의 향수, 30년 대의 베를린 애프터 쉐이브 등 여행하는
동안 열심히 아로마오일을 수집했다. 그가 오일 병 속에 은은한 향 스틱을 담그고
거기에 불을 붙이면 그 열기로 향이 넘쳐흘렀다. 그리고, 매일 저녁 우리는 그가
내게 선물해 준 책이나 악보에 대해 오래도록 이야기를 나누곤 했다.
Paul은 세상 전체에 무관심했지만 감각적인 디테일에 중독된 사람이었다.

- 다니엘 핼펀(Daniel Halpern), "마지막 실존주의자(The Last Existentialist)"

오렌지를 손에 쥐고 엄지손가락으로 껍질을 눌러보자. 이제 식물의 향기로운 에센스 형태의 하나인 에센셜오일의 존재를 느낄 수 있다. 식물의 냄새는 식물의 여러 부분에 존재한다: 때로는 블러드 오렌지나 핑크 그레이프프룻처럼 과일 껍질에서, 때로는 아이리스나 베티버로 알려진 *Vetiveria zizanoides* 풀처럼 뿌리에서, 때로는 시더우드나 샌달우드처럼 나무가 우거진 줄기에서, 때로는 시나몬처럼 나무껍질에서, 때로는 민트, 패출리, 타임처럼 잎에서, 때로는 통카빈이나 앰브렛처럼 씨앗에서, 때로는 로즈와 카네이션처럼 꽃에서 향이 난다. 그리고 향수에 사용되는 몇 가지 향 에센스는 식물에서 추출한 것이 아니라 시벳 고양이, 비버 또는 사향 사슴같은 동물의 분비샘에서 추출한 것이다.

천연 에센스는 향수의 원자이며, 복잡하고 연상적인 향을 만들어내는 구성 요소이다. 어떤 의미에서 천연 에센스는 가장 농축되었지만 가장 물질적인 형태가 적은 물질로, 물질 자체의 모든 본질과 완벽함을 담고 있다. 향은 압축된 생명력, 즉 화학적 분석으로는 측정할 수 없지만 우리의 감정과 의식 상태에 강력한 영향을 미치는 생체 활성력을 지니고 있다.

1939년 러시아의 전기 기술자 세몬 키리안(Semyon Kirlan)이 발견한 키리안 사진은 전기를 이용해 사진을 찍는 기법이다. 고전압 전류가 흐르는 금속판 위에 인화지를 올리거나 필름 위에 피사체를 직접 올려놓는다. 이렇게 하면 생명체를 둘러싸고 있는 에너지장이 기록되며, 이는 물체를 둘러싼 밝은 색이나 후광으로 나타난다. 갓 자른 나뭇잎을 촬영하면 잎이 죽을 때까지 시간이 지남에 따라 감소하는 다채로운 기운이 드러난다. 순수한 에센셜오일을 흡착지 스트립으로 촬영하면 외부로 방사되는 강한 에너지장도 볼 수 있다. 에너지장은 무겁고, 부드럽고, 날카롭고, 밝은 등의 향에 대한 사람들의 설명과 일치하는 독특한 모양을 띠고 있다. 합성 에센스를 사진으로 찍으면 전혀 볼 수 없는 이 장은 앙리 베르그송이 말한 생명력, 즉 비약적 활력(élan vital) 개념에 해당한다. 또한 연금술사가 끝없는 탐구를 통해 추출하고자 한 생명체 중심의 신성의 불꽃, 제 5원소(quinta essential)와도 유사하다.

연금술 이미지 사전에 따르면 "연금술에서 우주가 생성된 원초적 물질 또는 최초의 물질은 원래 순수한 상태의 영혼을 구성하는 물질과 동일하다"고 한다. 연금술에서 각 에센스는 수액(또는 주스)과 신비라는 두 가지 종류로 나뉜다. 수액은 물리적 측면, 즉 향이 나는 물질 그 자체이다. 모든 복합 물질의 완벽한 부분인 신비는 그 미덕, 본성, 본질적 특성으로 정보를 제공한다.

천연 향수 원료는 수액과 신비를 모두 지니고 있다. 천연 에센스는 원료의 농축된 에센스이지만 한 가지로 환원할 수 없으며, 본질적으로 다양한 재료

의 미세한 흔적에서 형성되기 때문에 모로코 로즈가 불가리아 로즈나 이집트 로즈와는 다른 냄새를 풍기거나 모로코 로즈 자체가 계절마다 뚜렷하게 달라지는 이유도 바로 여기에 있다. 자스민과 같이 매우 복잡한 몇몇 에센스의 경우 수백 가지에 달하는 수많은 화학 물질이 분리되었으며, 아직 확인되지 않은 성분이 더 많이 있다. 합성 에센스는 천연 에센스의 주요 특성에 근접할 수 있지만, 환원할 수 없는 복잡성 때문에 냄새의 미묘함이나 부드러움을 포착할 수 없다. 모든 화학적 분석이 가능하기 때문에 천연 물질을 하나의 공식으로 규정하고 실험실에서 복제할 수는 없다. 오직 자연만이 해질녘의 자스민 향을 만들어낼 수 있다.

"왜 천연 오일인가?"라고 로버트 티져랜드(Robert Tisserand)는 『아로마테라피의 예술 The Art of Aromatherapy』에서 묻는다. "천연이든 합성이든 좋은 냄새가 나는 다른 것은 왜 안된다는 것인가?" 그 답은 합성 물질이나 무기 물질에는 '생명력'이 포함되어 있지 않고, 역동적이지 않기 때문이다. 모든 것은 화학 물질로 만들어졌지만 에센셜오일과 같은 유기 물질은 대자연만이 조합할 수 있는 구조를 가지고 있다. 에센셜오일에는 생명력, 즉 생명체에서만 발견할 수 있는 추가적인 추진력이 있다.

이처럼 천연 소재에 내재된 힘에 대한 인식은 오래된 것이다. 코시모 디 메디치(Cosimo di Medici;이탈리아의 은행가)의 요청으로 플라톤(Platon)의 저서와 연금술 문헌을 기초로 하여 아카데미를 설립한 피렌체의 마르실리오 피치노(Marsilio Ficino)는 기분을 고양하고 회복시키는 아로마의 힘을 믿었던 사람이다. 그는 정서적, 육체적, 영적 건강에 대한 자신의 이론을 담은 1489년 저서 『생명의 책 Book of Life』에서 "살아 있지 않은 것에서 향을, 마른 방향제에서 냄새를, 생명이 남아 있지 않은 것에서 향기를 취하고 이것이 삶에 매우 유용하다고 생각한다면, 뿌리가 아직 자라고 있고 아직 살아 있는 식물, 생명을 위한 놀라운 힘을 축적하고 있는 것에서 냄새를 취하기를 주저할 이유가 없다"고 제안했다.

천연 에센스의 힘은 그 복잡한 역사뿐만 아니라 거부할 수 없는 흙에서 비롯된다. 에센셜오일이 담긴 병을 빛에 비춰 보석 같은 색을 감상하고 복잡한 향기를 들이마시면 에센셜오일을 알고 사용해 온 사람과 장소, 역사와 의식을 상상할 수 있다. 그리고 에센스를 경험할 뿐만 아니라 실험하는 조향사는 마법, 의학 및 연금술의 고대 전통에 참여한다. 모든 의미에서 자연의 창조물을 가장 강하게 연상시키는, 즉 영혼의 증류액으로 작업하는 것은 일상을 초월하는 강력한 방법이다.

레몬, 라임, 오렌지, 그레이프프룻, 버가못 등 시트러스류와 같이 에센셜오일이 풍부한 껍질을 가진 과일을 압착하여 오일을 추출하는 압착법은 식물에서 천연 에센스를 추출하는 가장 오래되고 간단한 방법이다. 원래는 수작업으로 이루어졌으며 스펀지에 오일을 모았다. 오늘날은 껍질을 씻고 과일

이집트 무덤 벽화의 표현, 압착법

과 안쪽의 하얀 속살에서 분리하는 기계로 작업이 이루어진다. 거대한 롤러를 통해 껍질을 압착하고 원심분리기에서 혼합물을 고속으로 회전시켜 생성된 오일을 주스, 왁스 및 기타 물질에서 분리한다.

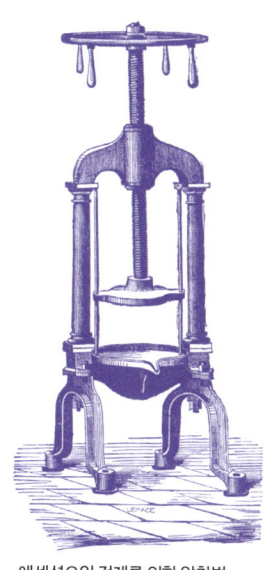

에센셜오일 정제를 위한 압착법

연금술사들은 증류 기술을 연습하여 상당히 정교한 수준까지 발전시켰다. 일반적으로 그들은 증류기 바닥에 있는 물에 원재료인 식물 덩어리를 넣었다. 금속 바닥 아래에서 불을 피워 물이 끓으면 수증기가 위의 냉각실로 올라와 액체 에센스로 응축되었다. 나뭇잎 1톤에서 약 20파운드의 에센셜오일을 얻을 수 있는 이러한 작업, 즉 식물성 재료에서 에센셜오일이 생성되는 과정을 보면서 초기 연금술사들이 얼마나 신비롭고 강력한 느낌을 받았을지 짐작할 수 있다.

증류는 향수의 두 가지 주요 혁신을 가능하게 했다. 첫째, 훨씬 더 다양한 식물에서 고품질의 에센셜오일을 추출할 수 있게 되었다(그러나 증기 증류는 열에 민감한 오일에 해로운 영향을 미치기 때문에 시트러스류 과일 껍질에서 고품질 오일을 추출할 수 없다. 또한 로즈를 제외한 다른 꽃의 향기도 성공적으로 추출하지 못한다). 그리고 증류를 통해 발효만으로 얻을 수 있는 것보다 더 높은 농도의 알코올을 제조할 수 있었다. 이 고농축 알코올은 조향사의 다목적 희석제이자 향기 매개체로 남아 있다. 이는 오늘날까지 향기로운 천연 재료에서 향기 성분을 추출하여 향수 블렌딩용 팅처와 인퓨즈 형태로 신선한 상태 그대로 보존하는 데 사용된다.

물로 증류하는 방법은 오늘날 에센셜오일 추출에 가장 널리 사용되는 방법이다. 이 방법은 증기가 증기와 혼합되면 끓는점이 물보다 훨씬 높은 많은 물질이 휘발된다는 사실에 기초하고 있다. 또한 휘발성 물질은 물에 녹지 않아야 냉각 시 물 증류액에서 분리되어 비교적 순수한 상태로 보존할 수 있다.

직접 증류에서는 식물 재료가 끓는 물과 접촉한다. 증기 증류는 에센셜오일을 추출

증기증류법

하는 더 일반적이고 부드러운 방법이다. 증기는 증류기에서 생성되어(때로는 별도의 보일러에서 공급되기도 함) 증류기 바닥의 파이프를 통해 분사되며, 식물 재료는 소진 후 빠르게 제거하기 위해 쌓아 놓은 트레이 위에 둔다.

증류에는 한계가 있다. 꽃의 천연 향수를 구성하는 일부 성분은 화학적으로 매우 약해서 작업 열에 의해 분해되어 상할 수 있다. 향료 추출의 선구자인 프랑스의 저명한 과학자 유진 샤라보(Eugene Charabot) 박사가 꽃의 향기를 포착하는 작업은 '꽃의 영혼을 포착하는 것'과 같다고 말했듯이, 이는 매우 어려운 작업이다. 꽃은 그 아름다움이 사라지면 고난을 가져올 수밖에 없는 애첩 같은 존재이다. 그녀는 어떤 가혹함도 견딜 수 없으며, 그녀에게 영향을 미치는 최소한의 문제마저도 그녀의 매력을 빼앗아 간다.

냉침법은 꽃에서 에센스를 추출하는 방법으로 한 세기가 넘은 오래된 기술이다. 꽃의 휘발성 향수 성분이 지방에 잘 녹는다는 점을 이용한다. 나무 프레임에 올려진 유리판의 양면에 지방층이 코팅되어 있다. 꽃잎을 접시 위에 놓고 접시를 서로 쌓아 올려 방출되는 휘발성 제품이 위와 아래의 지방층에 걸리도록 한다. 꽃잎의 향기가 지방에 모두 흡수되면 새로운 향기로 교체

하고 지방이 향기로 포화될 때까지 이 과정을 반복한다. 이 포화 지방을 포마드(pomade)라고 하며, 에센셜오일을 얻기 위해 알코올 기반 용매에 용해시킨다.

냉침법은 강렬하고 관능적인 과정으로, 파트리크 쥐스킨트가 소설 『향수 Perfume』에서 그 풍부함을 잘 표현한 바 있다:

> 이 고귀한 꽃들(자스민과 튜베로즈)의 영혼은 단순히 꽃에서 뜯어낼 수 없었고, 체계적으로 유도해야 했다. 특별한 함침실에서 꽃은 차가운 기름을 바른 유리 접시 위에 흩뿌려지거나, 기름에 적신 천에 싸여 잠든 채로 죽어갔다. 꽃이 시들고 기름에 묻은 향기를 뿜어내는 데는 3~4일이 걸렸다. 그런 다음 조심스럽게 꽃을 뽑아내고 새 꽃을 피웠다. 이 과정을 10번, 20번 정도 반복하고 포마드가 다 마르고 옷감에서 향기로운 오일을 짜낼 수 있게 된 것은 9월이었다... 순도와 진실성 측면에서 이러한 차가운 냉침법으로 얻은 자스민 페이스트 또는 튜베로즈의 품질은 조향사 예술의 다른 어떤 제품보다 뛰어나다. 특히 자스민의 경우, 오일을 바른 표면이 마치 꽃의 끈적끈적하고 달콤한 에로틱한 향을 실제와 같이 충실하게 발산하는 거울 같은 이미지로 보였다.

아쉽게도 냉침법은 더 이상 상업적으로 사용할 수 없다. 이 방법은 드라이클리닝에 비유되는 용매 추출로 대체되었다. 꽃은 밀폐된 용기에 담아 선반에 놓는다. 일반적으로 헥산(hexane)과 같은 액체 용매를 꽃 위에 순환시켜 에센셜오일을 용해시킨다. 이렇게 하면 콘크리트(concrete)라고 하는 단단한

왁스 페이스트가 만들어진다. 그런 다음 콘크리트를 순수 알코올(에탄올)로 반복적으로 처리하여 왁스를 녹여 향이 강한 액체인 앱솔루트(absolute)를 얻는다. 이 방법은 레진과 발삼을 추출하고 시벳, 머스크, 앰버그리스, 카스토륨과 같은 동물성 에센스를 추출하는 데에도 사용된다.

자스민 냉침법, 그라스

냄새가 나는 물질은 다양한 형태와 다양한 강도로 존재한다. 천연 에센스의 팔레트를 개발할 때, 예를 들어 자스민 앱솔루트와 자스민 콘크리트의 미묘한 차이와 같은 테마의 변형을 이해하는 것이 중요하다. 같은 향이라도 지속력과 같은 기술적인 문제와 고유의 관능적인 특성 및 연관성 측면에서 조향사에게는 각기 다른 가치를 지니고 있다. 예를 들어, 나는 파스텔 톤의 플로럴 콘크리트는 원초적인 물질을 다루는 듯한 느낌을 주기 때문에 그 두께와 중량감이 마음에 든다. 에센셜오일은 묽고 밝은 색을 띠는 경우가 간혹 있다. 나는 색이 진하고 점성이 강한 앱솔루트를 선호하는데, 식물 자체와 더욱 견

고하게 연결되는 느낌을 주기 때문이다.

다음은 향수 재료 군에 대한 일반적인 소개이며, 그 다음 몇 장에서는 이에 대해 자세히 설명하고, 부록인 '초보 조향사를 위한 에센스와 용품'에서는 조향사 작업을 시작하는 데 필요한 재료를 소개한다.

에센셜 오일

에센셜오일은 아로마테라피의 엄청난 인기에 힘입은 가장 큰 카테고리의 방향제이며 가장 널리 사용되는 제품이다. 앞서 언급했듯이 몇 가지 에센셜오일은 여전히 간단한 압착으로 추출된다. 그러나 대부분의 오일은 증기 증류 과정을 통해 추출되며, 열과 증기의 영향으로 빠르게 변질되는 몇 가지 섬세한 꽃 오일은 휘발성 용매를 사용하여 추출해야 한다. 정류 에센셜오일은 색, 수분, 수지 물질 및 불순물을 제거하기 위해 두 번 증류하지만, 나는 가공이 가장 적게 되고 자연 상태에 가장 가까운 재료를 선호한다. 음식과 마찬가지로 가공 과정에서 섬세하고 미량의 냄새 성분이 많이 손실될 수 있다.

다음 장에서 살펴보겠지만, 에센셜오일은 휘발성(volatility, '날다'라는 뜻의 라틴어 volare에서 유래) 또는 증발하여 공기 중에 퍼지는 속도에 따라 분류된다. 실버 파인, 아니스, 바질, 베이, 버가못, 부아 드 로즈, 카다멈, 퍼 니들, 그레이프프룻, 라벤더, 라임, 레몬, 오렌지 껍질 등 대부분의 에센셜오일은 휘발성이 높다. 캐롯씨드, 시더우드, 캐모마일, 시나몬, 클로브는 휘발성이 낮고 앰브렛 씨드, 안젤리카 루트, 코냑은 휘발성이 더 낮다. 오렌지 나무는 잎과 잔가지에서 페티그레인, 꽃에서 네롤리와 오렌지 플라워 앱솔루트, 열매 껍질에서 오렌지 에센셜오일 등 네 가지 오일을 생산하는 유일한 식물이다.

에센셜 오일은 간혹 불순물이 첨가되는 경우가 있으므로 구입하는 회사에서 순도를 보증하는 것이 중요하다. 에센셜오일의 순도를 테스트하려면 흰 종이에 에센셜오일 한 방울을 떨어뜨려서 실온에서 건조시킨다. 순수 에센셜 오일이라면 그 자국이 완전히 증발할 것이다. 오일이 오염된 경우 종이에 기름기나 반투명 반점이 남는다. 때로는 오래 되었지만 순수한 오일이 반점 가장자리에 투명한 얼룩을 남기는데, 이는 산소를 흡수하여 형성된 수지가 오일에 녹아 생기는 것이므로 가운데 부분은 깨끗해야 한다.

CO_2 추출물

이산화탄소 추출물을 생성하는 이산화탄소 추출은 증류와 유사한 비교적 새로운 방법이다. 상온에서 이산화탄소는 일반적으로 기체이다. 그러나 충분한 압력을 가하면 다른 액체 용매처럼 작용하는 액체로 바뀔 수 있다. 물이나 증기 대신 가압된 이산화탄소를 식물 물질로 채워진 방으로 퍼 올려서 색소 및 수지와 같은 다른 물질과 함께 에센셜오일을 추출한다. 이 과정은 물 증류보다 낮은 온도인 화씨 100도(섭씨 약 38도) 내외에서 수행할 수 있다. 또한 액체 용매와 달리 아로마 성분과 이산화탄소를 분리 하기 위해 온도를 정상으로 낮추기만 하면 된다. 열의 완만한 변화 덕분에 CO_2 추출 오일은 식물 자체에 존재하는 오일에 가장 가까운 성질을 띠게 된다.

자연 분리물

에센셜오일은 주성분, 부성분, 미량 성분 등 다양한 종류의 아로마 분자가 혼합된 혼합물이다. 천연 분리물은 달걀 노른자를 달걀 전체에서 분리하여 요리 레시피에 사용할 수 있는 원리처럼 다른 향기 성분으로부터 분리된 향기 성분 중 하나이다. 천연 분리물은 특히 플로럴 향과 연관된 조향사의 향기 팔레트를 확장할 수 있게 함으로써 향기에 더 가볍고 순수한 질감을 부여한다.

산업용 향료 회사는 다양한 기본 화학 물질로 제조한 단일 아로마 성분을 자주 사용한다. 이를 '자연과 똑같은 성분'이라고 광고하지만, 천연 물질에서 분리된 것과는 확연히 다르다.

카시아 오일 중국식 증류기

수지 및 발삼

수지는 프랑킨센스나 미르과 같이 나무에서 추출한 점성이 있는 고체 또는 반고체 수지나 오크모스와 같이 나무껍질에서 자라는 마른 이끼를 말한다.

3장에서 살펴볼 수 있듯이 내구력을 갖고 있어 조향사에게는 매우 유용하다. 수지는 알코올에는 용해되지만 물에는 용해되지 않는다.

발삼은 보통 나무껍질을 잘라낼 때 나무가 분비하는 수지성 반고체 또는 점성 물질이다. 시나몬이나 바닐라 향이 나는 경우가 많다. 발삼은 알코올에 거의 완전히 용해되며, 레진과 마찬가지로 향을 "고착(fix)"되게 하고 지속시키는 데 유용하게 쓰인다.

콘크리트 및 앱솔루트

천연 플라워 오일은 신선한 꽃 재료로 용매 추출을 통해 만들어진다. 꽃은 다량의 왁스 물질을 내뿜기 때문에 이 과정에서 반고체 상태의 콘크리트라는 것이 만들어진다. 콘크리트는 지속력이 뛰어나면서도 향이 부드럽다. 알코올에 완전히 용해되지는 않지만, 고체 향수를 만드는 데는 완벽하다(액체 향수에 첨가하는 경우 숙성 과정 후에 불용성 찌꺼기를 걸러내야 한다).

콘크리트에서 왁스와 기타 고형물을 제거하면 알코올에 완전히 용해되는 고농축 액체 에센스인 앱솔루트로 만들 수 있다. 나는 타라곤, 넛맥, 퍼, 진저, 블랙 스프루스 앱솔루트를 시향해 보았는데, 지금까지 맡아본 것 중 가장 정교하고 복잡한 향이었다. 앱솔루트는 가장 진하고 농축된 플로럴 에센스이다.

에센셜오일보다 훨씬 더 오래 지속되며 향의 강렬함과 섬세함이 비교할 수 없을 정도로 뛰어나다. 당연히 가장 비싼 향수 원료이기도 하다.

보관

대부분의 천연 에센스는 수년 동안 보관할 수 있다. 자스민, 오리스, 패출리, 로즈, 샌달우드, 프랑킨센스, 로즈우드 등 여러 가지 향은 숙성되면서 수년에 걸쳐 더욱 풍부하고 깊어진다. 로즈와 시더우드는 결정체를 형성할 수 있지만 손상의 징후는 아니며 병에 손을 대면 녹을 수 있다. 그러나 시트러스류는 변질된다. 따라서 소량으로 구입하여 냉장고에 보관해야 한다. 약 1년이 지나거나 냄새가 나기 시작하면 교체해야 한다. 병 자체와 뚜껑 또는 마개에 항상 라벨을 붙여야 한다. 잘못된 병에 잘못된 뚜껑을 붙이는 것은 생각보다 흔히 일어나는 실수이다.

냄새 맡는 법

향수를 만드는 첫 번째 단계는 에센스의 레퍼토리를 알아가는 것이다. 에센스를 알아가는 가장 좋은 방법은 냄새를 맡고, 비교하고, 조합하고, 실험하는 등 에센스를 가지고 노는 것이다. 조향사로서 냄새를 맡으려면 에센스가 희석된 것을 상상하고, 결합된 것을 상상하고, 시간이 지남에 따라 변화하는 것을 상상하는 등 온갖 상상력을 발휘하여 냄새를 맡아야 한다.

차, 와인 또는 커피의 뉘앙스에 대해 미각을 교육할 수 있는 것처럼 후각 기관도 향수 성분의 감상에 대해 손쉽게 훈련시킬 수 있다. 천연 에센스는 미량 원소를 함유하고 있기 때문에 개별적인 냄새가 복잡하며, 증발하면서 다양한 성분을 다양한 강도로 표현한다. 예를 들어 프렌치 튜베로즈는 인도산보다 더 달콤하고 감미로운 향이 나며, 이는 특정 플라워 노트 내에서도 마찬가지이다.

에센스는 탑 노트, 바디 노트, 드라이아웃 노트로 나눈다. 탑 노트는 코에 닿을 때 가장 먼저 인지할 수 있는 노트이며 지속 시간이 매우 짧을 수 있다. 다음으로 바디 노트는 물질의 주된 냄새이자 특징적인 냄새로, 탑 노트보다 지속 시간이 길어 15분에서 1시간 정도 향이 남아 있게 된다. 드라이아웃 노트는 에센스의 가장 오래 지속되는 향으로, 약 30분 후에 인지할 수 있으며 몇 시간 또는 며칠 동안 남아 있다. 물론 한 단계에서 다음 단계로의 전환은 급격하게 변화되기 보다는 미묘하게 어우러지는데, 바디 노트가 탑 노트를 천천히 이어받은 다음 드라이아웃 노트로 서서히 사라진다. 이를 쉽게 구별하려면 경험이 필요하다.

초보 조향사라면 각 에센스의 다양한 측면에 대한 인상을 특별한 노트나 인덱스 카드에 기록해 두는 것이 좋다. 시간이 지남에 따라 이러한 관찰은 유용한 정보와 인상에 대한 개요로 축적된다. 더 즉각적으로, 주의를 기울이고 기록하는 행위는 후각 의식의 발달을 고양하고 촉진한다.

디오리시모(Diorissimo)와 오 드 에르메스(Eau de Hermès)를 만든 위대한 조향사이자 향수 이론가인 에드몽 루드니츠카(Edmond Roudnitska)는 조향사로서 냄새를 맡고 설명하는 방법에 대해 탁월한 아이디어를 가지고 있었다:

> 냄새의 품질과 특성(냄새의 노트, "형태", 냄새가 연상시키거나 암시하는 것), 안정성 또는 불안정 성, 노트의 진화, 시간 경과에 따른 형태(며칠, 몇 주), 지각할 수 있는 지속 시간을 결정하고 기록해 보자. 이 러한 모든 특성은 냄새의 속성을 구성하고 냄새에 개성을 부여하며, 분리할 수 없는 일관된 전체로 고려해야 한다. 혼합물에 도입되면 냄새는 더 이상 하나의 개체

가 아니며 다른 냄새 물질과 자유롭게 상호 작용한다.

자연스럽게 떠오르는 단어, 생각을 더 정확하게 표현할 수 있는 단어, 모호함 없이 냄새의 윤곽을 둘러싸는 단어를 사용해 떠오르는 모든 것을 메모하자. "거의"라는 표현은 최대한 피하자. 20년 후에도 같은 인상을 마주했을 때 같은 단어가 떠오를 수 있도록 인상을 명확하게 정의하는 단어를 찾으려고 노력해보자.

그러나 이러한 정밀도는 현실이 아닌 이상이며, 독자가 라벨이 없는 재료의 병을 확실하게 식별할 수 있을 정도로 본질을 명확하게 설명할 수는 없다. 천연 소재의 복잡성은 그 매력과 신비로움의 원천이며, 공식이나 엄격한 비교에 의존하다 보면 가장 소중한 것을 놓칠 수 있다. 『향수와 천연 유래 향료 Perfume and Flavor Materials of Natural Origin』의 저자 스테펜 아크탠더(Steffen Arctander)는 "향수 작업의 '낭만' 또는 '스릴'은 모든 재료의 냄새가 다 다르다는 사실과 더불어 두 명의 조향사가 같은 재료에 대해 동일한 설명을 하는 경우는 거의 없다는 사실에 있다…"라고 말한다. 다른 사람이 '우디한 냄새'라고 말했다고 해서 반드시 우디한 냄새가 아니며, 항상 당신의 마음속에 특정한 흔적을 남긴다. 안타깝게도 이 향을 말로 표현하는 것은 거의 불가능하다."

아크탠더의 책은 천연 향료에 관한 매우 중요한 참고서이다. 향 재료의 뉘앙스에 대한 그의 이해는 타의 추종을 불허하며 독자에게 이미 익숙한 냄새와 비교하면서 이러한 미묘한 차이를 전달하고 있다. 그의 설명에서 드러나는 천연 향수 재료에 대한 순수한 열정은 나로 하여금 희귀하고 낯선 본질을 추구하도록 여러 차례 영감을 주었다. 나는 개별 에센스에 대한 설명이라면 그의 책에 의존하고 있으며, 독자들에게도 직접 책을 찾아보기를 권한다. 천연 에센스에 대한 그의 설명을 읽고 자신의 느낌과 비교하는 것은 아로마 팔레트를 넓히고, 향의 뉘앙스에 대해 배울 수 있는 훌륭한 방법이다.

향수 흡착지 또는 향 스트립은 냄새의 세계를 탐구하는 데 필수적인 도구이다. 향수 흡착지는 상당히 뻣뻣한 무향의 흡수성 흰색 종이로, 길이 5인치, 너비 0.5인치 정도의 작은 노 모양처럼 생겼으며 한쪽 끝이 1/4인치 정도까지 가늘어진다. 두꺼운 쪽 끝에 샘플링할 재료의 이름을 적고 다른 쪽 끝을 0.5인치 정도 재료 자체에 담근 다음 냄새를 맡는다. 향수 흡착지는 우편 주문(부록 참조)으로 구입하거나 두꺼운 수채화 용지를 얇게 잘라 사용할 수 있다.

향수를 구성할 때 천연 에센스는 휘발성에 따라 분류되는데, 탑 노트는 가장 휘발성이 높고 미들 노트는 더 천천히 확산되며, 베이스 노트는 가장 오래 지속되거나 "고착"된다. 다음 장에서 이러한 각 카테고리에 대해 자세히 살펴보고, 각 향이 향수 전체에 가져다주는 특별한 특성에 대해 알아보겠다. 지금은 개별 향을 경험하고 평가하는 연습을 통해 향이 확산되고 증발하면서 고유한 향 성분을 드러내고 탑 노트, 바디 노트, 드라이아웃 노트가 완전히 사라지기 전에 향이 드러나는 과정을 살펴볼 것이다. 샌달우드, 벤조인, 바닐라와 같은 일부 에센스는 탑 노트가 없으며, 바디 노트는 드라이아웃 노트이기도 하다. 다시 말해, 이러한 에센스는 향이 지속되는 내내 바디 노트를 그대로 유지한다. 시더우드, 코리앤더, 라임, 라벤더, 미르와 같은 에센스는 탑 노트가 있지만 바디 노트가 뚜렷한 드라이아웃 노트로 진화하지 않는다.

각 에센스의 진화를 관찰하고 기록하다 보면 그 특징에 익숙해질 것이다. 충분히 연습하면 특정 에센스가 탑 노트인지, 미들 노트인지, 베이스 노트인지 스스로 판단할 수 있게 된다. 탑 노트는 향이 빠르게 사라지고(1~2시간), 미들 노트는 시간이 더 걸리며(2~4시간), 시벳, 패출리, 베티버와 같은 강한

베이스 노트는 드라이한 향이 수 시간 동안 드러나지 않으며 며칠 이상 지속될 수 있다.

다음은 주어진 에센스에 익숙해지는 방법이다:

다른 냄새가 없고 공기가 비교적 따뜻하고 습한 방에 재료를 놓아두자. (너무 건조하거나 차가운 공기는 냄새에 대한 민감도를 떨어뜨린다.) 흡착지에 에센스 이름, 시간, 날짜, 숫자 1을 라벨로 붙이자. 에센스에 적셔 냄새를 맡는다. 탑 노트의 느낌을 기록한다.

15분 후 다시 냄새를 맡아보고 어떤 변화가 있는지 기록한다.

15분 후 새 흡착지에 에센스 이름과 함께 날짜와 시간, 숫자 2의 라벨을 붙인다. 2번 흡착지에 같은 에센스를 담근다. 1번 흡착지의 냄새를 먼저 맡으면서 두 흡착지를 비교한다. (그렇지 않으면 더 새롭고 신선한 향이 후각을 지배하게 된다.) 1번 흡착지에서 에센스의 바디 노트에 대한 첫 인상을 기록한다. 2번 흡착지를 참고하여 탑 노트에 대한 설명을 구체화한다.

30분 후, 1번 흡착지 냄새를 맡아 바디 노트를 최종 평가하고, 2번 흡착지와 비교하여 냄새의 차이를 느껴보자.

30분 간격으로 1번 흡착지 냄새를 계속 맡아 드라이아웃 노트가 나오는 데 걸리는 시간을 확인한다. 드라이아웃 노트에 대한 설명을 적는다. 향이 완전히 사라지는 데 걸리는 시간을 기록한다.

천연 향수 재료를 사용할 때는 너무 많은 향을 연속으로 맡으면 후각 피로감이 생길 수 있으니 주의하자. 에센스의 향이 약해지기 시작하면 후각을 상쾌하게 할 때다. 가장 쉬운 방법은 후각을 다시 활성화할 수 있는 스카프나 목도리 등의 양모 천을 코에 대고 세 번 깊게 흡입하는 것이다.

캐리어

향수를 만들기 위해 에센스를 블렌딩하기 시작하면 에센스를 섞을 수 있는 매체가 필요하다. 향수에 사용하는 가장 일반적인 용매는 190도 에틸 알코올이다. 에센셜 오일 및 앱솔루트와 완전히 혼합되며 아주 진한 레진, 발삼, 콘크리트를 희석한다. 또한 에센스를 끌어 올리고 확산시키며 에센스가 더 잘 피어날 수 있도록 한다.

하지만 아마추어 조향사가 좋은 향수 알코올은 구하기는 다소 어려울 수 있다. 약국에서 구할 수 있는 이소프로필(또는 소독용) 알코올은 냄새가 강하고, 향수 제조에 적합하지 않다. 가끔 구하기 쉬운 보드카를 향수 알코올의 대체품이라고 하는 사람들도 있지만, 보드카를 광범위하게 실험해 본 결과 쓸

모가 없다는 사실을 알았다. 에틸알코올은 각각 변성된 형태와 변성되지 않은 형태로 구할 수 있다. 상업용 조향사들은 변성 알코올을 사용하지만 나는 가공이 덜 된 미변성 알코올을 선호한다. (단, 규제 물질이므로 찾기가 더 어려울 수 있다.) 두 가지 형태 모두 가연성이 매우 높으므로 햇빛과 난방기에서 멀리 떨어진 곳에 보관해야 한다.

향수 알코올을 구할 수 없거나 오일 블렌딩을 선호하는 경우, 가장 가벼운 향수용 오일은 정제 코코넛오일(FCO: fractionated coconut oil)이다. 정제 코코넛오일은 가볍고 투명한 오일이며, 상온에서 고체 상태인 코코넛 오일과 혼동해선 안된다. 윗점, 애프리콧 씨드, 아몬드, 헤이즐넛 등 무거운 캐리어 오일 중에서도 나는 액체 오일이 아닌 왁스 형태의 호호바 오일을 선호하는데, 사람의 피지와 매우 유사하여 보습에 탁월한 효과가 있기 때문이다. 사막 관목의 씨앗에서 추출한 호호바 오일은 아름다운 황금빛을 띠며 특유의 향이 없고, 다른 오일에 비해 산패와 산화가 훨씬 적다.

호호바 오일은 액체 캐리어로 사용할 수 있다. 밀랍과 혼합하여 고체 향수인 연고로 만들 때 사용하면 좋다. 정제 코코넛은 고체 향수에는 좋지 않으며 고체 향수의 좋은 질감을 만들 수 있는 "바디"를 갖고 있지 않다. 고체 향수는 고대부터 사용되어 왔으며, 식물의 일부를 동물성 지방에 담그거나 향기로운 오일과 지방 및 밀랍을 섞어 만들었다. 이집트에서는 원뿔 모양으로 만들어 머리에 썼는데, 체온에 녹아 향기를 발산하면서 건강과 영적 순결함을 고양시켰다. (무덤 벽화에서 이 원뿔은 기독교 미술에서 후광과 비슷한 역할을 하며 축복받은 상태를 상징한다.) 보석으로 장식한 케이스에 고체 향수를 넣어 몸에 지니고 다닌 부족들도 있었다.

우리도 그렇게 할 수 있다. 고체 향수 컴팩트는 핸드백, 서류 가방 또는 배낭에 간편하게 휴대할 수 있다. 향은 알코올 기반 향수보다 조금 더 짙고, 손가락으로 바르는 경험은 가까운 거리에서 향수를 뿌리는 것보다 얼씨향이 더 진하게 난다. 하지만 고체 향수는 주변 환경이 아닌 나에게만 향기가 나기 때문에 매우 조심스러운 향이다. 나는 인터넷이나 고물상, 골동품 가게에서 구한 빈티지 콤팩트와 알약 케이스에 향수를 담아 포장한다.

뛰어난 품질의 고체 향수의 질감은 좋은 립스틱과 비슷하며, 크리미하고 왁스 같은 질감으로 손가락에 어느 정도 저항을 줄 수 있을 정도로 단단하지만 손가락에 달라붙는 데 큰 힘이 들 정도로 딱딱하지는 않다. 나는 1파운드 단위로 구입하는 노란색 천연 비즈왁스를 선호하는데, 대부분의 가내 조향사가 수년 동안 사용하기에 충분한 양이다. 비즈왁스는 고체 향수에 달콤한 향과 따뜻한 앰버 빛을 더해 주며, 비즈왁스를 갈아서 녹인 다음 은은한 꿀 향을 맡는 과정은 향수를 만드는 명상적인 측면에 기여한다. 표백한 비즈왁스도 사용할 수 있지만, 질감이 가볍고 표백으로 화학 냄새가 나기 때문에 향수의 질감과 모양이 끈적거려서 추천하지 않는다.

장비

향수를 만드는 데 필요한 도구는 간단하고 쉽게 구할 수 있을 뿐만 아니라 사용하기 쉽다. 모든 재료는 아마존이나 이베이에서 구입할 수 있다.

> 블렌딩 용 15ml 비커. 향수를 만들 때는 "낮은 형태" (통통한) 비커를 사용한다. 나는 5, 10, 15ml로 표시된 15ml 비커를 사용한다.
> 향 테스트 스트립은 냄새의 세계를 탐구하는 데 필수적인 도구이다. 나는 특히 라벨을 붙일 공간이 넉넉한 긴 주걱 모양의 테

스트 스트립을 선호한다. 두꺼운 쪽 끝에 샘플링할 재료의 이름을 적고, 다른 쪽 끝을 재료에 0.5인치 정도 담근 다음 냄새를 맡아보자.

블렌딩 연습과 실험을 위한 작은 2ml 병이다. 완성된 향수에 사용하는 것보다는 작은 크기이다.

블렌딩 연습과 실험 시 작은 병에 붙일 수 있는 작은 원형 라벨이다. 라벨 중 하나가 떨어지거나 한 번에 여러 개의 뚜껑을 열어 놓을 경우를 대비해 각 병의 상단과 하단에 모두 라벨을 붙인다.

많은 양의 재료를 계량할 수 있는 계량스푼. 요리용 일반 플라스틱 또는 금속 세트를 사용해도 된다.

에센스 및 기타 성분을 계량하기 위한 유리 스포이드. 나는 많은 에센스와 함께 제공되는 구멍 뚫린 형태의 리듀서 캡 대신 스포이드를 사용하는 것을 선호하는데, 스포이드를 사용하면 조절하기가 쉽고 오차의 여지가 적기 때문이다. 에센스는 냄새 강도가 강하고 소량이기 때문에 한 방울이라도 더 많이 떨어뜨리면 모든 것을 망칠 수 있다. 나는 항상 유리 스포이드를 사용하고 플라스틱 피펫(pipette)은 절대 사용하지 않는다.

젓는 용도의 대나무 꼬치. 작업 중에 넘어지지 않도록 사용 중인 비커보다 너무 크지 않게 관리하기 쉬운 길이로 잘라야 한다. 작은 소금 스푼은 작은 블렌딩에 적합하다.

향수가 숙성된 후 고체 플라워 왁스를 걸러내기 위한 종이 커피 필터이다.

드롭퍼 소독용 알코올. 나는 수지와 고농도 기름을 녹이는 190도의 변성되지 않은 옥수수 알코올을 선호하지만, 구할 수 없는 경우에는 소독용 알코올을 사용할 수 있다. 소독용 알코올은 장비를 청소하는 데 사용할 수 있지만 향수 제조용으로는 금한다. 알코올은 다음 사이트에서 구입할 수 있다 : organicalcohol.com

후각을 리프레쉬 해주는 양모 조각. 후각의 피로감과 함께 모든 냄새가 비슷하거나 둔감하게 느껴질 때 양모 조각을 코에 대고 깊게 세 번 숨을 들이마시면 후각을 회복할 수 있다.

비즈왁스 용 강판. 치즈에 사용하는 단순한 사다리 꼴 종류가 좋다. 나는 중간 크기의 구멍 을 사용하여 한 번에 여러 스푼을 갈아준다. 강판에 간 밀랍은 재밀봉할 수 있는 비닐 봉지에 보관한다.

왁스를 녹일 수 있는 "실험실 용" 도자기 또는 유리 냄비. 따르는 주둥이와 긴 손잡이가 있는 것이 가장 좋다.

왁스를 녹이기 위한 가스 또는 전기 버너. 커피 메이커의 발열체를 사용할

수도 있다. 단순한 "실험실 용 핫 플레이트"를 구매하는 것도 매우 유용하다. 15ml 고체 향수용 립밤 슬라이더 틴 케이스에 고체 향수를 보관할 수 있다.

작업 환경 설정

향수를 만들 때는 질서 정연한 환경이 필수적이다. 그 과정에서 주의가 산만해지거나 약간 어지러움을 느낄 수도 있다. 향수는 중독성이 있기 때문이다!

나는 에센스를 탑 노트, 미들 노트, 베이스 노트 (아래에서 더 자세히 설명)로 분류하고 각 그룹 안에 알파벳 순으로 보관한다. 이렇게 하면 향수를 만들 때 각 카테고리 내의 블렌딩 가능성을 더 명확하게 볼 수 있다. 모든 탑 노트에 노란색 라벨을, 미들 노트에 주황색 라벨을, 베이스 노트에 초록색 라벨을 붙인다. 병에 잘못된 탑 노트를 넣을 가능성을 최소화하기 위해 병과 탑 노트에 모두 라벨을 붙인다. 나는 에센스를 원액 그대로 사용하며 미리 희석하지 않는다.

안전에 관한 참고 사항

일부 천연 에센스는 피부에 직접 바르면 알레르기 반응을 일으키는 것으로 알려져 있다. 다른 천연 에센스는 매우 많은 양을 사용하거나 경구로 섭취하거나 피부에 문지르면 부작용을 일으킨다. 향수에 함유된 천연 에센스는 알코올이나 다른 캐리어 오일에 희석되어 있지만, 알레르기가 있거나 피부가 민감한 경우 패치 테스트를 통해 특정 오일이 자신에게 문제가 되는지 확인하는 것이 좋다. 문제의 오일을 팔뚝 안쪽에 한 방울 떨어뜨린 후 접착 스트립으로 덮는다. 몇 시간 후 붉게 변하거나 자극이 있는지 확인한다.

임신 중에는 피부에 천연 에센스를 피하는 것이 가장 좋다. 천연 에센스는 피부에서 혈류로 전달될 수 있으며 일부는 태반 장벽을 통과할 수 있다.

국제 향료 협회(IFRA)는 상업용 조향사를 위한 권장 지침 목록을 작성했으며, 이는 주기적으로 업데이트된다. www.ifraorg.org/ guidelines.asp에서 확인할 수 있다.

3 장
고착을 위한 계산법 : 베이스 노트

> 그는 감각적인 삶에 상응하지 않는 마음의 분위기가 없다는 것을 알았고,
> 신비롭게 만드는 유향과 열정을 자극하는 앰버그리스,
> 죽은 낭만주의의 기억을 일깨우는 제비꽃과
> 뇌를 괴롭히는 사향에 무엇이 있는지 궁금해하면서
> 그들의 진정한 관계를 발견하기로 결심했다.

- 오스카 와일드(Oscar Wilde), "도리안 그레이의 그림 (The Picture of Dorian Gray)"

향수 노트는 상대적인 휘발성, 즉 공기 중으로 확산되는 속도에 따라 탑 노트, 미들 노트, 베이스 노트로 분류한다. 또는 이 특성을 반대 관점에서 보면, 향이 완전히 사라지기 전에 피부에 향기가 남아 있는 시간을 의미하는 상대적 지속력에 따라 분류한다고 말할 수도 있다. 이 두 가지 관점은 향수를 사용하는 사람과 조향사의 각 관점을 반영하는 것으로, 향수병이나 비커에서 향수를 맡을 때 가장 먼저 스쳐가는 탑 노트를 접한 다음 향수의 중심부로 이동하면 마지막으로 베이스 노트가 남게 된다. 많은 조향사가 위에서 아래로 향수를 뿌리는 방법을 사용하지만, 나는 이 방법을 시도해 본 적이 몇 번 없었고 결과도 좋지 않았다. 좋은 베이스 노트는 향수 흡착지에서 매우 오랫동안 감지될 수 있다. 베이스 노트는 매우 강렬하기 때문에 마지막에 추가하면 적어도 향

의 성격이 극적으로 바뀌는 경향이 있으며 최악의 경우 향을 완전히 압도할 수도 있다. 그래서 나는 강한 베이스 노트부터 시작해서 그 위에 나머지 향수를 층층이 쌓아 올리는 피라밋 같은 방식으로 향수를 구성하는 것이 가장 합리적이라고 생각한다.

음악 용어를 빌리자면 베이스 노트가 결합하여 화음을 형성한다. 음악의 화음처럼 향수 화음은 최소 두 개에서 최대 다섯 개 이하의 음, 즉 에센스가 서로 섞여 각각의 개성이 조화로운 새로운 전체에 포함되는 형태로 구성된다. 3개가 시작하기 좋은 숫자이다. 각 화음에서 한 음이 울려 퍼져야 하고, 화음을 지배해야 하며, 다른 음은 화음을 보강하고 지원하면서, 지배적인 베이스, 미들, 탑 음이 조화를 이루어야 한다. 하지만 잘 갖춰진 식료품 창고에서 만들어낼 수 있는 요리의 종류만큼이나 화음 자체는 무궁무진하다.

베이스 노트는 모든 향수 성분 중에서 가장 깊고 신비로우며 가장 오래된 향이다. 모든 고대 문화권에서 베이스 노트를 사용했으며, 실제로 수 세기 동안 향수의 정수로 사용되었기 때문에 베이스 노트를 다루는 것은 말 그대로 고대의 역사를 손에 쥐는 것과 같다. 향신료 경로를 따라 낙타가 운반하고 클레오파트라가 혼합했던 재료를 손에 쥐고 있는 셈이다. 예를 들어 샌달우드는 4천 년 동안 지속적으로 사용되어왔으며, 부드러우면서도 진정 효과가 있어 영적 수행을 위한 향으로 선택되었다. 증류된 샌달우드는 9세기부터 실론에서 원주민 왕자의 시신을 방부 처리하는 데 사용되었다고 한다.

그러나 벤조인, 페루 발삼, 톨루 발삼과 같은 샌달우드, 앰버, 바닐라 향의 에센스를 제외하면 대부분 의 베이스 노트는 바로 냄새를 맡으면 강렬하고 압도적인 향을 풍긴다. 베이스 노트는 짙은 녹색이나 갈색을 띠며 나무 심재(샌달우드), 루트(안젤리카, 베티버), 수지(랍다넘), 이끼(오크모스), 수액(벤조인, 페루발삼), 풀(패출리) 또는 동물 분비물(머스크, 사향 고양이)에서 채

취한 시럽 같은 액체로 무겁고 진한 농도를 띠는 경향이 있다. 이러한 재료는 향수에 사용하기 전에 녹이거나 팅처(향수 알코올과 혼합)해야 하는 경우가 많다. 끈적끈적하고, 수지가 섞인 향은 강렬함의 전형이다.

  베이스 노트는 조향사에게 상호보완적인 강렬함을 요구한다. 베이스 노트는 까다롭고 어렵기 때문에 익숙해지려면 노력과 상상력이 필요하다. 초보자에게는 베이스 노트를 사랑하는 법을 배우는 것이 쉽지 않은 도전이다. 심장이 약한 사람은 동물적이고 얼씨한 향이 주는 무거움에 불쾌감을 느낄 수 있으며, 백화점 향수 카운터에서 후각이 단련된 모험심이 강한 사람이라도 처음에는 그 강도가 불쾌하게 느껴질 수 있다. 합성 향수는 천연 베이스 노트가 거의 없고, 화학적으로 조작된 드라이아웃 향은 깊이 없이 강렬하기 때문이다.

  나는 고객용 맞춤 향수를 만들 때 그의 관능적 깊이를 가늠하기 위해 베이스 노트를 사용하곤 한다. 소심한 사람은 항상 바닐라를 선택하고, 대담한 사람은 오크모스나 타바코를 선택하기도 한다. 하지만 조향사는 이 모든 것을 포용하는 법을 배워야 한다. "조향사는 편견이 없어야 하고, 자신의 취향을 완전히 무시해야 한다."라는 위대한 조향사 장 카를레스(Jean Carles), 일명 미스터 노즈(Mr. Nose) (그의 코는 백만 달러짜리 보험에 가입되었다)의 말을 명심하자. "베티버를 싫어하는 자에게는 화가 있으리라… 향수에는 비 호환성이 없으며, 겉보기에 충돌하는 재료가 결합제 역할을 하는 다른 제품을 추가하면 성공적으로 혼합되어 냄새가 호환된다는 것을 알아야 한다. 중요한 것은 에센스가 그 자체로 아름다운 냄새를 풍기는지 여부가 아니라, 에센스의 고유한 능력과 요소가 선택한 다른 요소와 어떻게 합쳐지고 혼합되어 아름다운 새로운 냄새를 만들어내는가 하는 것이다. 조향사가 패출리나 베티버를 싫어하는 것은 화가가 초록색이나 노란색을 싫어하는 것과 같다. 에센스는 비전을 실현하기 위한 재료일 뿐이며, 조향사마다 좋아하는 에센스가 있겠지만 모든 에센스는 숙련된 조향사의 손에서 탄생한다." "동기 부여가 되어 있고 경험이 풍부한 조향사는 기분 좋은 냄새와 불쾌한 냄새를 더 이상 구분하지 않는다. 이것은 음표를 복잡한 음악으로 결합할 수 있는 기본 형식이라고 생각하는 작곡가와 같다. 작곡가는 더 이상 음을 판단하는 것이 아니라 음과 음 사이에 형성된 관계를 판단한다."라고 카를레스는 말했다.

희석되지 않은 상태에서는 실존하지만 불쾌한 냄새를 풍길 수도 있는 베이스 노트에는 조향사의 상상력과 교묘한 선택이 필요하며, 조향사는 친근하고 매혹적이며 지루하지만 신뢰할 수 있는 깊이를 파악하여 압도적이거나 탁한 효과를 내지 않도록 희석된 물질이 추가할 깊이를 파악해야 한다. 증발하면서 변화하는 베이스 노트의 특징에 익숙해지면 도움이 된다. 시간이 지날수록 더 부드럽고 기분 좋은 향이 나며, 이러한 변화는 시간이 지남에 따라 향수에 어떤 영향을 미치는지 정확하게 반영한다. 조향사는 경험을 통해 주어진 에센스의 특성을 배우고 어떤 에센스가 친구이고 어떤 에센스가 천적인지 기억한다. 조향사는 그 순간의 관능미에 완전히 반응하는 조향의 열기 속에서 이국적이고, 달콤하고, 강력하고, 순결하고, 길들여지고, 에로틱한 등의 원하는 향의 톤을 설정할 수 있는 노트를 직관적으로 선택할 것이다. 하지만 이렇게 깊고 복잡한 에센스를 다루는 작업에는 항상 놀라움의 요소가 있다.

진하고, 형태가 잡히지 않은, 거친 베이스 노트는 무의식, 즉 그림자가 드리워져 있고, 두껍고, 모호하지만 고정되어 있고, 우리를 정의하는 모든 것, 그리고 그것을 지키는 관성과 저항을 떠올리게 한다. 이들과 함께 작업하는 것은 미지의 세계, 깊은 곳으로 흘러 들어가는 느낌을 불러일으킨다. 이들 중

우리 속의 사향 고양이

대부분은 순수한 형태 그대로는 혼합할 수 없으며, 먼저 가열하여 밝게 하고 흐르게 만들어야 한다.

향수를 만드는 이 단계는 고체가 액체로 변하거나, 좀 더 추상적으로 말하면 한 형태가 사라지고 용해되어 새로운 형태가 나타나는 연금술적 과정인 용해에 해당한다. 베이스 노트가 향수의 기초라면, 솔루티오(Solutio: 고체가 용해된 액체 혼합물)는 연금술의 뿌리이다. 분리된 것만이 결합할 수 있으며, 이 움직임에는 상반된 것의 통합이 암묵적으로 포함된다.

인간의 관점에서 보면, 변화의 과정은 고정된 태도와 습관을 중단하는 것에서 시작된다. 리처드(Richard)와 아이오나 밀러(Iona Miller)는 『현대 연금술사 The Modern Alchemist』에서 "연금술 과정의 첫 단계는 자신의 성격의 높이와 깊이를 자각하는 것이다. 솔루티오는 깊은 잠재의식의 내용물이 아래에서 분출되어 몸과 마음을 압도하는 또 다른 위기를 예고한다… 당신은 아래에서 솟아오르는 강력한 이미지와 힘에 사로잡히고, 매료되고, 최면에 걸리기까지 한다… 솔루티오는 분명히 비이성적인 과정이다. 그것은 꿈이나 환상과 같이 내면 깊은 곳에서 자발적으로 발생하는 객관적인 산물에 대한 명상에서 비롯된다."

이러한 관점에서 사랑이나 욕망과 같은 강력한 감정은 해결의 매개체로 간주될 수 있다. 풍성하고 바디감이 풍부한 베이스 노트가 가볍고 옅은 미들 노트와 탑 노트를 덮어버리거나 소멸시킬 수 있듯, 감정적인 힘으로 다른 섬세한 감정을 지워버리거나 모호하게 만들 수 있다. 문제는 베이스 노트를 다른 노트에 휩쓸리거나 잠식되지 않고 다른 노트를 감쌀 수 있는 도구로 만들어야 한다는 것이다.

이러한 방식으로 향수와 연금술의 대응 관계에 대해 생각하는 것은 향기를 이용한 창작의 보다 더 깊은 측면에 상상력을 발휘할 수 있는 방법이다.

에센스의 강렬한 향, 색상, 질감은 작업할 때 직관적인 연상을 불러일으키고 다른 의식의 상태에 접근할 수 있게 해준다. 향에 집중해서 작업할 때면 일상적인 세계를 뒤로 하고 다른 세계로 빠져드는 것을 느낀다. 특히 복잡한 베이스 노트는 나의 숨겨진 기억과 관능의 장소로 나를 데려다준다. 베이스 노트는 외부 세계(풍요로운 대지, 깊은 숲, 폭풍, 바다)와 내부 세계(무의식, 어두운 면, 그림자, 혼돈), 그 모두의 진하고 거친 내면을 일깨운다. 나는 이와 같은 연상을 받아들이고 그 연상이 나를 이끌고 가는 대로 감동에 빠져들어 작업하게 된다.

베이스 노트는 피부에 가장 오래 지속되는 향으로, 향을 뿌린 사람의 체취와 가장 잘 어우러진다. 같은 향수 성분이라도 개인의 체질에 따라 다르게 반응한다. 어떤 사람은 플로럴 향을, 어떤 사람은 스파이시 향을, 어떤 사람은 애니멀 향을 더 강하게 느낀다. 피부는 베이스 노트의 밑바탕이 되므로 베이스 노트는 향수와 향을 뿌린 사람 사이에 가장 친밀한 관계를 형성한다. 베이스 노트는 향수의 지속성, 즉 다른 향이 증발한 후에도 마지막까지 지각할 수 있는 향을 표현한다.

하지만 베이스 노트는 다른 노트보다 오래 지속될 뿐만 아니라, 증발을 늦추고 피부 속으로 끌어 당겨 몇 시간 또는 며칠에 걸쳐 노트가 서서히 방출되도록 하여 노트 자체가 더 오래 남아 있도록 한다.

이렇게 향을 시간에 맞춰 고정하고 피부에서 향의 수명을 연장하는 특성을 고착력이라고 한다. 고착력이 없으면 향수가 없다고 할 정도로 매우 중요한 요소이며, 지속되지 않는 향수는 그 누구도 원하지 않는다.

고착은 천연 조향사가 직면한 주요 과제 중 하나이다. 합성 향수의 세계에는 그 역할을 잘 수행하는 화학 물질이 많지만 때로는 너무 잘 수행하여 향수를 뿌린 사람 주변의 대기에 섞이지 않고 대신 대기를 지배하는 향수를 만들어낸다.

이상적인 고착제는 향수 성분의 다양한 증발 속도를 연장하는 고착제이다. 베이스 노트의 종류에 따라 각기 다른 방식으로 문제를 해결하는 것처럼 보이기 때문에 고착제는 세 가지 종류로 분류된다. 하지만 사실 그 속성을 완전히 이해하거나 정량화할 수 없으므로 모두 신비로운 요소를 갖고 있다.

첫 번째 종류의 고착에서는 베이스 노트의 높은 끓는점과 분자 구조가 다른 성분의 증발을 지연시키는 것으로 생각된다. 일반적으로 벤조인이나 페루 발삼과 같은 레진과 검은 점성 때문에 다른 에센스를 가두어 피부에서 증발을 지연시키는 필름이 생성되는 흡착 효과를 가지고 있다. 따라서 향수의 향은 성분이 사라짐에 따라 더 서서히 변화한다.

두 번째 종류의 고착은 오크모스, 랍다넘, 베티버와 같이 휘발성이 낮은 베이스 노트를 추가할 때 발생한다. 베이스 노트는 매우 느린 속도로 증발하기 때문에 향수에 독특한 향을 계속 남기지만 다른 성분의 증발 속도에는 영향을 미치지 않는다.

세 번째 카테고리인 향상시키는 고착제는 모든 향수 성분 중에서 가장 신비롭고 마법 같은 성분이다. 머스크, 시벳, 앰버그리스, 카스토륨 등 동물성 에센스가 바로 그것이다. 이 네 가지 중 시벳만이 여전히 사용되고 있는데, 이는 추한 것을 아름답게 변화시키는 조향사의 능력을 보여주는 증거이다. 승화 고착제는 오늘날 우리가 말하는 시너지 효과, 즉 연금술과도 같은 효과를 발휘한다. 다른 향수 재료의 증기를 개선, 강화 또는 운반하는 역할을 한다. 승화 고착제는 향수에 생명력과 광채를 부여하여 향수의 무거운 향에 '끌어 올리는 효과'를 부여하고 향이 더 잘 퍼지도록 한다. 향수의 전체 향기는 피부에서 천천히 사라지지만, 이 효과가 어떻게 달성되는 지는 완전히 설명되지 않는다. 실제로 머스크 한방울만으로도 몇 온스의 향수에 마법 같은 효과를 발휘할 수 있을 정도로 승화 고착제는 매우 강력하며, 너무 많은 양을 떨어뜨리면 전체 블렌딩을 망칠 수 있다.

어떤 블렌딩에서는 유용한 향이 다른 블렌딩에서는 재앙이 될 수 있는 것처럼 고착력에 대한 청사진은 없으며, 고착력은 베이스 노트를 선택할 때 고려해야 할 한 가지 요소일 뿐이다. 루드니츠카는 "향수의 지속성이 미약할 경우 '고착제'라는 이름의 지속성 제품을 추가하는 것만으로 문제를 해결할 수 있다는 이야기는 말도 안되는 것이다. 지속성 제품은 단순히 향수를 더 오래 지속시키는 것이 아니라 향수의 일반적인 노트와 무결성에 하나의 성분으로 작용할 뿐이다. 원하는 형태가 될 때까지 기다렸다가 추가하는 것은 예측할 수 없는 변화를 의미하며, 이는 향수의 특성을 파괴할 수도 있다. 너무 빨리 사라지는 향수는 잘못 디자인된 향수이며, 향수에 필요한 것은 '수정'이 아니라 재구성이다."라고 강조한다.

사향노루

향수를 고착시키는 데에는 보이지 않는 힘의 조화를 요하는 마법 같은 힘이 내재되어 있다. 변화의 본질인 무언가를 '고착'시킨다는 것에는 역설이 있다. 개념적으로 보면 무형에서 유형성을, 비실체에서 실체를 만들어내는 것이다. 이 연금술이 일어나는 매개체는 시간, 즉 아름다운 향기가 서로에게 스며드는 시간이다. 고착은 향수가 누군가의 감각적인 의식 속에 존재감을 유지하는 능력을 말하지만, 그 존재감은 눈에 보이지 않을 뿐만 아니라 정의할 수 없으며 끊임없이 변화하고 있다. 이것은 앙리 베르그송이 지속성이라고 불렀던 현상의 구체화이다. 베르그송은 지속을 "흐르는 것과 통과하는 것 그 자체로 충분하며, 흐르는 것은 흐르는 것을 암시하지 않고, 통과하는 것은 통과하는 어떤 상태를 전제하지 않으며, 사물과 상태는 단지 전환을 인위적으로 찍은 스냅샷에 불과하다"고 설명했다. 솔루티오에서는 블렌드의 일부가 사라지는 것이 아니라 다른 음이 블렌딩되고 지속 시간이 길어지면서 블렌드 자체가 변형되는 것이다.

말할 필요도 없이 향수는 변화와 시간을 경험하는 방식과 맞닿아 있다. 베르그송의 말처럼 "내면의 삶에서 우리는 시간을 측정하는 것이 아니라 느끼는 것", 우리는 그것을 "내면으로부터의 성장, 과거가 이미 미래와 섞여 있는 현재로 중단 없이 연장되는 것"으로 경험한다. 여기서 내면의 삶의 흐름이 불가분하고 따라서 실질적인 연속성을 가지고 있다. 이러한 심령 상태의 진화는 하나의 향기가 다른 향기로 넘어가면서 육체의 특수성을 포용하는 복합적인 향기를 맡는 경험과 유사하다.

따라서 향수의 휘발성 경험은 시간의 경험에 대한 은유이다. 향수의 본질은 흐르는 것이며, 다른 요소가 전면에 등장할 때 그 요소 중 어느 하나도 변하지 않고, 매끄럽게 펼쳐지는 연속성이며, 각각의 요소가 사라지면서 다른 요소와 혼합되어 무로 흘러간다. 베르그송은 "우리의 정신적 상태는 서로 상호 침투하며, 마치 수많은 별개의 분리된 물리적 힘이 서로 반응하는 것처럼 나의 욕망을 자극하는 것은 이런저런 감각이나 이런저런 이미지가 아니라 나의 의지를 움직이는 바로 이 욕망이다 우리의 내면 상태는 마치 생명체처럼 끊임없이 변화하는 우리 안에 있다. 멜로디의 성격을 바꾸지 않고 멜로디의 길이를 줄일 수 있을까? 내면의 삶은 바로 그 멜로디이다."라고 말했다.

지속의 현상을 진정으로 경험하려면 가장 심오한 수준에서 향수와 교감하기 위해 노력해야 한다. 좋은 요리가 패스트푸드를 사 먹는 것에 비해 시간과 노력이 많이 드는 것처럼, 향수는 시간과 노력이 필요하다. 하지만 요리와 마찬가지로 향수는 한 번에 모든 것을 경험하는 것이 아니라 기대, 즐거움, 감탄의 단계를 거치면서 더 큰 발견의 즐거움을 선사한다. 대부분의 경우 우리는 변화를 눈으로만 보지 않고 주의 깊게 바라본다. 베르그송의 말처럼, "우리는 변화에 대해 말하지만 변화에 대해 생각하지 않는다. 우리는 변화가 존재한다고, 모든 것이 변한다고, 변화가 사물의 법칙이라고 말하고 반복하지만, 그것은 단지 말일 뿐이며 마치 변화가 존재하지 않는 것처럼 추론하고 철학한다." 그러나 궁극적으로 실제 존재하는 것은 변화이며, 감각적이고 창의적인 경험의 본질은 바로 변화이다.

특히 초보 조향사들은 에센스를 특정 향기 특성에 따라 배열된 그룹으로 분류하는 것이 도움이 된다는 것을 알게 된다. 이러한 분류는 각각의 뉘앙스를 구분하고 일반적이고 구체적인 성격을 기억하는 데 도움이 된다. 다음은 7가지 베이스 노트 그룹과 각각의 대표적인 몇 가지 예시로 공통, 희귀, 단순, 복잡함으로 분류된다.

우디 에센스는 갓 자른 향기로운 나무를 연상시키는 부드럽고 따뜻한 향이 특징이다. 이 제품 군에는 샌달우드, 시더 앱솔루트, 블랙 스프루스 앱솔루트, 화이트 스프루스 앱솔루트, 구아이악우드, 퍼 앱솔루트가 포함된다.

샌달우드(Santalum album)는 점성이 있는 오일로 옅은 노란색에서 노란색을 띠며 매우 부드럽고 달콤한 우디 향이 난다. 또한 마음을 안정시키고 진정시키는 최음제 역할을 한다. 최고의 샌달우드는 인도 남부 마이소르 지역의 농장에서 생산되며, 동인도 샌달우드라고 불리기도 한다. 하지만 과도하게 채취되어 멸종 위기에 처해 있다. 이제 호주와 하와이에서 지속 가능한 샌달우드를 구할 수 있다. 서인도 샌달우드라고 불리는 것을 접할 수 있는데, 이는 아미리스오일(Amyris)이며 진짜 샌달우드를 대체할 수 없다.

샌달우드는 뱀파이어처럼 번성하는 방법을 가지고 있다. 반기생이기 때문에 광합성을 통해 일부 영양분을 얻지만, 문어 모양의 촉수로 주변 나무와 식물의 뿌리에서 나머지를 빨아들여 숙주를 서서히 죽게 만든다. 조향사가 추구하는 에센셜오일은 나무가 최소 25년이 지나야 나오기 때문에 샌달우드는 나무가 30년이 되기 전에는 수확하지 않는다. 그럼에도 불구하고 귀중한 오일은 뿌리와 줄기와 가지에 있기 때문에 단순히 잘라낼 수 없다. 나무가 발굴되면 벌목꾼은 변재와 나무껍질을 먹고 기름이 있는 심재를 남기는 흰개미의 도움을 받는다. 그런 다음 나무를 거칠게 갈아서 증기로 증류한다.

샌달우드는 탑 노트가 거의 없거나 전혀 없으며, 뛰어난 지속력 덕분에 향이 피부에 오랫동안 일정하게 유지된다. 샌달우드는 대부분의 향수에 탁월한 고정제 역할을 하며, 거의 모든 노트에 어울리는 부드럽고 파우더리한 드라이아웃을 선사한다. 샌달우드는 미들 노트를 감싸거나 압도하지 않고 미들 노트를 보조하기 때문에 조금 덜 강렬한 미들 노트에 유용하다.

발삼 퍼(Abies balsamea)에서 추출한 퍼 앱솔루트는 비교적 새로운 제품이며, 그중에서도 캐나다산 제품이 최고로 꼽힌다. 강렬한 초록색, 크리스마스 트리와 숲의 향기, 잼 같은 달콤함이 정말 마음에 든다. 나의 고객 맞춤 작업에서 거의 모든 사람들이 퍼 앱솔루트를 좋아한다는 사실을 알게 되었다. 입욕제에도 잘 어울리고 어떤 블렌드에도 풍부한 녹색의 아웃도어 향을 더해 준다. 에센스를 따를 수 있도록 가열해야 하는데, 이때 병을 아주 뜨거운 물이 담긴 그릇에 5분 간 담그는 것이 가장 좋다.

레진 에센스는 특정 나무의 껍질에 있는 관을 통해 분비되는 점성 액체에서 추출한 것이다. 당연히 다소 파인 향이 나는 경향이 있다. 여기에는 갈바넘, 프랑킨센스, 미르가 포함된다.

프랑킨센스

프랑킨센스는 보스웰리아 종의 다양한 작은 나무껍질에서 발견된다. 고대에는 의심할 여지없이 가장 중요한 향수 물질이었다. 향수와 향수 원료에 대한 많은 정보를 담은 『자연사, 가이우스 플리니우스 세쿤두스(Pliny) 지음』에 따르면 프랑킨센스는 산이 가로막혀 접근이 거의 불가능한 아라비아의 외딴 지역인 사바에서만 발견할 수 있다고 한다. 이 향료를 채취하는 것은 특정 가문의 남성에게만 허락된 유전적 특권이었으며, 신성한 것으로 여겨져 특수 금지령을 통해 채취가 제한되었다. 나무에 상처를 내고 프랑킨센스를 채취하는 남성은 그 기간 동안 여성과 성관계를 갖거나 장례식에 참석하는 것이 금지되었다. 채취한 프랑킨센스는 낙타에 실어 사보타 마을로 가져가야 했는데, 사보타 마을의 문 하나가 열려 있었으며 도로에서 돌아서는 것은 사형에 처해질 수 있는 금지된 행위였다. 사제들이 사빈 신을 위해 프랑킨센스 10분의 1을 가져간 다음에야 일반인에게 판매가 허용되었다.

프랑킨센스는 부드럽고 인센스와 비슷한 냄새가 난다. 프랑킨센스는 스파이시, 이국적인 향, 플로럴 향수에서 중요하고 우아한 고착제로 남아 있으며 시트러스와도 잘 어울린다. 프랑킨센스는 샌달우드와 마찬가지로 은은하고 가벼운 베이스 노트로, 더 부드러운 노트와 조화를 이루면서도 압도하지 않는다. 프랑킨센스는 기분을 고양시키고 마음을 진정시키는 효과가 있다.

갈바넘은 큰 산형과 식물인 페룰라(ferula) 식물에서 추출한다. (여기서 말하는 레지노이드는 갈바넘 에센셜오일의 탑 노트로, 강렬하지만 레지노이드의 무거움과 고착제 가치는 전혀 갖고 있지 않다). 갈바넘은 풍부한 녹색의 우디 발사믹 노트와 드라이한 톤, 부드러운 파인 향의 탑 노트를 가지고 있다. 시간이 지남에 따라 진화하는 매우 복잡한 향으로, 적절히 사용하지 않으면 압도적인 향이 될 수 있다. 시프레(오크모스, 패출리, 버가못의 조합을 기반으로 한 클래식 향수), 이끼와 우디 베이스, 이국 적인 스파이시 블렌딩에 잘 어울리는 강렬하지만 부드러운 고착 특성을 지니고 있다. 갈바넘은 그 존재감을 드러내기 때문에 상충하지 않는 에센스와 블렌딩해야 한다.

동물성 에센스에는 머스크, 시벳, 앰버그리스, 카스토륨 등 동물에서 추출한 에센스뿐만 아니라 코스투스, 앰브렛, 헤이, 타바코 등 따뜻하고 향긋한 향이 나는 식물성 에센스도 포함된다.

머스크는 문명이 존재한 만큼이나 오랫동안 사용되어 왔다. 머스크는 히말라야 산맥과 아틀라스산맥의 숲이 우거진 지역에 서식하는 수컷 사향노루(Moschus moschiferus)의 복부 주머니에 들어있다. 사향노루는 강인하고 고독한 동물로 드물게 한 쌍 씩만 발견되며 무리를 이루지 않는다. 전설에 따르면 사향노루의 예민한 청각을 이용해 덫에 빠뜨릴 수 있었다고 한다. 사냥꾼은 몸을 숨기고 피리로 곡을 연주했다. 노루는 기이하면서도 선율적인 소리에 이끌려 점점 더 가까이 다가가 결국 사냥꾼에게 잡혔다고 한다.

사향주머니는 지름이 약 1인치 반 정도 되는 거의 구형에 가까운 모양의 주머니로 한쪽은 매끄럽고 다른 한쪽은 털이 있다. 주머니 안의 머스크는 불규칙한 모양의 알갱이 형태이다. 건조되면서 특유의 향을 발산한다.

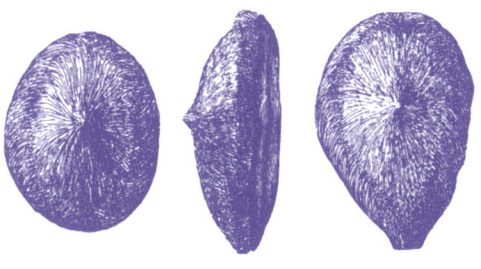

사향 주머니

머스크의 확산성, 즉 주변의 모든 것에 스며드는 성질은 가히 전설적이다. 이 때문에 동인도 회사는 차가 포함된 화물에 머스크를 같이 싣는 것을 금지했다. 유명한 동양의 몇몇 모스크는 회반죽에 사향을 섞어서 지어졌으며, 천 년이 지난 지금도 햇빛을 비추면 건물 내부에서 향기를 발산한다고 한다. 몇 센티그램만 있으면 넓은 홀을 특유의 냄새로 몇 년 동안 가득 채울 수 있는데 부피가 눈에 띄게 줄어들지 않고 거의 그대로 남아 있다는 글을 읽은 적이 있다. 머스크는 가격이 비싼 향수를 보정하고 부각시키는 능력으로도 알려져 있지만 비밀스러운 경향이 압도적이다. 블렌드에 눈에 띄는 뚜렷한 냄새를 더하지 않은 채 다른 향을 낸다.

최음제로서의 머스크의 힘은 매우 전설적인 것으로 알려졌다. 나폴레옹이 자주 만류했음에도 조세핀 황후는 머스크을 좋아하여 탈의실을 머스크 향으로 가득 채웠다고 한다. 조세핀의 사후 40년이 지났는데도 (그리고 청소와 페인트 칠을 반복했는데도) 그 향기는 지속되었다. 머스크는 강하고 달콤하며 지속적인 동물성 향을 지니고 있다. 과거에는 말린 꼬투리를 금속으로 속을 채운 우아하고 정교한 상자나 용기에 포장한 다음, 무늬가 있는 실크로 감쌌다. 항상 고가에 거래되었고 불순물이 섞여 있는 경우도 있었다. 내가 갖고 있는 1860년대 어느 앤티크 향수 책의 저자는 그 당시 이미 사냥꾼들의 지나친 포획으로 사향노루가 멸종 위기에 처해 있다고 언급하고 있다. 슈테펜 아크텐더에 따르면 노루를 죽이지 않고도 주머니를 제거할 수 있다고 하지만 실제로 이런 일이 일어났는지 여부는 알 수 없다. 지금까지도 진짜 머스크가 사용되고 있는 곳이 있다고 한다.

사향 노루, 중국 목판화

앰버그리스는 전설을 만들어 낸 또 다른 재료이다. 한때 노예, 금과 함께 가장 수익성이 높은 무역 품목 중 하나로 분류되었다. 18세기 초의 한 작가는 "프랑스에서 가장 소중하고 가치 있는 상품"이라고 극찬했으며, 동시대의 한 영국 작가는 앰버그리스를 "인도양 바닷가의 큰 바위에 벌들이 벌집을 만들어 태양에 가열되고 흐물흐물 해지면서 바다 속으로 떨어지는" "벌집 덩어리"라고 보고했다. 그곳에서 "바닷물의 성질에 의해서든 햇빛의 미덕에 의해서든" 벌집은 "액체가 되어 물 위에 떠다니게 된다"고 했다.

실제로 앰버그리스는 현재 멸종 위기에 처한 수컷 향유고래의 위나 장에서 가끔씩 발생하는 특이한 병적 성장이다. 소화되지 않은 갑오징어 조각이 고래의 위장에 심한 자극을 가함으로써 이와 같은 현상이 일어나는 것으로 보인다. 고래는 이것이 너무 커지기 전에 토해낸다. 아프리카, 동인도 제도, 중국, 일본, 호주, 뉴질랜드 연안에서 종종 이를 발견한 선원들이 가장 큰 수혜자였다.

앰버그리스 발견에 관한 이야기는 『몰타 팔콘(Maltese Falcon-탐정소설)』 발견에 버금가는 이야기이다. 1930년대의 한 보고서에 따르면 하와이 카우보이들이 바다에서 스펀지로 보이는 물질을 발견하고 조랑말을 닦는 데 사용하려 했다고 한다. 그 물질이 스펀지가 아니라는 사실을 알게 된 그들은 샘플을 지역 상인에게 가져갔고, 상인은 이를 앰버그리스로 확인했다. 그들은 서둘러 앰버그리스를 발견한 장소로 돌아왔고, 평생 경제적으로 자립할 수 있을 만큼 충분한 양을 회수할 수 있었다.

머스크와 마찬가지로 고체 상태의 앰버그리스는 수 세기 동안 그 냄새를 유지한다. 그리고 머스크와 마찬가지로 매우 비싸고 구하기 어렵다. 앰버그리스의 향은 처음에는 은은한 앰버 향으로 시작하여 숙성되면 마법과도 같이 향기로운 반짝임을 지닌 놀랍도록 화려한 향으로 바뀌는 변화의 기적을 경험하게 한다. 어떤 사람들에게는 흙 냄새나 곰팡내가 나는 향으로, 어떤 사람들에게는 해초와 장미가 섞인 신기한 향으로 느껴지기도 한다. 많은 사람들이 거슬려하고 심지어 불쾌하다고 생각하지만, 알코올에 녹아 있는 미량의 앰버그리스는 반복적으로 세탁하고 건조되면서 시간이 지날수록 더욱 달콤해지는 벨벳과도 같은 품질을 제공한다.

셰익스피어가 "고양이의 매우 불결한 흐름"이라고 불렀던 시벳(사향 고양이)은 네 가지 동물 성분(네 번째는 비버에서 유래한 카스토륨) 중 유일하게 열심히 찾으면 찾을 수 있는 성분이다. 시벳은 흔히 고양이로 불리지만, 고양이 과(고양이 목)에 속하지 않고 몽구스와 같은 비버 과에 속하는 동물이다. 여우 정도 크기이며 회색 털과 검은 반점이 있다. 아비시니아, 자바, 보르네오, 수마트라, 벵골이 원산지이다. 수컷과 암컷 모두 복부 뒤쪽에 깊은 주머니가 있으며, 이 주머니에는 회음샘과 회음샘에서 생성되는 부드러운 지방 물질이 들어 있다. 그 기능은 완전히 밝혀지지 않았지만, 성적 매력을 뿜어내는 물질이면서 아마도 악취 때문에 방어 수단인 것으로 여겨진다. 사냥개들이 사향 고양이를 쫓다가 다른 냄새를 남기기는 하겠지만.

17~18세기 영국의 멋쟁이 남성들은 시벳 향이 나는 장갑을 끼거나 포켓 손수건을 끼운 채 세인트 제임스(St. James)의 맨스(Man's)나 플릿 스트리트(Fleet Street)의 난도(Nando's) 같은 커피 하우스에서 코를 쿵쿵대면서 여종업원에게 추파를 던지곤 했다. 시인 윌리엄 코퍼(William Cowper)는 그 냄새가 역겨워서 난도 커피숍을 빠져 나온 다음, 이에 영감을 받아 그 혐오스러운 냄새에 대해 시 한 편을 남겼다.

> 사향 고양이가 든 방에서 대화 할 수 없네,
> 향기만 좋은 사향 고양이 신사여,
> 보기만 해도 충분해, 미남 냄새 필요 없어,

누가 희귀한 쇼에 코를 들이밀겠는가.

시벳

난 코퍼의 의견에 동의하지 않는다. 시벳은 제가 가장 좋아하는 향수 재료이며, 시벳이 작품에 미치는 영향은 마법과도 같다. 물론 스카톨(skatole)이라는 화합물이 함유되어 있기 때문에 사람들은 시벳의 냄새를 역겹게 느낄 수 있다. 그러나 다른 동물성 에센스와 마찬가지로 희석하면 쾌적하고 독특하게 매력적인 향으로 변한다. 시벳이 아름답게 섞이지 않는 성분은 없다. 시벳은 블렌딩에 감돌면서 각 요소를 변형시키고 전체에 특별한 깊이를 부여한다. 모든 마법의 물건과 마찬가지로 기적을 수행하려면 향수 한 방울에 불과한 1~2온스의 아주 소량만이 필요하다(이러한 이유로 블렌드를 만들 때 추가하는 양을 정확하게 제어할 수 있도록 시벳 팅처를 만드는 것이 유용하다. 알코올 2온스에 시벳 10방울을 넣고 한 달 정도 서로 결합되도록 둔다). 다른 동물성 에센스와 마찬가지로 시벳은 엄청난 고착력을 가지고 있다. 실제로 오래 전 조향사들은 향수 알코올에 시벳이나 다른 동물성 고착제를 첨가하고 한 달 동안 그대로 두어 알코올이 '미리 고착'되게 했다. 그 결과 알코올에는 시벳의 흔적이 전혀 없었지만, 그 알코올로 만든 향수는 더욱 오래도록 지속되었다. 그만큼 시벳은 엄청난 고착력을 가지고 있다.

에티오피아에서는 향수의 원료 용도로 끔찍한 환경에서 시벳이 사육되는 반면, 베트남과 같은 다른 지역에서는 자유롭게 돌아다니면서 자란다. 시벳은 추출 과정에서 죽거나 다치지는 않지만, 몸을 움직이기 힘든 긴 우리에 갇혀 있는데 화가 나면 분비물이 훨씬 더 많이 나오기 때문에 조롱과 자극을 견뎌야 한다. 시벳은 사향주머니에서 주걱으로 추출된다. 옅은 노란색의 반액체이지만 공기에 노출되면 굳어지고 색이 어두워진다.

시벳의 수요가 지금보다 줄어들면 이 귀한 물질을 보다 인도적으로 수확할 수 있는 방법을 개발할 수 있을 것이다. 시벳은 자극하지 않아도 자연적으로 생산되며, 주머니 속 양이 너무 많아지면 우리 속의 나무 막대나 다른 곳에 닦아내면서 스스로 배출한다.

시벳을 제대로 다뤄 주어야 할 이유가 분명히 있다. 가장 붉고 잘 익은 커피 열매를 먹어 치워 인도네시아 커피 재배 지역에서 유해종으로 여겨졌던 시벳은 원두를 그대로 배설하는 것으로 밝혀졌다 (어떻게 배설하는지는 알고 싶지 않을 것이다). 세계에서 가장 비싼 커피인 코피 루왁은 시벳의 배설물에서 회수한 원두로 만들어지며, 그 맛이 매우 뛰어나다는 평을 받고 있다.

히비스커스 식물에서 추출한 앰브렛 씨드는 머스크에 해당하는 식물성 성분으로 알려져 있다. *Hibiscus abelmoschus*라는 라틴어 이름은 이 식물을 씹는다고 알려진 황새와 비슷한 그리스 따오기와 "머스크의 알갱이 또는 씨

히비스커스

앗"이라는 뜻의 아랍어 카브-엘-머스크(Kabb-el-Musk)에서 유래했다. 식물의 열매는 식물이 6개월이 되었을 때 수확한다. 열매가 마르면서 터지면 큰 씨앗이 수집된다. 씨앗을 압착하여 머스크 오일을 추출한다.

그 결과 탄생한 에센스는 시간이 지날수록 더욱 강력하고 오래 지속되는 오일이다. 좋은 앰브렛 씨앗은 브랜디나 잘 익은 과일처럼 부드럽고 풍부하고 달콤하면서 꽃 향기와 머스크한 향이 한꺼번에 느껴지는 바디 노트를 가지고 있다. 그 지속력은 놀랍다. 조금만 사용해도 큰 효과를 볼 수 있으며, 상상력을 발휘하여 신중하게 사용해야 한다.

코스투스는 히말라야 고원에서 야생으로 자라는 코스투스 식물인 *Saucier lappa*의 뿌리에서 추출한다. 아크탠더에 따르면, "코스투스는 오래된 귀중한 나무, 오리스의 뿌리를 연상시키는 부드럽고도 매우 지속적인 냄새가 나며, 동물적인 냄새가 뚜렷하게 난다. 이 냄새는 사람의 머리카락, 모피 코트, 제비꽃 냄새와 비교되기도 한다." 코스투스를 좋아하는 법을 배우려면 약간의 개방성이 필요하지만, 코스투스를 아껴서 사용하면 따뜻한 우디 노트와 함께 블렌딩에 깊이와 고착력을 부여하고 확산력과 흥미로운 탑 노트를 생성할 수 있는 훌륭한 베이스가 될 수 있다. 최음제로 여겨지기도 한다.

향수에 사용되는 타바코는 다양한 종류의 니코티아나(Nicotiana)에서 나온다. 타바코 앱솔루트는 짙은 갈색을 띠고 있어 향수 성분으로는 경시되어 왔지만, 특히 무색 버전은 향이 무한히 떨어지기 때문에 천연 조향사에게 방해가 되지 않는다(에센스는 활성탄과 같은 흡착제로 처리하여 탈색되지만, 이 과정에서 원하지 않는 색소와 함께 바람직한 향의 뉘앙스가 일부 제거되는 경향이 있다).

예상대로 타바코 에센스는 시가 담배의 매우 진한 액체 냄새를 전달하고 향수에 머스크한 향을 더한다. 일부 플로럴 계열의 은은한 스윗 향과 균형을 맞추는 데 유용할 수 있다.

발사믹 베이스 노트 에센스는 우디, 플로럴 또는 스파이시한 향이 가미된 달콤한 바닐라 향을 공통적으로 가지고 있다. 발사믹에는 토루 발사믹, 페루 발사믹, 벤조인, 통카 빈, 오포포낙스, 스티락스 등이 있다.

벤조인(Styrax tonkinense)은 나무의 분비물이다. 그러나 나무는 자연적으로 분비물을 생성하지 않는다. 나무껍질을 파내면 수지 분비물이 생성되는 도관이 형성될 만큼 충분히 깊게 상처가 생긴다. 딱딱하고 건조해지면 작은 덩어리나 눈물 형태로 물질이 수집된다.

벤조인

벤조인은 부드럽고 달콤하며 따뜻한 바디 노트가 발사믹의 파우더 향으로 완성되어 진화하며 거의 모든 향과 조화를 이룬다. 앰버 향과 잘 어울리며, 정도는 덜하지만 플로럴 향과도 잘 어울린다. 가격도 저렴하여 바닐라 노트를 확장하는데 경제적으로 사용할 수 있다. 그러나 벤조인이 너무 많으면 다른 성분의 냄새를 억제할 수 있다(시벳과 마찬가지로 알코올 1쿼터에 벤조인 2ml를 넣어 한 달간 숙성시키면 알코올을 미리 고정하는데 사용할 수 있다). 벤조인은 진정, 매혹, 관능, 활력을 느끼게 하는 경향이 있다.

페루 발삼은 벤조인과 마찬가지로 중앙 아메리카의 고지대에서 50피트 이상 높이로 자라는 Myroxylon pereira에 상처를 냄으로써 생성되는 병리학적 분비물이다. 16세기 중반 교황은 엘살바도르의 성직자들에게 이 귀중한 발

페루 발삼

삼을 채취하고 사용할 수 있도록 허가하면서 발삼을 생산하는 나무를 훼손하거나 손상하는 것은 신성모독이라고 선언했다. 이 문서에는 발삼 추출 과정도 자세히 설명되어 있다. 나무를 절개하면 "발삼이 서서히 스며 나오면 면 조각을 끼워 넣어서 빨아들이게 한다. 면 조각이 충분히 적셔지면 끓는 물에 넣고 다른 면 조각을 다시 끼워 넣는다. 열에 의해 면에서 발삼이 분리되는 것은 발삼이 물보다 중력이 적기 때문에 위로 떠오르게 되는 원리이다. 그런 다음 판매를 위해 호리병에 넣는다." 페루 발삼의 냄새는 바닐라 냄새와 비슷하지만 일반적으로 그다지 기분 좋은 향은 아니다. 당밀처럼 보이며, 어두운색 때문에 향수에는 많이 사용되지 않고 비누용으로만 사용되었다. 하지만 천연 가죽에도 흠결이 나타나듯 천연 조향사라면 이 향료의 색을 향료의 본질적이고 아름다운 측면으로 인식해야 한다. 풍부하고 스윗한 드라이아웃 노트로 향수에 따뜻함을 부여하는 에센스는 식용 가능한 품질을 제공한다. 토루 발삼과 비슷한 향이 나지만 토루는 약간 스파이시한 반면 페루는 살짝 꽃향기가 난다는 점이 다르다.

얼씨 에센스는 흙을 갓 뒤집어 놓은 것 같은 퀴퀴하고 텁텁한 냄새가 난다. 베티버, 안젤리카 루트, 패츌리, 오크모스, 랍다넘 등이 여기에 해당된다.

베티버의 뿌리는 고대부터 향료로 사용되었다. 뿌리 자체에 기분 좋은 향이 있어 말린 후 침구류와 옷에 향을 내는 데 사용되었다. 또한 물을 뿌려서 매트 형태로 엮은 다음 커튼처럼 매달아 집 안의 공기를 상쾌하게 하고 향기를 풍기게 하기도 했다. 뿌리에서 증류한 오일은 호박색이며, 아크탠더의 설명에 따르면 "달콤하고 매우 무거운 얼씨 향이 나며, 뿌리와 젖은 흙을 연상시키고 '귀한 나무' 향이 풍부하게 깔려 있다"고 한다. 어떤 사람들은 베티버의 향이 너무 강하다고 생각하지만, 베티버를 완벽하게 희석하면 드라이한 톤의 블렌드에는 풍성함을, 로즈 베이스 향수에는 줄기와 잎의 향을 더해 준다. 베티버는 향이 매우 오래 지속되며 훌륭한 고착제 역할을 통해 마음을 안정시키고 강화해 준다.

베티버

안젤리카 루트를 건조시킨 다음 증류하여 옅은 오일을 만들면 가볍고 페퍼 향이 나는 탑 노트와 약간 머스크하고 동물적인 느낌에 스파이시 향이 가미된 얼씨 향의 허브 바디 노트가 만들어진다. 가벼운 베이스 노트 중 하나이며 블렌딩에 비터 향과 허브 향을 더해주지만, 그 힘을 과소평가하기 쉽다. 각각의 증류마다 농도 변화에 따라 주의 깊게 냄새를 맡아야 한다. 특유의 지속력과 확산력이 뛰어나다.

독특한 끈기와 뛰어난 확산력을 가지고 있는 패출리는 *pogostemon* 식물의 줄기와 잎에서 증류한 짙은 갈색 오일로, 가든 세이지와 비슷하지만 잎의 크기가 적은 편이다. 패출리의 냄새는 많은 사람들에게 60년 대의 추억으로 남아 있는데, 19세기 중반에는 인디언 페이즐리 쇼올에 향을 내고 좀이 쓰는 것을 막기 위해 사용되었다. 냄새의 비밀을 발견한 프랑스 제조업체는 말린 잎을 수입하여 자체 제조한 모조품을 향수로 만들기 시작했으며 이를 진품으로 속여 팔기도 했다.

패출리의 향은 식물에서 추출한 에센스 중 가장 강력하다. 달콤하고 풍부한 허브 향의 탑 노트와 얼씨 향이 나는 약간의 캠퍼 향 바디 노트가 드라이하고 우디한 스파이시 향으로 진화한다. 아크탠더는 "고농도에서는 거의 메스꺼울 정도의 달콤함"으로 몇 주 또는 몇 달 동안 향수 흡착지에 남아 있을 것이라고 말한다. 잘 숙성된 패출리는 풍부하고 프루티 향에 아주 가까운 노트를 만들어낸다. 패출리는 랍다넘, 베티버, 샌달우드, 시더우드, 라벤더, 안젤리카, 클로브, 클라리 세이지와 잘 어우러진다. 또한 로즈와도 잘 어울려 로즈의 스윗함을 확장하고 고착시킨다. 패출리는 힘, 개성, 매력, 지속성을 부여한다.

패출리

오크모스(mousse de chêne)는 주로 참나무에서 자라는 연한 녹색을 띤 검은색 이끼, *Evernia prunastri*가 함유된 최음제로서 균형을 잡아주는 역할을 한다. 자연 상태에서는 식별할 수 있는 향이 없지만, 건조시켜서 잠시 놓아두면 해변, 나무껍질, 나무, 나뭇잎을 연상시키는 향이 난다. 적은 양을 사용하면 향수의 드라이한 노트에 축축한 숲의 향을 더해 전체적으로 자연스러움과 풍부한 얼씨 향을 선사하며 뛰어난 고정력을 갖고 있다. 오크모스는 조향사의 절제가 필요하며, 너무 많이 사용하면 작품을 망칠 수 있다.

랍다넘은 고대부터 향과 방부제로 사용되어왔다. 지중해 주변에서 자생하는 작은 관목인 *Cistus ladaniferus*의 수지성 삼출물이다. 오래전 목동들

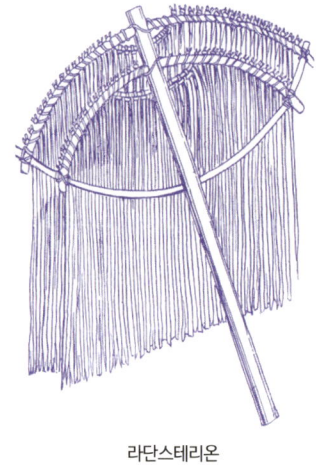

은 시스투스 덤불 사이를 돌아다니던 양의 털에서 올레오레진(향신료의 일종)을 채취했으며, 1세기 로마의 작가 디오스코리데스(Dioscorides)는 염소의 수염과 허벅지에서도 솔로 빗질하여 올레오레진을 채집했다고 언급했다. 크레타섬에서는 톱니 대신 가죽끈이 달린 일종의 이중 갈퀴인 라단스테리온 이라는 도구를 사용해 수지를 채취했다. 요즘에는 식물의 나뭇가지와 잎을 물에 끓여 아로마 수지를 얻는다(은은한 향기만 나는 꽃은 향수에 이용되지 않는다).

라단스테리온

랍다넘은 다른 에센스에선 거의 찾아볼 수 없는 풍부한 앰버 톤과 함께 달콤한 허브의 발사믹 향이 뚜렷하게 느껴진다. 특히 앰버 블렌딩의 고착제로 유용하다. 랍다넘은 편안하고 중심을 잡아준다.

그린 베이스 노트 향은 신선한 잎과 같은 향이다. 타라곤 앱솔루트, 라벤더 콘크리트, 클러리 세이지 콘크리트, 플뢰브, 엘더플라워, 디어텅 등이 있다.

스윗하고 스파이시한 아니스 향이 나는 타라곤 앱솔루트는 내가 가장 좋아하는 에센스 중 하나이며, 가능한 한 자주 사용한다.

식용 에센스는 음식과 관련이 있다. 이 제품군에는 바닐라, 블랙티, 그린티, 코냑이 포함된다.

바닐라 식물은 난초류로 나무줄기를 따라 올라가는 덩굴 식물이다. 씨앗 꼬투리에서는 식물계에서 가장 훌륭한 냄새를 뿜어낸다. 하지만 바닐라를

바닐라

재배하고 준비하는 과정에는 일종의 연금술이 필요하다. 씨앗 꼬투리는 채취할 때는 향기가 없지만, 햇빛과 공기의 마법을 받아 숙성 과정에서 발효되면서 특유의 향이 나게 된다. 꼬투리의 아래쪽 끝이 노랗게 변하기 시작하면 비터 아몬드 향이 스며든다. 껍질에 균열이 생기면 바닐라 발삼으로 알려진 소량의 오일이 방출된다. 꼬투리 위로 자연 발효가 서서히 진행되면서 색이 어두워지고 엽육이 부드러워지며 진정한 바닐라 향이 나기 시작하는데, 이 과정은 약 한 달 정도 걸린다. 에센스는 진한 붉은 색 방울로 분출된다. 이 꼬투리는 다양한 방법으로 가공되어 바닐라 오일과 바닐라 추출물로 만들어진다.

　가장 엄선된 품종인 버번 바닐라는 마다가스카르에서 생산된다. 향은 매우 풍부하고 달콤하며, 다소 우디하고 타바코와 같은 발사믹 바디 노트가 느껴진다. 바닐라 향, 그리고 바닐라 향이 불러일으키는 추억에 취하지 않는 사람이 있을까?

　코냑 에센스는 포도 브랜디를 증류하고 남은 찌꺼기를 증기 증류하여 생산한다. 밝은 과일 향이 나며 끈기가 강하고 확산력이 뛰어나다. 녹색과 흰색 품종이 있는데 나는 단맛이 더 나는 녹색을 선호한다. 블렌딩에 생동감, 광채, 신선하고 과일 향이 나는 자연스러운 느낌을 준다.

　다음은 시작을 위한 베이스 노트 세트와 여유로우면서도 한발 더 나아가려는 모험심이 생길 때 추가로 구매할 수 있는 베이스 노트 세트에 대한 제안이다.

1차 베이스 노트

벤조인

랍다넘

오크모스 앱솔루트

패출리

베티버

2차 베이스 노트

프랑킨센스

페루 발삼

샌달우드

타바코

바닐라 앱솔루트

블렌딩 코드

    블렌딩 코드는 향수 제조 과정의 기본 구성 요소이다. 탑 노트, 미들 노트, 베이스 노트 등 에센스의 조합으로, 그 자체로 향수를 만들기 위해 블렌딩된다. 이 챕터에서는 다음 두 챕터에서 향수를 만들 때까지 한 층씩 쌓아 올려 '연금술'이라고 일컫는 베이스 코드를 만들 것이다. 이후 6장에서는 향수 구성의 전반적인 원리에 대해 자세히 배워 자신만의 블렌드를 실험해 볼 수 있다.

    견고한 베이스 코드에는 보통 최소 2개에서 최대 5개의 재료가 포함되며, 3개가 시작하기에 좋은 숫자이다. 각 코드에서 한 가지 성분이 빛을 발하고 다른 성분은 이를 보강하고 뒷받침해야 한다. 이 베이스 코드에는 앰버가 포함되어 있는데, 앰버는 그 자체로도 베이스 코드지만 다른 베이스 코드에 추가할 수 있는 단일 노트로 흔히 사용된다(앰버는 같은 이름의 준보석 화석 수지와는 아무런 관련이 없다). 앰버는 원래 암브라라고도 불리는 앰버그리스의 향을 의미하지만, 현재 앰버 노트는 일반적으로 랍다넘에 스티락스, 바닐라, 시벳, 벤조인을 섞어 만든 향을 말한다. 앰버 계열 향수에서 인기 있는 베이스 노트인 앰버는 일반적으로 강력하고 인기 높은 고착제이다.

다음은 단독으로 착용하거나 향수의 베이스로 사용할 수 있는 매우 아름다우면서도 단순한 앰버를 위한 레시피이다.

앰버

랍다넘 30방울

벤조인 120방울

바닐라 6방울

랍다넘을 측정하기 전에 수지가 흐르는 상태가 되도록 가열해야 하는데, 수지가 녹을 때까지 매우 뜨거운 물(방금 끓인 물)을 담은 작은 그릇에 수지가 담긴 병을 넣어야 한다. 그런 다음 작은 병에 방울 수를 측정하고 벤조인과 바닐라를 추가한다. 병뚜껑을 단단히 닫고 흔들어 섞어준다. 병에 "앰버"라고 라벨을 붙인다.

연금술이라는 향수의 베이스 코드로 시원하고 풍부한 느낌의 코드를 만들려고 한다:

향수 알코올 15ml

바닐라 8방울

벤조인 5방울

앰버 6방울

비커에 알코올을 계량한다. 남은 재료를 추가할 때마다 저어주고 냄새를 맡으면서 추가한다. 벤조인이 바닐라 향을 확장하고 부드러움을 더하는 것을 알 수 있다. 앰버를 추가하면 블렌드에 약간 더 풍부하고 깊은 톤이 있다. 완성된 코드를 병에 붓고 "베이스-연금술"이라고 라벨을 붙인다.

다음은 베이스 코드를 만들 때 시도해 볼 수 있는 몇 가지 다른 조합이다. 두드러진 노트가 먼저 나 타난다.

파우더리: 통카, 해이, 벤조인
우디: 퍼 앱솔루트, 샌달우드, 프랑킨센스
모스: 오크모스, 베티버, 라벤더 앱솔루트
스윗: 페루 발삼, 코냑, 바닐라
웜: 랍다넘, 오포파낙스, 패출리

4장
아로마 구성 : 미들 노트

향기, 전기 이온보다 더 놀라운 분자로 우리를 폭격하여
꽃의 에센스를 동물처럼 만질 수 있게 만드는 당신의 설명할 수 없는 방법으로
당신은 아마도 우리 몸보다 마음에서 더 많이 작용하는 건 아닐까요?
당신의 힘에 노출된 과민한 사람들은 마치 병에 걸린 것처럼 비틀거리며 기절하죠.
사랑에서 치유된 연인은 이제 무해한 "전 애인"과 얼굴을 마주 할 수 있지만,
그가 오래된 향수를 한 번만 맡게 하십시오.
익숙한 향수를 맡으면 그는 얼굴을 붉히고 눈시울이 붉어집니다.
음탕함의 신 아스모데우스(Asmodeus)는 향기를 조수로 고용하여
치명적인 허니써클, 변함없는 아카시아, 무자비한 라임 꽃으로 밤을 채우고
기억하는 마음을 황폐화시키고 저항하는 마음을 산산이 부숴버리기 때문이죠.

- 콜레트(Colette), "향수(Fragrance)"

아랍인들은 우리보다 훨씬 더 로즈를 사랑했다. 그들은 꽃봉오리를 모아 토기 항아리에 담고 진흙으로 밀봉한 후 땅에 묻어 로즈를 보존했다. 로즈가 필요할 때면 항아리를 파서 꽃봉오리에 물을 뿌린 다음 꽃잎이 열릴 때까지 공기 중에 두었다. 한 술탄은 로즈에 너무나 반한 나머지 다른 사람들이 로즈를 재배하는 것을 금지했다. 그는 로즈를 기리기 위해 분홍색 옷을 입고 카펫에 로즈워터를 계속 뿌렸다.

우리가 알고 있듯이 꽃은 열정과 로맨스를 상징한다. '꽃이 피었다(blossom)' 라는 단어는 성적 경험의 시작을 의미한다. 극적이고, 강렬하고, 달콤하고(때로는 아플 정도로 달콤하고) 심지어 마약과도 같은 향기 뿐만 아니라 꽃의 형태와 색채 자체만으로도 섹시하다. 인도의 한 시인이 로즈를 "백 장의 잎이 펼쳐진 책"이라고 묘사한 것이 마음에 들지만, 대부분의 비유는 훨씬 더 에로틱하다. 활짝 핀 장미는 풍만한 여성과 같고 난초는 외음부를 연상시키며, 꽃은 수용적인 여성의 생식기처럼 열리고 닫힌다. 따라서 사람들은 향수를 생각할 때 당연히 꽃을 떠올린다. 실제로 플로럴 에센스는 가장 중요한 향수 성분 중 하나이며, 가장 비싼 성분이기도 하다. 플라워 앱솔루트는 킬로그램당 최대 8천 달러에 달한다. 1킬로그램이나 필요한 사람은 없겠지만 말이다.

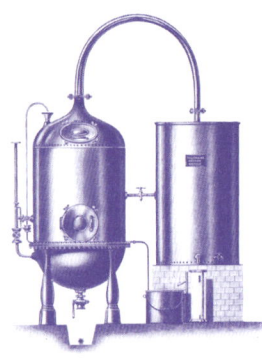

꽃 증류

그러나 모든 꽃을 향수 원료로 만들 수 있는 것은 아니다. 카사블랑카 릴리 한 줄기는 중독성 있는 향기로 방을 가득 채울 수 있지만(실제로 내가 가장 좋아하는 꽃 향기이다), 아쉽게도 그 향기를 향수에 담을 수는 없다. 릴리는 어떤 형태로든 향기 채취가 불가능한 꽃들 중 하나이다. 프리지아, 바이올렛, 튤립, 릴리, 헬리오트롭, 오키드, 라일락, 은방울 꽃등의 꽃은 자연적으로 추출할 수 없기 때문에 향수에 이러한 꽃이 포함되어 있다면 합성 물질로 만든 향수라는 것을 알 수 있다.

   로즈 꽃 에센스는 매우 미묘하고 복잡하며 같은 종의 품종 사이에서도 극적으로 다양하기 때문에 이러한 향을 성공적으로 위조할 수도 없다. 로즈는 다 같은 로즈라고 생각하겠지만, 조향사에게는 단순한 로즈가 아니다. 러시아 로즈는 더 부드럽고, 인도는 더 연하고, 이집트는 더 풍부하고, 터키는 더 달콤하고, 불가리아는 더 둥글고, 모로코는 더 밝다. 자스민 삼박(*Jasmine Sambac*)은 날카로운 반면, 스페인 자스민(*grandiflorum jasmine*)은 더 풀 바디 느낌을 준다. 짙은 녹색의 태즈매니아 보로니아는 풍부한 허브 향이 나는 반면, 밝은 오렌지 색은 새콤달콤한 시트러스 향이 난다. 스페인산, 튀니지산, 프랑스산 오렌지 플라워 앱솔루트는 모두 단맛과 깊이가 다르다.

   진한 플로럴 향은 강렬한 마약 같은 기운이 느껴진다. 거의 황홀경에 빠진 듯한 수용감과 항복감의 느낌을 유도한다. 한동안 진한 플로럴 향으로 조향하고 나면 종종 약에 취한 것 같은 기분을 느낀다. 이 중독성 강한 플로럴 에센스는 대부분 배설물 냄새가 나는데, 실제로 이것이 가장 탐나는 향수의 음양적 매력의 원천이다. 이 마법같은 성분은 자스민, 튜베로즈, 오렌지 플라워 등의 주요 성분인 인돌(indole)로, 사람의 배설물에서도 발견되는 성분이다. 화학자이자 향수 작가인 폴 엘리네크(Paul Jellinek)는 "부패하고 변을 연상시키는 인돌의 냄새는 오렌지 플라워, 자스민, 튜베로즈, 라일락 및 기타 꽃의 마치 썩은 듯한 달콤하고 따뜻하면서도 중독성 있는 뉘앙스 때문에 과거에도 오늘날에도 꽃과 그 추출물을 섬세한 최음제로 사용하게 된 것이다."라고 설명한다.

   인돌은 성공적으로 합성할 수 없다. 근사치를 구할 수는 있지만 자연스러운 뉘앙스를 잃으면 시너지 효과가 사라진다. 엘리네크가 지적했듯이, 천연 플로럴 에센스에 함유된 놀랍도록 높은 수준의 인돌을 화학적으로 복제하면 불쾌할 정도로 압도적인 인돌 향이 나면서 일반적인 합성 향료의 한계를 드러낸다. 자연적으로 발생하는 인돌이 합성 인돌과 다른 냄새를 풍긴다거나 화학 구조가 다르다는 것이 아니라 "천연 꽃 앱솔루트의 냄새 강도와 효과는 동일한 복합체의 인공 구성과 결코 같거나 근사치가 될 수 없다"는 것이다. "자연은 냄새 복합체의 구성에서 양적으로 우세하고 크게 식별되는 성분 외에도 매우 강렬한 특징적인 냄새 노트 덕분에 전체 복합체의 성격과 섬세한 '자연성'에 결정적인 역할을 하는 소량 또는 미량의 물질을 사용하는 것을 좋아하기 때문이다. 이러한 물질은 발생 수준이 매우 낮기 때문에 식별하기 어렵다."

그라스, 튜베로즈 채집

섹시해지기 위해 인위적인 방식으로 행동하면 오히려 효과가 없는 것처럼, 인돌은 고립된 요소로서 그 마법을 잃게 된다. 그러나 인돌은 다른 에센스와 복잡하게 얽혀 있는 천연 에센스의 한 요소로서 흥분과 혐오감 사이의 미세한 경계를 넘나들며 진정한 에로티시즘을 조율한다. 자연에서와 마찬가지로 복잡성과 맥락은 열정을 일깨우는 현장 조건이다. 로즈 자체에는 인돌 성분이 포함되어 있지 않지만, 로즈의 냄새는 틀림없이 성적인 느낌을 준다. 또한 엘리네크는 "만개한 로즈 꽃잎의 풍성하고 둥근 모양은 성숙한 여성의 몸을 암시하고 풍부한 붉은 색은 입술과 키스에 대한 생각을 불러 일으킨다"고 랩소디로 표현했다. "만개하기 전의 꽃봉오리 형태는 둥글고 풍요로운 성숙의 향기를 미묘하게 암시할 뿐 아니라 매혹적인 향기를 내뿜으며 사랑의 생명으로 열리는 모습은 인간이 보고 느끼는 꽃의 생명 과정에 대한 외형적 표현이며 에로틱한 환상을 자극한다"고 말했다. 로즈, 특히 레드 로즈가 로즈를 알고 있는 모든 문화권에서 사랑의 꽃으로 여겨져 온 것은 우연이 아니다.

거의 모든 플로럴 에센스는 미들 노트이며, 클라리 세이지, 버베나, 클로브, 시나몬 껍질 등 허브와 향신료가 섞여 있긴 하지만 대부분의 미들 노트 또한 플로럴이다. 미들 노트는 블렌드에 바디감을 부여하여 따뜻함과 충만함을 선사한다. 대담함, 섹시함, 성실함, 사랑스러움을 지닌 미들 노트는 열정의 완벽한 은유, 아니 열정이 구체화된 것이다. 이 두 가지 향을 블렌드에 넣는다는 것은 말 그대로 마음을 담는 것이며, 서로를 묶는 넥타이와도 같다.

조리스 카를 위스망스(J. K. Huysmans)의 미학적 과잉에 대한 고전 소설 『결을 거슬러서 À Rebours』에서 주인공은 미들 코드의 창조에 대해 설명한다: "먼저 그는 카시아와 아이리스를 섞어 차를 만든 다음, 자신을 완전히 확신한 후, 장엄한 천둥이 방 안으로 몰래 들어오는 교묘한 프랜지파니의 속삭임을 가라앉힐 수 있도록 울려 퍼지는 화음을 연주하기로 결심했다."

플로럴 미들 노트는 섹시하고, 세련되고, 빛나고, 마취적이고, 이국적인 느낌의 풍성한 화음으로 결합 될 수 있다. 미들 노트는 깊고 무거운 베이스 노트와 가볍고 날카로운 탑 노트 사이의 거리를 연결하여 거친 가장자리를 다듬고 향수를 전체적으로 일관성 있게 만들어 준다. 이를 위해서는 거의 연금술에 가까운 변화가 필요하다. 그 자체로 독특하고 강렬하지만, 진화하는 향에 부드럽게 통합되어 자신의 의지를 강요하는 것이 아니라 독특한 개성이 더 큰 전체에 포함되도록 함으로써 향을 확대한다.

이는 서로 반대되는 원소가 결합하여 완전히 새로운 물질이 탄생하는 신비로운 결합으로 알려진 연금술적 현상을 반영한다. 물질은 일차 물질의 정신이 되고, 정신은 다시 구체화된다. 물질과 정신이 결합하는 이 과정, 즉 결합은 연금술적 구성에서 반복되는 주제로, 이중성은 남성적 힘과 여성적 힘으로 개념화된다. 향수와 마찬가지로 변화에는 매개체, 즉 영혼이 필요하다. 그 결과 탄생한 신비로운 이성의 결합은 종종 해와 달, 솔(sol)과 루나(luna)의 결합으로 표현되며, 때로는 왕과 여왕으로 묘사되기도 한다.

해와 달은 영혼의 이중적 힘, 영혼과 정신, 창의성과 수용성 등을 나타낼 수 있는 등 연금술적 상징을 통해 다양한 해석이 가능하다. 그러나 고대 문헌에서는 신비로운 결합의 표현에 대해 성적 결합이라는 공상적이고 신비로운 이미지를 반복적으로 묘사하는 등 명백히 성적인 측면도 있다. 마크 해프너(Mark Haeffner)는 『연금술 사전 A Dictionary of Alchemy』에서 "연금술 사전에 등장하는 결합의 그래픽 이미지는 왕관을 쓴 부부의 성교를 솔직하게 묘사한 것이다. 단순한 화학적 결합이 아니라 당시 자연의 지배 원리에 대한 원형적인 결합이다… 솔은 남성적인 태양으로 불같고, 활동적이며, 고정되어 있고, 프랑킨센스의 상징이기도 하다. 루나는 휘발성, 여성적, 액체적인 달의 원리이다."

이것은 놀라운 일이 아니다. 연금술사들은 성적 특징을 변화의 필수적인 측면으로 보고 모든 힘에 상징을 부여하여 상징적 이미지의 대부분에 이를 통합했다. 그리고 결합은 상반된 것들의 결합으로 본질적으로 성적이고 정욕적이다. 동시에 "조화와 통일, 반대의 통합이라는 개념은 분명히 난해하고 신비로운 의미를 지니고 있다." 정신이 육체를 녹이고 육체가 정신을 고치는 것으로 믿어졌던 것처럼 여자는 남자를 녹이고 남자는 여자를 단단하게 만드는 것으로 표현된다.

향수 조향에 귀한 꽃 에센스를 결합하는 방법을 배운다는 것은 상반된 요소의 통합에 얽힌 모든 수준의 의미를 직접 경험하는 것이다. 이처럼 강렬하고 양극화된 요소로 작업하는 것은 물질과 정신의 적절한 조화를 통해 독특하고 아름다운 것을 창조하거나 완전히 파괴할 수 있는 잠재력을 지닌 짜릿하고 두려운 일이다.

미들 노트는 다음과 같은 방식으로 그룹화할 수 있다:

라이트 미들 노트는 린덴 블로썸, 매그놀리아, 네롤리와 같이 활기차고 경쾌한 플로럴 계열의 향이다.

네롤리는 비터 오렌지 나무의 꽃에서 물로 증류한 에센셜오일로, 10~11세기에 지중해 지역을 정복한 아랍인들에 의해 소개되었다. 사실 그 후 5세기 동안 비터 오렌지는 유럽인들에게 알려진 유일한 오렌지였다. 네롤리라는 이름은 이탈리아의 저명한 오르시니 가문의 네롤리공주가 17세기 말 유럽 궁정에 이를 소개한 데서 유래했다.

네롤리 꽃은 섬세한 취급이 필요하다. 최고 품질의 오일을 얻으려면 꽃이 막 피기 시작할 때 따뜻하고 화창한 날에 수확해야 하며, 꽃봉오리가 닫혀 있으면 다소 "그린" 냄새가 나는 품질이 떨어지는 오일이 만들어지고, 너무 많이 열린 꽃은 운송 및 보관 중에 색이 바래고 변질될 가능성이 높다. 초기 부패로 인해 불쾌한 노트가 발생하기 전에 재빨리 증류해야 한다. 에센스 자체는 어두운 병에 담아 냉장고에 보관해야 하며 그렇지 않으면 신선도가 급격히 떨어진다.

상큼한 시트러스 향이 특징인 네롤리 향은 역사적으로 향수 혼합물에 사용되었다. 네롤리 향은 강렬한 베이스 노트에 압도당하기 쉬우므로 가볍고 건조한 성질이 빛을 발할 수 있는 곳에 사용해야 한다. 네롤리의 향은 강도가 높으며 모든 시트러스 및 플로럴 향과 잘 어울린다.

스파이시 미들 노트 향수는 실제 향신료와 날카롭고 스파이시한 향을 지닌 플로럴 향을 포함하고 있어 후각과 미각을 동시에 자극한다. 올스파이스, 진저 앱솔루트, 블랙페퍼 앱솔루트, 클로브 앱솔루트, 페퍼와 튜베로즈 향이 어우러진 커다란 인도 꽃, 큐다 등이 여기에 속한다.

클로브는 클로브 나무 새싹이 손톱 모양과 같다고 하여 손톱을 뜻하는 프

랑스어 클루(clou)에서 유래한 이름이다. 클로브는 초기 포르투갈 탐험가들에 의해 열대 아시아, 몰루카 제도에서 발견된 것으로 추정되는 클로브 나무에서 자란다. 클로브 나무는 포르투갈, 스페인, 네덜란드, 프랑스, 영국 간의 향신료 무역과 이에 수반된 해상 전투에서 중요한 역할을 담당하게 되었다.

클로브

클로브 나무의 모든 부위에는 아로마 에센셜오일이 함유되어 있지만, 건조시킨 뒤 분쇄하여 에센스를 추출하는 새싹에 가장 많이 농축되어 있다. 클로브 버드 오일은 상큼하고 과일 향이 나는 스파이시 향에서 따뜻하고 우디한 스파이시 향으로 변한다. 바닐라와 결합하여 "카네이션"노트를 만들 수 있으며 "앰버" 블렌딩에 자주 사용되는 성분이다. 로즈, 일랑일랑 및 기타 달콤한 플로럴 향과 결합하여 자연스러운 풍성함과 바디감의 독특한 노트를 만들어낸다. 거의 모든 향수에 소량으로 사용할 수 있다.

시나몬은 어니스트 귄터(Ernest Guenther)에 의해 그림처럼 아름답게 묘사된 오랜 역사를 가지고 있다: "강한 몬순 바람에 돛이 부풀어 오른 튼튼한 선박들이 인도양의 푸른 물결을 가로질러 아라비아의 황량한 해안을 따라 이집트로 향했고, 이 귀한 향신료는 그리스와 로마 무역에 공급하는 예리한 얼굴의 페니키아 상인들에게 전달될 수 있었다. 또는 지금은 모래에 묻혀 잊혀진 메소포타미아의 유구한 캐러밴 길을 따라 낙타 등에 실려 페르시아만에서 바빌론, 그리고

시나몬

지중해의 시돈과 티레까지 향신료가 운반되기도 했다."

시나몬 나무는 잎, 나무껍질, 뿌리에서 에센셜오일을 생산하는데, 각각의 성분과 가치가 다르다. 가장 가치 있는 오일은 나무껍질에서 추출된다. 신선할 때는 황금빛을 띠고 오래되면 붉은 색으로 변한다. 시나몬은 강력하고 따뜻하며 스파이시하고 달콤한 성격을 지니고 있으며, 확산성과 끈기를 모두 갖고 있다. 탑 노트는 매우 신선하고 과일 향이 나며 캔디 향이 나다가 어느 정도 시간이 지나면 건조하고 더스티하고 파우더리한 드라이아웃 노트가 이어진다. 강렬하기 때문에 매우 적은 양을 사용해야 한다. 시나몬이 제과, 제빵 및 포푸리와 강하게 연관되어 있기 때문에 조향사는 더욱 창의성을 발휘할 필요가 있다.

잉글리쉬 라벤더 수확

그린 에센스는 갓 베어낸 풀과 이슬이 맺힌 나뭇잎 등 봄의 향기를 연상시킨다. 클라리 세이지, 라벤더 앱솔루트, 러비지, 바이올렛 리프 등이 있다.

라벤더 식물의 꽃과 줄기에서 추출한 라벤더 앱솔루트는 아름답고 짙은 녹색 액체로, 뚜렷한 허브 냄새가 나며 꽃 허브 자체와 같은 우디하고 스파이시한 맛을 내면서 건조된다. 이에 비해 묽고 떫은 맛이 나는 어디에나 있는 라벤더 오일은 훨씬 더 흥미로운 물질이다. 특히 향수 미들 코드에 더 풍부한 라벤더 향을 원할 때, 꽃 향기 가득한 미들 코드에 허브 향을 더하고 싶을 때 유용하다. 보너스로, 완성된 향수에 사랑스러운 색조를 더 해준다.

클라리 세이지는 무스카텔 포도를 연상시키는 독특한 풍미로 인해 독일 와인 상인들이 무스카텔러 살리에(muscatel sage)라는 이름으로 상업적으로 처음 사용했다. 지난 세기 동안 이탈리아 피에몬테(Piedmont) 지역에서 재배되어 왔으며, 가루로 만든 꽃은 베르무트(vermouth, 주정강화 와인의 한 종류) 제조에 사용되었다. 그 이름은 맑다는 뜻의 라틴어 clarus에서 유래되었으며, 눈의 이물질을 씻어내는 기능 때문에 일반적으로 "맑은 눈"으로 알려져 있다. 식물의 녹색 부분, 특히 꽃이 피는 윗부분에는 앰버그리스를 연상시키는 유쾌하고 다소 와인 같은 냄새가 나는 에센셜오일이 함유되어 있다.

클라리 세이지의 탑 노트는 달콤한 앰버 허브 향으로 시작해 따뜻한 발사믹 드라이아웃 노트로 마무리된다. 거의 모든 향수 블렌드에 부드러움, 달콤함, 지속력을 부여한다. 진정, 활력, 밸런싱 효과로 아로마테라피 오일의 대명사로 불린다.

로즈 미들 노트 향은 자명한 그룹이다. 로즈 제라늄, 제라늄, 로즈 콘크리트, 로즈 앱솔루트, 로즈 아타르 등이 있다. 로즈는 최고의 미들 노트이다. 콜레트(Colette)는 "로즈의 화려함, 향수의 음모, 코와 입술과 치아를 유혹하는 꽃잎 같은 과육... 모든 것이 허용된다. 그리고 로즈가 도착하는 순간 그해에는 모든 것이 이야기되고, 모든 것이 태어난다. 첫 번째 로즈는 다른 모든 로즈를 예고할 뿐이다. 얼마나 자신감 있고 사랑하기 쉬운가! 과일보다 더 잘 익었고, 볼이나 가슴보다 더 관능적이다."라고 묘사했다.

로즈

앞서 언급했듯이 로즈와 로즈 에센스는 무한한 다양성을 지니고 있다. 어둠 속에서도 다양한 종류의 로즈를 구별할 수 있는 열렬한 정원사가 있듯이 숙련된 조향사라면 인도, 이집트, 모로코, 프랑스, 불가리아, 러시아산 로즈를 구별할 수 있다. 특정 로즈 덤불은 하루 중 다른 시간에 다른 향기가 나고 폭풍이 오기 전에 향기의 강도가 증가한다는 사실도 알려져 있다. 따라서 꽃은 해 뜨기 전, 꽃이 벌어지기 전에 수집된다. 꽃이 만개한 늦은 시간에 채집했다면 향기는 더 강하지만 달콤하지는 않았을 것이다. 로즈 앱솔루트는 자스민처럼 다른 오일과 잘 섞인다. 로즈 앱솔루트는 모든 실수를 허용하고, 위협적이지 않은 풀 바디의 아름다움으로 다른 노트로부터 최고의 향을 이끌어낸다. 블렌딩에 실수가 있었다면 로즈를 조금 더 추가하면 문제가 해결되기도 한다. 모든 로즈 앱솔루트 중에서 내가 가장 좋아하는 것은 복합적이면서도 풀 바디의 로즈 향을 지닌 터키 로즈이다. 더 부드럽고 덜 강렬한 특성을 가진 로즈 콘크리트를 앱솔루트와 함께 사용하면 로즈 노트를 보다 경제적인 방법으로 확장할 수 있다.

두 말할 필요도 없이 로즈는 최음제이다. 또한 우울함을 없애고 마음을 고양시키는 느낌도 준다. 제라늄은 식물의 잎과 줄기에서 증류한다. 최고의 제라늄은 제라늄 버번으로 알려져 있으며 마다가스카르 근처의 작은 섬인 레위

제라늄

니옹(La Réunion, 이전에는 버번이라고 불렸음)에서 생산된다. 이 강렬한 초록빛 오일은 로즈 톤과 민트 향의 탑 노트가 풍부하며, 오래도록 지속되는 달콤한 로즈 향의 미들 노트로 마무리된다. 일부 화이트 플라워 계열의 미들 노트보다 가볍고 블렌딩을 지배하지 않는 로즈 톤을 선사한다. 나는 다소 지루해서 많이 사용하지는 않지만 다른 플로럴, 특히 다양한 로즈 앱솔루트와 잘 어울리며 주머니 사정을 고려하지 않고도 향을 확장할 수 있다. 또한 버가못, 패출리, 클로브, 라임, 샌달우드와도 잘 어울린다. 제라늄은 전반적인 피로를 회복하고 스트레스를 줄이는 데 도움이 되는 것으로 알려져 있다.

나코틱(Narcotic, 마취성) 에센스는 최면을 거는 듯한 느낌으로 무더운 더위를 진정시켜 준다. 자스민 콘크리트, 자스민 앱솔루트, 튜베로즈, 일랑일랑 앱솔루트, 일랑일랑 콘크리트 등이 여기에 포함된다.

자스민은 아마도 가장 중요한 향수 재료일 것이다. 자스민 꽃은 비교할 수 없을 정도로 독특한 향기를 뿜어낸다. 합성 향료는 이 향기에 근접조차 할 수 없다. 풍부하고 따뜻하며, 무겁고 과일 향이 강하며, 강렬한 플로럴 향으로 감각과 상상력을 사로잡는 능력은 거의 약물에 가깝다. 거의 끈적끈적할 정도의 단맛은 진화하면서 드라이한 노트로 바뀌지만, 상당한 끈기를 지니고 있으며 드라이할 때까지 따뜻함과 깊

자스민

이를 유지한다.

자스민이 아름답게 섞이지 않는 에센스는 거의 없으며, 자스민의 존재로 개선되지 않는 향수도 없다. 에드몽 루드니츠카(Edmond Roudnitska)가 말했듯이 "유연하고 다재다능하며 보편적인 천연 제품의 우수성"이다. 그라스의 화학자 장 게레로(Jean Garnero)는 "모든 위기, 모든 경제적 어려움, 합성 제품과의 경쟁에도 불구하고 자스민 꽃 향수는 여전히 필수 요소 중 하나이며, 때로는 최고의 향수를 구성하는 주요 기둥으로 남아 있다."라고 말한다.

수많은 다른 꽃들과 마찬가지로 자스민 꽃은 식물에서 분리된 후에도 계속 향기를 발산하며, 꽃이 시들고 변질될 때까지 그 특성이 계속 발전한다. 3파운드가 조금 넘는 자스민 앱솔루트를 생산하려면 2천 파운드 이상의 꽃이 필요하다. 나는 달콤하고 부드러운 톤으로 어떤 블렌드에도 특별한 부드러움을 선사하는 원색의 붉은 오렌지 색 왁스인 자스민 콘크리트를 사용하는 것을 좋아한다. 샌프란시스코 차이나타운에서 구입한 작은 대나무 주걱을 사용해 향수에 자스민 콘크리트를 첨가한다(원래 용도는 귀를 청소하는 것이다). 또한 더 선명한 자스민 강도를 위해 자스민 그란디플로룸(*grandiflorum*) 앱솔루트를 사용하는 것을 좋아한다. 또 다른 품종인 자스민 삼박(*sambac*)은 덜 달콤하고 스파이시하며 더 깊은 향을 낸다.

자스민은 항우울제와 최음제를 모두 함유하고 있어 억압하기보다는 상쾌함을 선사하는 강력한 허브이다.

'꽃 중의 꽃'이라 불리는 일랑일랑은 가난한 사람들의 자스민이라고 불린다. 나에게는 저렴하고 아름답고 훌륭한 구매를 의미한다. 갓 채취한 꽃을 증류한다. 올리브 오일과 마찬가지로 첫 번째, 두 번째, 세 번째 오일이 있는데, 첫 번째 오일에는 최고 등급을 의미하는 "엑스트라(extra)"라는 라벨이 붙어 있으며 상큼하고 부드러우면서도 오래 지속되는 크리미하고 달콤한 노트가 있다. 일랑일랑 앱솔루트는 쉽게 구할 수 있고 엑스트라보다 약간 더 지속력이 있으며 작업하는 즐거움이 있다. 내가 개인적으로 가장 좋아하는 것은 일랑일랑 콘크리트로, 그 자체로도 향수가 될 정도로 다층적인 향이다.

일랑일랑은 향수에 사용되는 가장 중요한 원료 중 하나이다. 신중하게 사용하면 미들 노트뿐만 아니라 플로럴 탑 노트에도 놀라운 효과를 선사한다. 일랑일랑은 긴장을 완화하고 기쁨을 주는 최음제이다.

일랑일랑

흰색의 비즈왁스처럼 보잘것 없어 보이는 튜베로즈는 해가 지면 그윽한 향기가 더욱 강해져 "밤의 여주인"이라는 별명을 갖고 있다. 이 꽃의 냄새는 해질녘에 잘 가꾸어진 꽃밭의 냄새에 비유되기도 한다(하지만 튜베로즈에는 로즈가 들어 있지 않다). 강도가 높은 앱솔루트는 진한 갈색의 점성이 있는 액체로 달콤하고 무겁고 감각적이며 거의 메스꺼운 향을 풍긴다. 가장 비싼 향수 원료 중 하나로, 모든 플로럴 블렌딩에 매혹적인 묵직함을 부여한다. 나는 튜베로즈가 바닐라 베이스와 섞이는 방식이 달콤하면서도 매우 매력적이다.

튜베로즈

프루티 에센스에는 로만 캐모마일, 레몬 버베나, 메이창, 그리고, 남아프리카산 매리골드의 일종으로 허브와 과일 향이 강렬하게 느껴지는 타세테스 등이 있다.

로만 캐모마일(*Anthemis nobilis*)은 피터 래빗(Peter Rabbit)이 그토록 좋

아했던 차를 만들어낸다. 꽃은 옅은 파란색의 오일을 생산하는데, 이 오일은 숙성되면서 노란색으로 변한다. 달콤한 과일 향과 사과 향이 나는 탑 노트는 시간이 지날수록 더 따뜻하고, 드라이하며 허브 향이 강해지면서 향수에 신선한 노트와 자연스러운 깊이를 선사한다. 확산성이 매우 강하고 향의 강도가 상당히 높기 때문에 너무 열정적으로 뿌리면 압도적인 향을 느낄 수 있다. 모든 형태의 캐모마일은 아로마테라피에서 가장 인기 있는 향 중 하나이다. 피부와 몸에 사용하는 용도는 무궁무진하며, 진정 및 이완 효과가 뚜렷하다.

메이창은 이름만큼이나 신선하고 달콤하면서도 강렬한 레몬 향이 매력적이다. 내가 가장 좋아하는 레몬 에센스로 레몬 껍질 자체를 표현한 제품이다. 향기로운 꽃, 열매, 잎으로 유명한 녹나무과에 속하는 중국의 메이챙 나무 열매에서 추출한 것이다. 옅은 노란 색이지만 향이 강한 오일은 페퍼처럼 생긴 작은 열매에서 추출한다. 레몬 오일과 달리 산패하지 않으며, 특히 매우 비싸고 오염되기 쉬운 레몬 버베나를 대체할 수 있는 오일로서 유용하다. 또한 탑 노트에 사용해야 하는 진짜 레몬 오일과 달리 향수의 미들 노트에 레몬 향을 더할 수 있게 한다.

소중한 플로럴 에센스는 깊이와 조화, 풀 바디 품질을 지니고 있으며, 동시에 절제된 풍요로움으로 우아함과 세련미를 더한다. 모두 매우 고가이다. 보로니아, 오렌지 플라워 앱솔루트, 참파, 오리스 버터 등이 있다.

오렌지 플라워 앱솔루트는 가장 비싼 향수 원료 중 하나이다. 조향사들에게는 진정한 가내수공업 작업으로 비터 오렌지 나무의 꽃에서 추출한다(꽃을 증류하면 네롤리 오일이 용매로 추출하면 오렌지 플라워

오렌지 플라워

앱솔루트가 나오고, 껍질에서는 비터 오렌지 오일이, 잎과 잔가지에서는 페티그레인 오일이 추출된다). 짙은 주황색에 점성이 있는 네롤리 오일은 강렬한 꽃 향기가 나며, 무겁고 섬세하면서도 풍부하고 신선한 향이 느껴진다.

가격이 비싼데다 아름다운 오렌지 플라워 앱솔루트를 찾는 것은 쉽지 않은 과정이 될 수 있다. 나는 너무 고급스럽거나 의료적인 냄새가 나는 많은 제품을 샘플링 해 보았기 때문에 이 모든 유난스러움과 비용이 다 무엇인지 의아스러웠다. 하지만 실물은 놀라운 경험을 선사한다. 시원하고 우아하며 강렬한 이 향은 플로럴 블렌드에 신선함과 함께 뛰어난 끈기를 부여한다. 시트러스 콜론, 시프레, 플로럴 향뿐만 아니라 묵직한 앰버 향수에 사용된다. 부드러운 강인함과 절제된 성적 매력으로 남성 향수의 미들 노트로도 훌륭하다.

참파 앱솔루트(또는 참파카 앱솔루트)는 목련과 관련된 가느다란 중간 크기의 나무인 메그놀리아(*Michelia champaca*)의 꽃에서 유래했다. 꽃은 옅은 노란색에서 진한 주황색까지 다양하며 한 쌍의 수선화와 비슷하다. 인도 여성들은 특별한 날에 아직 열리지 않은 꽃봉오리로 머리를 장식한다. 저녁이 되면 꽃봉오리가 열리면서 여성의 검은 머리카락과 우아한 대조를 이루며 차, 오렌지 플라워, 일랑일랑을 연상시키는 향기를 발산한다. 참파에서 추출한 앱솔루트는 갈색을 띤 오렌지 색 액체로, 상큼한 리피 향이 나는 탑 노트에서 시작해, 잎과 같은 향이 가미된 섬세하고 달콤한 청록색 향으로 진화한다. 향수에 꽃과 리피 향을 더해 주며 샌달우드와 같이 풍부하지만 향이 약한 오일과 잘 어울린다. 작은 참파가 아주 큰 역할을 해낸다.

보로니아 앱솔루트는 지상에서 얻을 수 있는 가장 천국에 가까운 향이다. 레몬과 로즈의 매혹적인 향기로 먼 거리에서도 공기 중으로 스며드는 브라운 보로니아(*Boronia megastigma*)의 꽃에서 추출한다. 보로니아 앱솔루트는 두 가지 종류가 있다. 그린은 점성이 있는 액체로 풍부하고 신선하며 과일 향이 난다. 나는 카시스, 바이올렛, 애프리콧, 그리고 무엇보다도 노란 프리지아를 연상시키는 강력하고 독특하며 오래 지속되는 향의 태즈매니아산 밝은 노란색 오렌지 색 앱솔루트를 선호한다. 보로니아는 100g(약 3온스) 병을 단돈 500 달러에 구입할 수 있다. 보로니아는 클라리 세이지, 버가못, 코스투스, 샌달우드와 잘 어울린다.

다음은 두 세트의 미들 노트를 구매할 수 있는 목록으로, 첫 번째 세트는 시작을 위해, 다른 세트는 원하는 대로, 그리고 여유가 되는 대로 구매할 수 있다.

기본 미들 노트 세트:

클라리세이지

제라늄

스페인 자스민 앱솔루트

로즈 앱솔루트(불가리아, 터키, 모로코, 인도, 러시아, 이집트 등 다양한 종류가 있다. 각각 소량을 구입하여 좋아하는 것을 찾아보자. 많은 양을 사용할 필요는 없다. 콘크리트는 앱솔루트보다 부드럽고 저렴하지만 조심스럽게 적용해야 한다.)

일랑일랑 엑스트라

두 번째 미들 노트 세트:

초콜릿 앱솔루트

자스민 삼박

라벤더 앱솔루트

레몬그라스

오렌지 플라워 앱솔루트

미들 코드 만들기

미들 코드를 만들 때는 베이스 코드에 추가하여 향수에 또 다른 깊이와 복잡성을 더한다는 점을 기억해야 한다. 다른 예술 형식과 마찬가지로 요소를 선택할 때 절제하는 연습을 하는 것이 중요하다. 향기는 그 자체로 물론 만족스러워야 하지만 향수 전체와도 조화를 이루어야 한다.

지난 챕터에서 시작한 향수 연금술의 미들 노트를 구성하려면 앰버, 벤조인, 바닐라가 포함된 베이스 코드의 구성을 염두에 두어야 한다. 이 세 가지 베이스 노트는 매우 친근하고, 미들 노트 중 선택 시 큰 어려움이 없지만, 패출리, 베티버, 코스투스, 안젤리카 루트 또는 앰브렛와 같이 강렬하거나 날카로운 노트가 포함된 베이스를 기반으로 만들 경우 더 신중하게 선택해야 한다. 미들 노트를 선택할 때 탑 노트를 상상하는 것도 중요하다. 복잡하거나 카리스마 넘치는 탑 노트는 부드러운 탑 노트 보다 이 단계에서 더 많은 절제가 필요하다.

연금술의 경우, 로즈 앱솔루트, 자스민, 일랑일랑 등 거의 모든 사람이 좋아하고 파우더리한 베이스에 아름다운 플로럴의 감정을 더할 수 있는 몇 가지 호환 가능한 노트를 계속 사용하겠다. 이 미들 코드는 약 18방울이 필요하다:

로즈 앱솔루트 8 방울

자스민 앱솔루트 7 방울

일랑일랑 엑스트라 3 방울

베이스 코드에 각 재료를 한 방울씩 떨어뜨리면서 새로운 향이 추가될 때마다 냄새를 맡아 블렌딩의 변화를 느껴보자.

다음은 지배적인 코드부터 다시 시도해 볼 수 있는 몇 가지 미들 코드이다.

로즈: 로즈, 제라늄, 클로브
클래식: 일랑일랑, 로즈, 자스민
레이디언트: 오렌지 플라워 앱솔루트, 라벤더 앱솔루트, 레몬그라스
화이트 플라워: 튜베로즈, 자스민 콘크리트, 참파
그린: 바이올렛 리프, 클라리 세이지, 라벤더 앱솔루트

5 장
고상함과 휘발성 : 탑 노트

모든 것이 사랑스럽고, 고급스럽고 차분하고 풍성한 질서가 있다.
반짝이는 침대와 의자, 세월이 닦은 광택, 그런 것들이 우리 방을 장식하고,
가장 희귀한 꽃들이 은은한 향기를 섞는다.

- 샤를보들레르(Charles Bsudelaire), "항해로의 초대(Invitation to the Voyage)"

향수를 맡으면 습관적인 일상에서 벗어나 여행을 떠나는 기분이 든다. 지평선에서 안개가 피어오르듯 향기가 휘발했다가 사라진다. 이 세심하게 조율된 전개에는 우리가 향기의 움직임이라고 부를 수 있는 활력이 있다. 이 움직임, 향기로운 경험의 진화는 단순한 은유가 아니라 우리 안에서 실제로 느껴진다. 향수를 맡는다는 것은 가스통 바슐라르(Gaston Bachelard)의 말을 빌자면, "상상하는 정신의 유동적인 상태"에 대한 명상이다.

빛나는 탑 노트는 향기로운 여행으로 우리를 초대한다. 미들 노트나 베이스 노트보다 더 빠르게 증발하는 탑 노트는 말 그대로 에테르 속으로 사라지기 전에 가장 먼저 코에 닿아 향의 첫 인상을 결정짓는다. 탑 노트는 미들 노트나 베이스 노트보다 빠르게 증발하기 때문에 어떤 의미에서는 피상적으로 보이지만, 탑 노트가 없는 향수는 밋밋하게 느껴진다. 바슐라르의 말처럼 "공기와 함께 할 때 움직임이 물질보다 우선한다." 움직임이 "우리 내면의 삶

에서 없어서는 안 될 부분"인 것처럼, 탑 노트는 향수에서 없어서는 안 될 요소이다.

 탑 노트는 쉽게 좋아하게 되고, 친숙하며, 복잡하지 않고, 강하면서도 무겁지 않은 향이다. 날카롭고 꿰뚫는 듯하며 극단적인 향으로, 뜨겁거나 차가울 뿐 결코 따뜻하지는 않다. 코리앤더, 스피어민트, 카다멈, 주니퍼와 같은 허브와 향신료, 라임, 비터 오렌지, 블러드 오렌지, 탠저린, 핑크 그레이프프룻과 같은 시트러스 등 요리에 친숙한 향이 대부분이다. 블랙페퍼는 요리와 마찬가지로 향수에서도 기능하다. 어떤 블렌드든 조금만 사용한다면 스파이시한 맛과 선명도를 제공한다. 얼그레이 차의 향을 내는 데 사용되는 사교적인 버거못은 어디에서도 편안하다. 남겨둔 디저트까지 다 먹고 운동 부족 상태일지라도 이 옷만 입으면 살짝 눈감아 주는 편한 옷이 있듯이, 내가 결코 흉하게 보이는 일은 없다.

 탑 노트는 저렴하고 사용하기 쉬우며 피상적이고 자연스럽다. 무엇보다도 밀란 쿤데라(Milan Kundera)가 "참을 수 없는 존재의 가벼움"에서 표현했던 것처럼 가벼움의 경험을 구현한다: 부담의 절대적인 부재는 인간이 공기보다 가벼워지고, 높은 곳으로 날아오르고, 땅과 지상의 존재를 떠나고, 반만 현실이 되며, 움직임이 사소한 만큼 자유로워진다." 그것들은 우리가 반응하도록 유혹하고, 완전히 현재에 머물도록 요구하며, 일상적인 반응 패턴에서 벗어나도록 유혹한다. 바슐라르는 "습관은 정신 발달의 관성이며, 창조적 상상력의 정반대"라고 말한다. 습관적인 이미지는 상상력을 방해한다. 탑 노트는 매우 짧은 시간 동안 지속되기 때문에 일상적인 과정에서 벗어날 수 있게 해준다. 우리가 경험하는 향의 변화하는 뉘앙스는 한 향의 형태에서 다른 향의 형태로 전환되는 과정에서 파악되는 변화 그 자체의 경험으로 상상할 수 있다.

가장 휘발성이 높은 탑 노트는 향수 성분 중 가장 물질이 적으며, 물리적 세계와 형이상학적인 세계에 걸쳐 있다. 탑 노트는 필연적으로 에센스 또는 영혼이라고 불러야 한다. 향수에서 탑 노트의 역할은 승화라는 연금술적 과정에 해당한다. 승화(sublimation)라는 단어와 승화(sublimatio)는 "높은"이라는 뜻의 라틴어 sublimis에서 유래했다. 승화의 특징은 상승, 즉 낮은 물질이 상승 운동을 통해 더 높은 형태로 변하는 것이다.

승화(sublimatio)는 시간의 흐름에 따라 창조된 것에서 정신이 최종적으로 변화하는 절정의 과정이다. 고정된 육체가 얽매이지 않고 솟아오르며 휘발된다. 영적인 것은 육체에서 일어나고, 순수한 것은 불순한 것에서 분리된다. 따라서 승화란 영적 발전을 위한 인간의 노력, 더 높고 더 나은 자아를 발견하려는 시도를 설명한다. 위에서 내려다 볼 때 우리는 더 진실되고 완전하게 볼 수 있다.

물론 이 이미지는 고체가 가열되어 기체 상태가 된 후 용기의 상단으로 올라가 더 차가운 분위기에서 응축되는 증류의 화학적 과정에서 파생된 것이다. 모든 탑 노트는 에센셜오일이며 이러한 방식으로 만들어진다. 에센셜오일은 향기가 공간에 고르게 퍼질 때까지 분자를 퍼뜨리는 신비한 확산 과정을 관리한다. 확산형 향수는 공기 중에 빠르게 퍼지는 향수를 말한다.

따라서 탑 노트의 역할은 향수에 정의를 부여하는 동시에 냄새를 맡는 사람의 상상력에 출발점을 제공하는 것이다. 조향사의 입장에서는 향수의 형태를 완성하는 역할을 한다. 예를 들어 칙칙하고 파우더리한 베이스 노트는 날카롭고 매끈한 탑 노트와 균형을 이루어야 한다. 에드몽 루드니츠카는 "우리 선조들이 향수의 구성 성분 목록과 그 비율을 '공식'이라고 불렀던 것은 단순한 우연이 아니다. 그들은 정해진 비율로 재료를 혼합하면서 하나의 모양을 만들고, 그 모양이 미적 수준을 높여준다고 느꼈을 것이다."라고 말한다.

탑 노트는 향수를 만드는 여정의 끝이면서 동시에 향을 맡는 여정의 시작을 알리는 신호탄이기도 하다. 조향사는 향수를 완성할 때 위에서, 즉 향수를 사용할 사람의 관점에서 향수를 바라본다. 이러한 관점에서 볼 때 탑 노트는 다른 요소에 대해 입문적 관계를 맺고 있다. 향수병을 여는 사람에게 가장 먼저 인사를 건네는 향이다. 창조와 경험이라는 두 가지 과정 속에서 끝은 시작이고 시작은 끝이다.

연금술에는 이러한 순환 과정을 상징하는 우로보로스(ouroboros: 꼬리를 삼키는 자, 무한한 순환), 즉 자신을 삼키고 자신을 낳는 뱀의 이미지가 있다. 우로보로스는 우주의 다양성의 근간이 되는 통일성과 변화하는 과정의 자립적인 성격을 상징한다. 통합과 동화는 통일과 창조로 이어지며, 뱀은 꼬리를 먹어야만 다시 태어나는 것처럼 상반된 것이 조화를 이룬다. 연금술에서는 향수와 마찬가지로 무거운 것이 가벼워지고, 가벼운 것이 고정되며, 위에 있는 것이 아래에 놓이게 된다.

우로보로스

다음은 몇 가지 주요 노트 그룹이다:

시트러스 에센스는 시큼하고 가볍고 상큼하다. 버가못, 핑크 그레이프프룻, 라임, 레몬, 블러드 오렌지, 스윗 오렌지, 비터 오렌지, 탠저린, 페티그레인 등이 있다. 향수에 가장 적합한 시트러스 오일은 증류하지 않고 껍질에서 냉압착한 것이다. 시트러스 에센스는 냄새를 맡는 사람의 코에 즉각적으로 바로 닿기 때문에 품종의 차이를 쉽게 파악할 수 있고 흥미롭게 사용할 수 있다.

현재 우리가 재배하는 우수한 품종의 스윗 오렌지는 1520년경 처음으로 포르투갈인이 중국 남부에서 서양으로 가져간 것이다. 스윗 오렌지는 콜럼버스의 두 번째 항해에서 레몬과 함께 신대륙에 소개되었다. 이후 서인도 제도와 미국 플로리다로 퍼져 나갔다. 스윗 오렌지 오일은 추출 방법과 장소에 따라 옅은 오렌지색에서 거의 갈색에 가까운 오렌지색까지 다양한 색상을 띠게 된다. 긁어낸 껍질을 연상시키는 달콤하고 가볍고 신선한 냄새가 난다. 스윗 오렌지는 활기차고 심플한 탑 노트로 향수에 사용되며 조향사가 선택할 수 있는 오렌지 표현 중 선호도가 낮은 향이다.

비터 오렌지 나무는 꽃에서 나온 네롤리와 오렌지 플라워 앱솔루트, 잎과 잔가지에서 나온 페티그레인 오일과 비터 오렌지 플라워(eau de brout), 과일 껍질에서 나온 비터 오렌지 오일 등 조향사에게 향의 백과사전을 제공한다. 언제나 그렇듯 아크탄더는 비터 오렌지 오일의 뉘앙스를 가장 잘 포착한다: "냄새는 매우 독특하고 신선하며 '건조하다, dry'는 의미에서 '쓰다, bitter'이지만 풍부하고 지속적인 달콤한 색조가 있다. 버가못, 그레이프프룻, 스윗 오렌지를 연상시키는 노트가 있지만 전반적으로 다른 시트러스 오일과는 확연히 다른 향이 난다. 다른 종류의 신선함, 독특한 꽃 향기… 양질의 끈기를 가지고 있다." 비터 오렌지는 드라이하고 우아하며 거의 모든 노트들과 잘 어우러진다.

그레이프프룻 자체는 지난 400년 동안 존재해 왔으나 20세기 초까지만 해도 그레이프프룻 오일이 희귀했기 때문에 비교적 새로운 에센스라고 할 수 있다. 내가 가장 좋아하는 그레이프프룻 오일은 핑크 그레이프프룻 껍질에서 냉압착한 것이다. 황색을 띠며 신선하고 시트러스하면서 다소 달콤한 냄새가 나며, 화이트 그레이프프룻보다 가볍지만 왠지 더 복잡하다. 그레이프프룻은 기운을 북돋우고 활력을 되찾아준다.

블러드 오렌지는 독특한 붉은 과육과 강렬한 맛으로 유명하다. 껍질에서 압착한 오일은 라즈베리와 딸기 향이 가미된 진한 오렌지 향을 풍긴다. 나는 향수의 탑 노트에 풍성함을 더하는 이 오일을 좋아한다. 다른 오렌지 에센스보다 항우울제 성분으로 더 높은 평가를 받고 있다.

탠저린 에센스는 만다린 오렌지보다 향수를 만들기에 더욱 탁월한 선택이다. 과일과 마찬가지로 오일은 오렌지색이며, 신선하고 달콤한 냄새가 나고 드라이하지 않다. 블러드 오렌지보다는 가볍지만 비터 오렌지보다는 달콤하다.

페티그레인 오일은 비터 오렌지 나무인 비터 오렌지(*Citrus aurantium*)의 또 다른 제품으로, 이번에는 녹색 나뭇가지와 잎에서 추출한다(페티그레인은 레몬, 라임, 클레멘타인, 만다린 나무의 잎과 잔가지로도 만들 수 있다). 페티그레인 오일은 오렌지 꽃을 연상시키는 쾌적하고 신선한 향이 나며, 약간 우디한 허브 향이 난다. 향의 강도가 높은 페티그레인은 가벼운 터치가 필요하지만, 절제하여 사용하면 향수에 상쾌한 노트를 더할 수 있다.

버가못 나무는 이탈리아 칼라브리아 지역의 좁은 해안 지대를 따라 거의 독점적으로 자란다. 먹을 수 없는 열매로 레몬색이며 지름이 약 3인치로 스윗 오렌지보다 약간 작다. 오일은 거의 다 익은 과일의 껍질을 추출하여 생산되

버가못

며, 얼그레이 차의 압도적인 향으로 대부분의 사람들에게 친숙하다. 갓 압착했을 때는 녹색이지만, 특히 햇빛에 노출되면 노란색 또는 옅은 갈색으로 변하고 향이 반짝거리던 탑 노트는 사라진다. 매우 풍부하고 달콤한 레몬-오렌지 향으로 시작하여 꽃과 프리지아 계열의 향으로 진화하며, 허브-발사믹의 드라이한 향으로 마무리된다. 시트러스 오일이지만 레몬이나 오렌지 에센스의 톡 쏘는 향은 없다. 나의 고객 맞춤 향수 사업에서 버가못은 가장 자주 선택되는 탑 노트이다. 진정제 없이도 우울한 기분을 끌어 올리고 신경을 진정시켜 준다.

라임 나무는 가시가 많고 덤불이 우거진 상록수로, 짙은 녹색의 잎은 향이 좋아서 핑거 볼용 물에 뿌리는 향수로 사용되었다. 꽃은 용매로 추출하면 시원하고 우아한 미들 노트의 린덴 블로썸 오일이 된다. 열매껍질은 냉압착하여 특유의 신선하고 풍부하며 달콤한 향을 담은 녹색 액체를 만든다. 적당히 사용하면 부드럽고 "향기로운" 향이 나며 너무 스윗하거나 플로럴 향기가 강한 블렌드를 마무리 할 때 좋은 선택이다.

앞서 언급했듯이 레몬 오일은 향수에는 문제가 될 수 있기 때문에 레몬 노트가 필요할 때는 메이창을 사용하는 것을 선호한다. 세정 제품 업계에서는 이 향의 합성 버전을 너무 흔하게 만들어서 향수 고객에게 천연 에센스를 소개할 때 나는 짐짓 플레지(Pledge: 가구 등을 청소하는 세제 브랜드로 레몬 향이 대표적)라고 말하곤 한다. 후각은 기억과 고유하게 연결되어 있으므로, 손상되는 경우, 컴퓨터 디스크처럼 더 이상 새로운 정보를 받아들이지 못할 수도 있다.

그럼에도 불구하고 많은 사람들이 레몬 냄새를 상쾌하고 맑은 느낌이라고 생각한다. 좋은 레몬 오일은 잘 익은 껍질에서 나는 가볍고 신선하며 스윗한 향의 노란 빛을 띠며 라임이나 그레이프프룻보다 냄새 강도가 높지만 자극적이지 않다.

그린 탑 노트에는 스피어민트, 갈바넘, 윈터그린이 포함된다.

스피어민트

스피어민트는 식물의 꽃 꼭대기를 증기 증류하여 생산된다. 따뜻하고 녹색의 허브 냄새가 나는 옅은 색 오일로, 침투력이 강하고 강렬하며 으깬 허브 냄새를 연상시킨다. 스피어민트는 오래될수록 향이 좋아지는 오일 중 하나로, 1년 된 오일은 갓 증류한 오일보다 입자가 곱고 민트 향이 더 특징적이다. 스피어민트의 자극적이고 경쾌한 향은 무거운 기분을 전환하는 데 놀라운 효과를 발휘한다.

갈바넘 오일은 미나리과의 부드러운 수지를 증기 증류하여 베이스 노트로 사용한다(미나리의 여러 종은 파슬리과에 속한다). 이 오일은 강렬한 녹색의 신선한 잎과 같은 향을 풍기다가 발사믹 나무껍질과 같은 건조하고 우디한 드라이 향으로 바뀐다. 아크탠더는 그린 페퍼나 그린 샐러드 향에 비유한다. 갈바넘의 복합적인 강도는 플로럴 블렌드에 리피한 느낌을 준다.

퍼 니들 오일은 진짜 퍼 나무의 솔잎 같은 잎에서 추출한 것으로 신선한 크리스마스 트리의 향기를 연상시킨다. 강력한 파인 향과 잼과 같은 독특한 과일 발사믹 향이 어우러져 상큼한 발사믹 향이 난다. 파인, 퍼, 스프루스 니들 오일은 여러 종류가 있지만 나는 실버 퍼(*Abies alba*)를 선호한다. 다른 파인

이나 퍼 오일은 물론 오크모스나 시트러스와도 자주 블렌딩하여 사용한다.

스파이시 탑 노트에는 블랙페퍼, 그린 페퍼, 진저, 클로브, 코리앤더, 넛맥, 주니퍼 베리, 카다멈이 포함된다.

코리앤더는 코리앤더 식물의 씨앗에서 증류한 옅은 색 또는 무색의 오일이지만 잎의 강한 허브 냄새 대신 쾌적하고 달콤한 우디 페퍼 향이 난다. 코리앤더는 기분을 좋게하고 상쾌하면서도 자극적인데 향수 블렌딩에도 같은 효과를 내기 때문에 무거운 향에 생기와 활기를 불어 넣는 훌륭한 선택이 될 수 있다.

카다멈은 고대부터 향신료로 사용되어 왔으며 16세기 중반부터 에센셜오일로 증류되었다. 처음에는 거의 무색이지만 햇빛에 노출되면 점차 색이 어두워진다. 카다멈은 유칼립투스를 연상시키는 스파이시한 냄새로 다가오지만, 더 부드러우며 우디, 발사믹, 거의 꽃 향기에 가까운 드라이아웃으로 진화한다. 카다멈은 블렌드에 스파이시함을 더해 줄 뿐만 아니라 플로럴 미들 노트가 반기는 따뜻하고 달콤한 향을 선사한다. 대부분의 탑 노트보다 더 끈질기게 지속된다.

넛맥

넛맥은 고대 로마인들이 매우 귀하게 여겼으며, 때로는 이 견과류 자체가 화폐로 사용되기도 했다. 옅은 황색을 띠거나 거의 투명한 오일을 생산하며 가볍고 신선하며 따뜻하고 스파이시한 향이 난다. 좋은 샘플은 드라이하고 다소 우디하지만 따뜻하고 스윗한 향이다. 스파이시한 향수에 사용하거나 모든 블렌드에 달콤하고 따뜻한 탑 노트를 더하는 데 유용하다.

블랙페퍼는 기원전 4세기부터 그리스인들에게 알려졌으며 그리스인들과 다른 고대 민족들에게도 매우 귀중한 식재료였다. 금과 마찬가지로 교환 매체이자 조공품으로 사용되었다. 향수를 만드는 데 가장 중요한 향신료 중 하나로 남아 있다. 덜 익은 페퍼 열매를 말려서 으깨고 증기로 증류하면 거의 투명한 오일이 만들어지는데, 이 오일은 시간이 지날수록 점도가 높아진다. 향신료 냄새가 나면서 건조하고 신선하며 우디하고 따뜻한 스파이시 향이 난다. 냄새 강도가 매우 강하기 때문에 요리할 때와 마찬가지로 세심한 손길이 필요하다. 소량만 사용해도 블렌딩에 스파이시한 향과 엣지를 더할 수 있다. 블랙페퍼는 정신을 자극하고 무심한 마음을 따뜻하게 하는 것으로 알려져 있다.

진저 오일(*Zingiber officinale*)은 식물의 건조하고 갓 뽑은 뿌리줄기를 증기 증류하여 생산된다. 오렌지와 레몬이 섞인 코리앤더 풀과 비슷한 첫 향은 달콤하고 무거운 색조와 함께 뿌리 특유의 따뜻하고 스파이시한 냄새로 이어진다.

플로럴 계열의 탑 노트는 대부분 꽃에서 추출한 향이지만, 로즈 트리는 예외이다. 라벤더, 미모사, 그리고 드라이하고 쌉싸름한 꽃 향기가 나는 인도 꽃, 다바나도 포함되어 있다.

캠퍼 트리(*Cinnamomum Camphora*)에서 증류한 호 우드는 상쾌하고 달콤하며 우디하고 다소 로즈 향이 난다. 특히 거의 모든 다른 노트와 잘 어우러지는 다목적 탑 노트로도 좋다. 호 우드는 향수의 시작에 가벼운 플로럴 우디 향을 더한다.

라벤더는 어디서부터 시작해야 하나? 에센셜오일은 꽃이 핀 꽃봉우리에서 증류된다. 유칼립투스 향이 가미된 허브 향으로 시작하여 진화하면서 더욱 꽃 향기가 진하게 나는 신선하고 달콤한 이 향에 익숙하지 않은 사람은 거의 없을 것이다. 트루 라벤더 오일은 다른 어떤 에센스와도 잘 어우러지는 향수 원료로서는 여전히 타의 추종을 불허한다(하지만 일부 품종은 향이 강하기 때문에 향수를 만들 때 피해야 한다). 라벤더는 상쾌하고 진정 효과가 있다.

라벤더

드라이 와인과 같은 드라이 향은 단맛이 부족하며 풀과 양치류 뉘앙스와 함께 우디향으로 구별된다. 여기에는 카브루바와 시더우드가 포함된다.

카브루바는 남아메리카에서 자생하는 다양한 종류의 미로카르푸스(Myrocarpus) 나무를 가공하고 남은 찌꺼기에서 증류한다. 옅은 노란색의 다소 점성이 있는 오일로 달콤하고 우디하며 섬세한 향과 드라이 플로럴 향이 복합적으로 느껴진다. 카브루바는 대부분의 탑 노트보다 끈적임이 강하지만 가볍게 뿌려주면 샌달우드와 로즈를 연상시키는 독특한 향을 선사한다.

버지니아 시더우드는 연필에 사용되는 목재로, 연필 공장에서 만들어진 톱밥에서 오일을 증류한다. 향은 나무 자체처럼 부드럽고 쾌적하며 달콤하고 약간 발사믹한 향으로 시작하여 드라이아웃 노트로 갈수록 더 드라이하고 우디 향이 강해지며 발사믹 향이 줄어든다. 조향사가 관심을 갖는 또 다른 향은 모로코산 아틀라스 시더우드이다.

노트: 유칼립투스, 티트리, 페퍼민트는 인기 있는 아로마테라피 오일이며, 탑 노트에 적합하지만, 약용 향이 강해 향수에는 적합하지 않다. 이러한 향은 어떤 블렌드에 첨가하더라도 압도적인 향을 풍긴다.

다음은 시작 단계를 위한 주요 노트 및 향후 구매에 참고할 수 있는 오일 목록이다.

1차 탑 노트:
버가못
비터 오렌지
호 우드
버지니아 시더우드
블랙페퍼

2차 탑 노트:
퍼
그레이프프룻
라임
핑크 페퍼
타라곤

탑 코드 만들기

덧없이 사라지는 탑 노트는 블렌딩에 마지막으로 추가되는 향이다. 늦게 도착한 손님이 이미 와 있는 사람들과 어울리듯, 이미 선택된 향수 요소와 잘 어울리면서 충돌하지 않도록 해야 한다. 기질에 따라 냄새 강도가 강한 향수를 제외하고 는 대부분 쉽게 선택할 수 있다. 미들 노트가 구애를, 베이스 노

트가 오랜 결혼 생활의 영속성을 의미한다면 탑 노트는 원 나잇 스탠드와도 같다. 탑 노트의 향은 미들 노트에 희미하게 스며들면서 향수의 상단에 머무르는 경향이 있어 본질적으로 작업하기 쉽다. 하지만 이미 주요한 창의적 표현이 이루어졌기 때문에 작업할 여지가 적고 큰 실수를 할 가능성이 높다.

화사한 탑 코드를 만드는 것은 각 음의 뉘앙스를 잘 아는 것에서 비롯된다. 탑 노트의 변화하는 향을 맡는 법을 배우는 것은 꽃이 피는 과정을 바라보는 것과도 닮아있다. 명상적인 의식이 필요한 미묘한 변화의 과정이다. 예를 들어 블러드 오렌지, 비터 오렌지, 스윗 오렌지, 탠저린, 만다린 등 오렌지 향이 나는 노트를 생각해 보자. 이 향들은 공통점이 많음에도, 그 중 하나 또는 다른 향을 선택하면 향수의 첫 향에 미묘하지만 확실한 영향을 미친다. 블러드 오렌지는 가장 풍성하고 풍부한 향, 비터 오렌지는 세련된 약간의 플로럴 향기, 스윗 오렌지는 달콤함, 탠저린은 약간 드라이한 만다린보다는 따뜻하고 완성된 향이므로, 이처럼 각각의 향을 맡으면 그 차이를 느낄 수 있다.

연금술 향수를 완성하기 위해 나는 의도적으로 베이스 노트와 미들 노트에 쉽게 어우러질 수 있는 매우 익숙하고 친근한 노트를 선택했다. 시트러스 노트는 아름다운 플로럴 느낌과 파우더리한 베이스 노트에 가볍고 신선한 탑 코트를 더할 것이다. 유일하게 "어려운" 성분은 블랙페퍼로, 냄새 강도가 강하기 때문에 마지막에 첨가해야 한다. 블랙페퍼 한 방울을 넣고 잘 저은 후 15분 정도 기다린 다음 피부에 한 방울 떨어뜨려 냄새를 맡아 보고 블렌딩에 블랙페퍼가 더 필요한지 결정하자.

쉬멜 & Co.의 이동식 라벤더 증류소

탑 코드는 약 18방울이 필요하다:
버가못 10 방울
비터 오렌지 6 방울
블랙 페퍼 2 방울

각 재료를 블렌딩에 떨어뜨려 새로운 에센스가 추가될 때마다 향을 맡아보면서 변화하는 향을 파악한다. 블랙페퍼가 탑 노트를 어떤 식으로 선명하고 강렬하게 만드는지 주의 깊게 살펴보자.

다음은 시도해 볼 수 있는 다른 탑 노트 코드이다. 이 전과 마찬가지로 압도적인 노트를 먼저 적었다.

시트러스: 그레이프프룻, 버가못, 비터 오렌지

그린: 퍼, 스피어민트, 라임

스파이시: 코리앤더, 만다린, 블랙 페퍼

플라워: 라벤더, 버가못, 호 우드

드라이: 시더우드, 주니퍼 베리, 핑크 페퍼

6 장
향기의 옥타브 : 구성의 예술

향기의 왕국에서는 모든 것이 행복 아니면 고문이며,
때로는 미묘하게 혼합되어 있어 요동치는 콧속에 몇 가닥의 단순한 냄새들이
고여 있을 때 교향곡의 선율을 풀어내듯 주의 깊게 그 향기를 듣고 있는
자신을 발견하게 된다.

- 콜레트(Colette), "향기(Fragrance)"

나는 내셔널 지오그래픽의 최근 호에 향수를 다룬 어느 기사에 드러난 역설에 사뭇 충격을 받았다. "불가리아의 로즈 계곡에서 훈련된 손가락 사이로 이슬을 머금은 다마스크 로즈 꽃잎이 흘러내린다"라고 쓰인 이 글과 함께 천연 향수 재료와 원료를 담은 화려한 사진들이 두 페이지에 걸쳐 각각 실려 있었다. 하지만 이 기사에서 탐구한 맞춤형 향수를 찾는 과정은 묘사된 소재와는 큰 관련이 없는 것처럼 보였다. 대신 저자는 자신의 스타일과 자화상에 대한 일련의 질문(크리스찬 라크루아가 아닌 이브 생로랑, 화이트 와인보다 레드 와인)에 답했다. 그녀의 답변은 향수 업계에서는 향수의 컨셉("소리치지 않는 향. 우아하고 산뜻하며 세련된")과 목표 고객("X 세대, 점심을 먹는 여성, 또한 이 경우에는 나")에 대한 간략한 설명으로 요약될 것이라고 표현했다. 이 기사를 위해 다섯 명의 조향사가 각각 그녀를 위한 향수를 만들기 위해 경쟁

했다. 만약 그녀가 새로운 향수 제품을 찾는 크리스찬 디올과 같은 브랜드였다면, 세계의 식향과 향료(International Flavors and Fragrances)이나 퀘스트 인터내셔널(Quest International) 과 같은 라이벌 향수 공급업체가 경쟁자가 되었을 것이다.

   나는 뉴욕의 한 대형 향수 회사에서 이루어진 명망있는 조향사의 창의적인 작업 과정을 관찰할 기회가 있었다. 우리는 서로에게 각각 특정 천연 에센스를 중심으로 향수를 만드는 문제를 제출했다. 나는 그에게 놀랍도록 아름다운 라즈베리 톤 꽃인 태즈메이니아 보로니아를, 그는 나에게 "포푸리가 아님"이라는 주의사항과 함께 시나몬을 지정했다. 그는 크리스마스 때마다 등장하는 말린 허브와 향신료, 시나몬이 주는 연상 작용을 말한 것이다.

앞서 언급했듯이 시나몬은 특정 음식 및 크리스마스 시즌과 매우 밀접하

게 연관되어 있기 때문에 작업하기가 꽤 어려운 향이다. 따뜻한 스파이시 풍미를 새롭게 느끼도록 하기 위해 이러한 연상 작용에서 벗어나기란 쉽지 않다. 시나몬은 내가 특별히 좋아하는 향도 아니기 때문에 정말 어려운 과제였다. 나는 시나몬의 날카롭고 달콤하며 우디하고 스파이시한 향을 자스민과 일랑일랑 같은 싱그러운 플로럴 향과 랍다넘의 따뜻한 앰버 톤에 대조하기로 결정했다.

그 상업 조향사는 잠시 생각한 다음, 단순히 앞에 숫자가 있는 에센스 목록을 적었다: 제라늄 5ml, 오크모스 3ml, 레몬 6ml 등이다. 그는 머릿속으로 어떤 에센스가 블렌딩에 들어갈 지, 그리고 각 에센스의 양은 정확히 얼마인지 계획했다. 이 공식은 기술자에게 전달되었고, 기술자는 이 공식에 따라 희석되지 않은 향수 오일을 만든 다음, 12% 용액의 향수 알코올과 혼합했다.

이 과정에서는 향수의 변화하는 형태에 반응할 수 없었고, 오일이 상호 간 또는 알코올과 어떻게 상호 작용하는지 한 방울 한 방울 직접 경험할 수 없었다. 물론 합성 물질의 움직임은 더 정확하고 예측 가능하기 때문에 보다 "과학적인" 방식으로 작업할 수 있다. 그리고 향수를 대량으로 만들기 위해서는 어느 정도 공식에 의존할 필요가 있다. 하지만 처음부터 너무 추상적인 과정은 재료 자체에 내재된 원초적이고 실제적인 관능미에 반하여 낭만적이지 않은 것처럼 느껴진다.

대중 향수산업이 등장한 이후에도 상업 조향사들의 방법이 항상 그렇게 임상적이지는 않았다는 사실을 연구를 통해 발견했다. 유니섹스 향수 카누(Canoe)와 스키아파렐리(Schiaparelli), 쇼킹(Shocking)등 30년대 트렌드를 선도하며 큰 성공을 거둔 향수의 조향사, 장 카를레스(Jean Carles)는 자신의 견습생 시절을 회상했다:

이 험난한 길에 들어선 초창기에는 강사들은 기본 규칙의 필요성을 무시하고, 우리의 미래에 대해서는 관심 없는 사람들이었다. 그들은 행복하고 운 좋은 라이프 스타일을 신봉하는 사람들처럼, 냄새 물질 샘플에 냄새 나는 물티슈를 무심히 담그면서 미리 정해 놓은 계획에 따르지 않고 조금씩 추가해 가며 제형을 진행했다. 따라서 과거에는 대부분의 위대한 향수 창작물 또는 상업적으로 성공한 향수의 대부분은 거의 우연히 탄생한 것이며, 때로는 만든 사람조차도 결과물에 놀라움을 금치 못했다!

하지만 카를레스는 "그런 행복한 일은 언제든 일어날 수 있다"면서도 "그렇다고 해서 이런 믿음을 지침으로 삼아서는 안된다"고 경고한다.

고전적인 조향사들은 엄격한 전통 속에서도 향수 오일이 하나의 향이 아니라 음악가에게는 음표, 화가에게는 색채와 같이 예측할 수 없는 방식으로 서로 상호 작용하는 복합적인 향이라는 사실을 인정했다. 실제로 에드몽 루드니츠카나 장 카를레스(Jean Carles)와 같은 위대한 조향사들은 철학과 음악에 대한 이해와 복잡한 지적 곡예를 향수 제작의 핵심으로 여겼다. 셉티무스 피세(Septimus Piesse)는 그의 저서 『향수의 예술 The Art of Perfumery』(1867)에서 옥타브로 이루어진 냄새를 설명했다: A = 통카빈, B = 민트, C = 자스민, 그리고 그 위로 올라갈수록 더 높은 옥타브의 냄새가 난다는 것이다. 하지만 조향사들은 상대적인 휘발성에 기초하여 향수 블렌딩 기술을 베이스, 미들, 탑 노트와 화음의 언어로 해석하는 습관을 발전시켰다.

조향사들이 음악을 향수의 은유로 사용했던 것처럼 예술가, 음악가, 작가들은 향수를 미적 반응의 근본적인 공감각에 대한 은유로 사용하기를 주저하지 않았다. 예를 들어 특정 소리를 들으면 특정 색이 떠오르는 것처럼 한 감각이 다른 감각을 떠올릴 때 경험하는 미적 반응의 근본적인 공감각에 대한 은유로 사용했다. 기 드 모파상(Guy de Maupassant)은 "그 소나타를 들었을 때 나는 더 이상 내가 음악을 듣고 있는지 향기를 듣고 있는지 구분할 수 없었다. 소리, 색, 냄새는 자연에서만 서로 반응하는 것이 아니라 우리 내면에서도 때때로 심오한 통일성을 이루며 서로 다른 기관에서 다른 반응을 이끌어 낸다."라고 썼다.

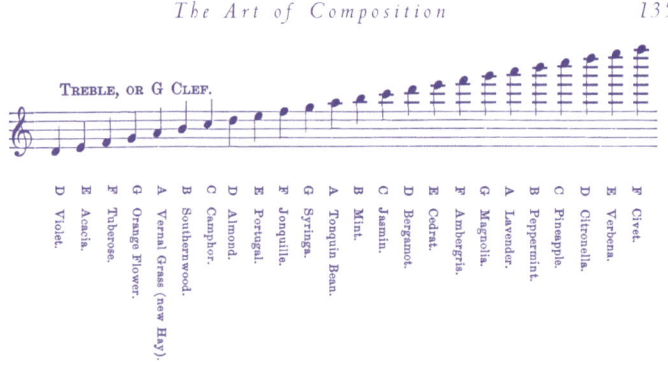

샙티머스 피세(Septimus Piesse)의 "냄새의 영역"

향기와 소리 및 색채의 연결은 오랜 역사적 뿌리를 가지고 있다. 20세기 영국의 형이상학 작가 롤랜드 헌트(Roland Hunt)는 『향기롭고 찬란한 교향곡(Fragrant and Radiant Symphony)』에서 "이집트 왕들은 장례식을 치를 때 특별한 향수, 화려한 의복, 악기를 무덤에 가져감으로써 깨어난 다음 이 생생한 것들을 찬란한 교향곡으로 조율할 날을 대비했다"라며 장대하고 영광스럽고 신비롭기까지 한 이 전통을 추적해 나간다. 하지만 보들레르만큼 공감각의 경험을 설득력 있게 포착한 사람은 없다:

어떤 향수는 아기의 살결처럼 향긋하고,
오보에의 울음소리처럼 달콤하며, 봄보다 푸르른 향을 풍긴다.

공감각은 감각 자체의 심오한 조화를 기반으로 하며, 상상력에 수렴하는 지점과 유사하다. 나는 향기로 작업할 때 이러한 감각의 근본적인 정체성을 상기하는 것을 좋아하는데, 보석처럼 아름다운 색을 띠는 에센셜오일과 컬러 향수를 사용하는 것을 조금도 주저하지 않고 오히려 즐기는 이유이기도 하다. 투명한 향수 알코올이 담긴 비커를 통해 남색 캐모마일 한 방울이 평행 우주의 하늘빛처럼 흘러가는 모습을 보는 것보다 더 단순하고 신비로운 것은 없다. 향수의 색상을 실험해보고 싶다면 고려해야 할 몇 가지 에센스와 색상을 소개하겠다:

레드 오렌지: 로즈 앱솔루트, 패출리
오렌지: 보로니아, 오렌지 플라워 앱솔루트, 타제테스
옐로우: 오렌지, 일랑일랑 콘크리트, 레몬
그린: 베티버, 바이올렛 리프, 그린 티, 클라리 세이지 콘크리트
터코이즈: 라벤더 앱솔루트
다크 블루: 저먼 캐모마일
브라운 그린: 오크모스, 오스만투스
앰버: 튜베로즈, 자스민, 벤조인, 참파카
브라운: 바닐라, 톨루 발삼, 페루 발삼, 랍다넘, 해이, 블론드 타바코

무질서하고 복잡하며 중첩된 감각의 본질에 대한 정교한 이해에도 불구하고, 20세기 조향사들 사이에서 발전한 표준화된 방법은 상상력을 직접적인

니스의 향수 제조소

감각 입력으로부터 분리하거나 활용하는 능력에 대한 지적 추상화에 크게 의존했다. 루드니츠카(Roudnitska)는 다음과 같이 말한다.

> 작곡가가 공식을 적을 때 그의 작곡은 감각이 아니라 감각의 기억, 즉 추상화의 추상화에 기반한다… 우리는 이러한 추상적인 형태를 생각에서 불러일으키고 결합하기 위해 노력함으로써 이러한 추상적인 형태로 작업한다… 모든 다양한 "전제 조건"이 동원되어 우리가 상상한 형태에 대응할 수 있는 첫 번째 요소를 속삭인다. 무엇보다도 예상되는 구조에 필요한 색조라는 사실에 따라 결정된 순서대로 열에 이름을 작성하는 것으로 시작한다. 우리의 모든 아이디어는 처음에는 일반적인 혼란을 가중시키는 다양한 형태로 종이에 옮겨지지만 마침내 향수에

대한 아이디어로 진행된다.

상업적인 조향사들은 향수를 제품군으로 분류하는 경향이 있으며, 향수에 관한 현대 문헌을 읽다 보면 같은 용어가 반복되는 것을 볼 수 있다. 주요 그룹은 플로럴, 앰버, 시프레, 그린, 시트러스 계열이다.

일랑일랑과 튜베로즈를 바탕으로 한 로즈와 자스민의 지배적인 향이 특징인 플로럴 계열은 끌로에(Chloé), 조르지오(Giorgio), 조이(Joy), 프라카스(Fracas), 화이트 숄더(White Shoulders), 이터니티(Eternity)가 대표적이다. 플로럴 계열에는 그린(우디 파우더리 베이스에 풀과 잎의 그린 탑 노트로 라벤더, 바질, 캐모마일, 갈바넘 등이 주로 사용됨), 프레쉬(시트러스 탑 노트), 앰버리(달콤하고 파우더리한 앰버 베이스에 과일 및/또는 스파이시 탑 노트)의 세 가지 주요 하위 그룹으로 나뉜다.

앰버는 오늘날 가장 무겁고 가장 오래된 향수를 포함하고 있다. 앰버는 매우 강렬한 향신료와 레진, 이국적인 꽃으로 구성되어 있다. 옵세션(Obsession), 엔젤(Angel), 샬리마르(Shalimar), 지키(Jicky) 등이 대표적이며, 모두 시트러스 탑 노트에 앰버 또는 바닐라 베이스가 있다. 스파이시 앰버는 오피엄(Opium), 유스 듀(Youth Dew), 베르사이유의 무도회(Bal à Versailles)와 같은 향 클로브, 진저, 카다몬, 코리앤더 및/또는 블랙페퍼로 만든 스파이시 탑 노트와 드라이 우디 베이스를 가지고 있다.

시프레는 버가못과 오크모스의 대비를 기반으로 하며, 시트러스의 풍부한 탑 노트와 함께 패츌리를 포함하는 경우가 많다. 이 계열에는 아닉 구딸(Annick Goutal)의 아드리안의 물(Eau D'Hadrian), 프라이빗 컬렉션(Private Collection), 팔로마 피카소(Paloma Picasso), 아로마틱 엘릭서

(Aromatics Elixir), 크리스털(Cristalle), 미츠코(Mitsouko)도 포함되어 있다.

그린 향은 플로럴 향보다 더 선명하고 야외적이고 스포티하며 초원, 푸른 풀, 나뭇잎을 떠올리게 한다. 파인, 주니퍼, 퍼 향이 주를 이루며, 바질, 세이지, 로즈마리 등의 허브가 블렌딩되어 있다.

시트러스 블렌딩은 가장 초기의 오 드 콜론부터 시작되었다. 탠저린, 오렌지, 레몬, 그레이프푸룻, 버가못으로 만들어지며 가벼운 허브가 살짝 가미되었다.

천연 향수 만드는 법을 배우는 것은 요리하는 법을 배우는 것만큼이나 쉽다. 사실, 두 활동은 강한 친화력을 공유한다. 이 두 가지 작업에서 우선 오렌지, 로즈, 바닐라, 진저, 라임, 블랙페퍼, 그리고 그 외 수많은 허브, 향신료, 시

1677년, 무투스 리베르의 연금술 과정

트러스 및 꽃 등의 다양하고 유사한 재료를 사용한다. 그리고 요리는 코와 혀를 사용하여 진행하면서 냄새를 맡고, 맛을 보고, 조절하는 등 끊임없는 구성과 수정의 과정을 거친다. 향수는 재료를 추가하고, 블렌딩하고, 냄새를 맡고, 수정한다. 요리를 좋아하는 사람은 향수를 만드는 것을 좋아할 것이다. 두 가지 모두 재료에 대한 지식과 재료가 서로에게 미치는 영향에 대한 지식이 향상됨에 따라 실력이 향상된다. 전 세계 곳곳에서 수 세기 동안 이와 같은 창작 활동을 해온 사람들과 시간을 초월하여 친밀한 관계를 맺게 된다.

요리에서와 마찬가지로 향수도 최고 품질의 재료로 시작하는 것이 중요하다. 천연 에센스는 합성 에센스와는 달리 미량 수준의 아로마 분자가 복잡하게 섞여 있다는 점에서 더욱 그렇다. 대자연이 만들어 낸 헤아릴 수 없을 정도로 복잡한 아로마 분자의 비율은 평범한 자스민 에센스와 최고의 자스민 에센스를 구분하고, 블렌딩에 사용할 경우 평범한 향수와 최고의 향수를 구분하는 차이를 만들어낸다. 한 에센스의 아로마 분자가 다른 에센스의 아로마 분자와 어떻게 융합될지는 예측하기 어렵다. 처음 향수를 만들 생각을 하면 희망과 영감으로 가득 차게 된다. 매우 흥분되는 순간이다! 하지만 비커에 서로 다른 에센스를 한 방울씩 떨어뜨리기 시작하면 서로 합쳐지고 영향을 미치는 방식에 놀랄 때가 많다.

이 장에서 소개하는 도구는 비커에서 무슨 일이 일어나고 있는지, 왜 그리고, 어떻게 공식을 수정해야 꿈에 그리던 향수에 가까워질 수 있는지 이해하는 데 도움이 될 것이다. 키르케고르(Kierkegaard)가 "인생은 거꾸로 이해할 수밖에 없음에도, 앞으로 나아가야 한다"고 말했을 때 그는 향수를 만드는 과정에 대해 이야기하고 있었을지도 모른다.

    천연 향수에 대한 지식을 쌓기 위한 첫 번째 단계는 에센스가 어떻게 결합되는지 이해하는 것이다. 에센스는 향기로운 역할을 하는 아름다운 액체이다. 조향사는 작업을 위해 가장 적합한 에센스를 선택했는지 항상 고려해야 한다. 어떤 천연 에센스라도 적절한 비율로 섞으면 다른 천연 에센스와 잘 어울린다. 세 번째 에센스를 추가할 때에도 적절한 비율로 조화롭고 흥미로운 블렌딩을 만들 수 있는 다양한 에센스가 있지만, 새로 추가할 때마다 선택의 난이도는 기하급수적으로 증가한다. 초보 조향사라면 블렌딩 능력에 따라 에센스의 복잡한 개성이 익숙한 다른 에센스에 반응하여 어떻게 변하는지를 이해해야 한다.

    천연 향수를 블렌딩하는 것은 과학이 아닌 예술이다. 실험과 면밀한 관찰을 통해, 그리고 자신이 한 일을 해체하고 수정함으로써 더 잘 할 수 있다. 21년 이상 학생들과 함께 일하며 그들이 창작을 배우는 과정을 지켜보면서 나는 사람들에게 향수 제조 과정을 가르치는 방법을 수정했다. 믿거나 말거나, 향수는 몇 가지 멋진 에센스 냄새를 맡았을 때 번개가 치는 것 같은 반응에서 시작되지 않는다! 오히려 향수를 만드는 것은 거의 항상 일련의 실험과 작은 수정을 통해 앞으로 나아가고 뒤로 물러나고 다시 앞으로 나아가는 과정이다. 이런 식으로 에센스가 서로 어떻게 상호 작용하는지, 어떻게 아름다운 결론에 도달할 수 있는 지 배우게 된다.

기본 에센스 특성

천연 에센스의 주요 특성은 다음과 같으며, 모두 블렌딩 시 작용에 영향을 미친다.

일랑일랑이나 로즈 앱솔루트처럼 에센스의 이름에는 주된 아로마 정체성과 전체적인 인상을 반영하는 개성이 담겨 있다. 하지만 일랑일랑과 로즈 앱솔루트에는 다양한 버전이 있으며, 일반적으로 같은 이름을 가진 다른 향과 비슷한 듯 각각 다른 개성을 가지고 있다.

이 목록은 상대적인 휘발성에 따라 에센스를 탑 노트, 미들 노트, 베이스 노트로 분류하는 것이다. 탑 노트는 후각에 가장 빨리 도달하는 가장 가벼운 향으로 오렌지, 레몬, 스피어민트, 타라곤 등이 포함된다. 미들 노트는 로즈, 자스민과 같은 모든 플로럴 에센스와 시나몬, 넛맥 등의 다양한 향신료가 포함되어 향수의 핵심을 형성한다. 향수를 뿌렸을 때 가장 마지막에 느껴지며 며칠 동안 지속되는 베이스 노트는 프랑킨센스나 퍼와 같이 뿌리와 수지에서 추출한 에센스가 다수 포함되어 있는 깊고 안정감 있는 향이다.

패밀리는 스파이시 또는 허브와 같은 주요 냄새 특성을 공유하는 에센스 그룹이다. 각 그룹의 특성을 알아갈 때, 각 그룹에 속한 에센스가 어떤 공통점이 있고 어떤 점이 다른 그룹과 구별되는지 고려하는 것이 좋다. 예를 들어, 스윗하고 스파이시한 에센스와 블렌딩하고 싶을 때 모든 스윗한 향신료를 함께 살펴보고 서로 닮은 점과 다른 점을 고려해야 한다. 예를 들어 카다

변동성에 따라 분류된 천연 에센스 목록		
탑 노트	미들 노트	베이스 노트
아니스	올스파이스	아가우드
비즈왁스	아라우카니아	앰버그리스
버가못	아르모아즈	앰버렛
버가못 민트	바질	아미리스
비터 아몬드	블랙 커 런트 앱솔루	안젤리카 루트
버터	보로니아 앱 솔루트	벤조인
카브레라	브룸 앱솔루트	버치 타르
캐너비스(인도대마)	부쉬맨 캔들	케이드
캐롯씨드	카다멈	카시아 앱솔루트
시더우드	카시아	캐스토럼
엘레미	참파카 앱솔루트	세페스 앱솔루트
퍼	초콜릿 앱솔루트	실란트로
갈바넘	클라이 세이지	코리앤더
그레이프프룻	클로브 앱솔루트	시나몬
진저	커피	초야
호 우드	사이프러스	시스투스
쥬니퍼 베리	딜	클라리 세이지 앱솔루트
라벤더	제라늄	코냑
레몬	가드니아 앱솔루트	코스투스
레몬 머틀	구아이악우드	큐민
라임	허니써클 앱솔루트	퍼 앱솔루트
린덴 블로썸	자스민 앱솔루트	프랑킨센스
만다린	큐다	해이 앱솔루트
마모사	라벤더 앱솔루트	히라세움
넛맥	레몬그라스	랍다넘 앱솔루트
오렌지 (비터)	레몬 버베나	라벤더 콘크리트

오렌지 (블러드)	린덴 블로썸	마사
오렌지 (스윗)	메이창	메이트 앱솔루트
오르니스	로터스	미티 아타르
팔로 산토	러비지	머스크
페퍼 (블랙)	매그놀리아	미르
페퍼 (핑크)	미르	오크모스 앱솔루트
페티그레인	네놀리	오니차
페퍼민트	넛맥 앱솔루트	오포파낙스 앱솔루트
파인	오렌지 플라워 앱솔루트	아우드
로만 캐모마일	오렌지 리프 앱솔루트	패출리
샤프란 앱솔루트	오스만투스 앱솔루트	페루 발삼
사사파릴라	포플러 버드 앱솔루트	파인 니들 앱솔루트
스피어민트	로즈 앱솔루트	샌달우드
타라곤	시소	씨위드
투메릭	스티락스	타라곤 앱솔루트
웜우드	튜베로즈 앱솔루트	티 앱솔루트
유자	바이올렛 리프 앱솔루트	타바코 앱솔루트
	일랑일랑	톨루 발삼
		통카 앱솔루트
		트리모스
		바닐라 앱솔루트
		베티버

몬과 시나몬을 구별하고 어떤 것이 내 레시피에 가장 적합할지 생각해 보자.

   시골 풍: 캐너비스, 플뢰브, 해이, 오크모스, 타바코, 트리모스

   동물성: 앰버그리스, 앰브렛, 카스토륨, 시벳, 코스투스, 히라세움),
        머스크, 오니차

시트러스: 버가못, 그레이프프룻, 레몬머틀, 레몬, 레몬그라스, 라임, 메이창, 만다린, 비터 오렌지, 블러드 오렌지, 스윗 오렌지, 페티그레인, 유자

얼씨: 세페스, 커피, 패출리, 베티버

플로럴: 보로니아, 캐모마일, 참파카, 가드니아, 허니써클, 자스민, 큐다, 린덴 블로썸, 로터스, 미모사, 네롤리, 오렌지 플라워, 오리스, 오스만투스, 로즈, 튜베로즈, 일랑일랑

그린: 안젤리카, 바질, 실란트로, 클라리 세이지, 갈바넘, 라벤더, 로즈마리, 차조기, 타라곤, 타임, 바이올렛 리프, 웜우드

식향: 비터 아몬드, 비즈왁스, 블랙 커런트, 버터, 초콜릿, 코냑, 사르사파릴라, 통카, 바닐라

민티: 버가못 민트, 페퍼민트, 플라이, 스피어민트

레진: 벤조인, 시스투스, 엘레미, 프랑킨센스, 랍다넘, 미르, 오포파낙스, 페루 발삼, 스티락스, 톨루 발삼

스모키: 버치 타르, 케이드, 초야

스파이시: 올스파이스, 아니스, 카다멈, 시나몬, 클로브, 코리앤더, 큐민, 갈랑갈, 진저, 주니퍼 베리, 넛맥, 블랙페퍼, 핑크 페퍼, 샤프란, 투메릭

우디: 아미리스, 카브레바, 시더우드, 사이프러스, 퍼, 구아이악우드, 히노키, 호 우드, 오드, 파올로 산토, 파인, 샌달우드

파셋(Facets: 단면)은 에센스의 주요 향을 음영 처리하는 향기로운 뉘앙스이다. 특정 에센스의 전체 향은 하나 또는 몇 개의 지배적인 분자가 아니라 수백 개에 달하는 분자의 전체 구성에 의해 결정되며, 그중 일부는 흔적으로

만 존재한다. 특정 본질의 고유한 가능성에 주의를 기울인다는 것은 본질의 전체적인 특성만큼이나 부가적인 뉘앙스를 인식한다는 것을 의미한다. 나는 파셋을 에센스에 붙은 작은 날개라고 생각하는데, 파셋은 달콤하고 부드러운 핑크 그레이프프룻과 날카롭고 쓴 화이트 그레이프프룻, 무겁고 풀 바디한 블러드 시더우드와 얇고 가벼운 버지니아 시더우드를 구분하는 등, 한 종류의 에센스를 다른 종류와 구별해 준다. 향수를 만들기 위해 어떤 에센스를 고려할지 결정할 때 정확한 선택에 도움이 된다. 자스민과 일랑일랑은 모두 달콤한 플로럴 향이지만, 일랑일랑은 바나나 향이 있고, 자스민은 더 복잡하고 "탁한" 향이 있다.

에센스의 모든 개성을 파악하고, 그 파셋을 최대한 알아차린 다음 이름을 붙이다 보면 향수를 만들기 위해 에센스를 어떻게 활용할 수 있을 지에 대한 아이디어가 떠오르기 시작한다. 플라스틱 모델용 접착제, 사과 껍질, 발사믹, 풍선 껌, 탄 나무, 카라멜, 치즈, 크리미한, 탁한, 플로럴, 과일, 밀키, 곰팡이 핀, 곰팡내 나는 다락방, 페퍼리, 플라스틱, 스모키, 딸기 잼, 치약, 젖은 개 등 다른 종류의 경험을 참고하여 에센스의 지배적인 특성을 어떻게 표현하는지 상기시키는 형용사 또는 명사를 은유로 사용하는 경향이 있다.

강도는 에센스의 향을 나타내는 힘으로, 그 범위는 매우 다양하다. 강도가 높은 향신료인 카다멈은 진저보다 훨씬 더 강렬하다. 에센스에 대한 설명에서 강렬함, 강력함, 섬세함이라는 표현은 아로마의 강도에 관한 것이다. 강도를 제대로 파악하려면 1에서 10까지로, 1이 가장 가벼워서 속삭이는 듯한 향이라면 9나 10은 압도적인 향이라고 생각하면 도움이 된다. 예를 들어 버가못은 보통 2, 세페스는 10에 해당한다.

장 카를레스가 만든 용어를 빌리자면, 액세서리(보조적, 부수적) 노트는 강도에 따라 9 또는 10에 해당하는 탑 노트, 미들 노트 또는 베이스 노트를 말한다. 액세서리 노트 한 방울은 약한 에센스를 다섯 방울 떨어뜨린 것만큼 강렬할 수 있다. 강도가 강할수록 섬세하게 사용하면 향에 뉘앙스와 복합성을 부여하는 마법과도 같은 향을 선사한다. 이러한 에센스는 향수에 결정적인 무언가를 더해 독창성을 부여하며, 스카프나 벨트 같은 액세서리가 전체 의상을 더욱 눈에 띄고 독특한 패션으로 변화시키는 것처럼 향수에 신선함을 준다. 갈바넘, 초야, 세페스, 메이챙, 비터 아몬드, 플라이 등이 대표적인 액세서리 노트이다.

액세서리 노트는 강렬하고 열정적이며 독특하다. 어떤 노트는 역겨울 정도로 강한 냄새를 풍기며 익숙해지는 데 시간이 걸리고, 블렌드의 다른 요소와 어떻게 결합할지 예측할 수 없다. 다른 에센스의 뉘앙스를 끌어내거나 전혀 예상치 못한 측면을 드러낼 수도 있다. 이들로 작업한다는 것은 신비롭고 마법 같은 존재와 강렬하게 만나는 것이다. 다층적이고 깊고 헤아릴 수 없는 복잡성 그 자체이다.

에센스의 형태(방향성)는 향의 일부가 어떻게 구성될지 건축학적으로 생각할 수 있게 해준다. 향은 깊고, 속이 비어 있고, 마무리 지으며, 균형잡힌, 풀 바디의, 날카롭고, 부드럽고, 희미한 형태일 수 있다. 샤프란은 평평하고 시나몬은 뾰족하다.

텍스처는 아로마의 '느낌' 또는 일관성을 나타내며 밝고, 산뜻하고, 건조하고, 매끄럽고, 부드럽고, 실크 같고, 얇고, 두껍고, 벨벳 같은 촉각적 특성을 정의하는 데 도움이 된다. 오크모스는 향이 짙고, 사이프러스는 바람이 잘 통하는 향이다.

정서적 공명은 자연의 본질이 인류의 역사를 거슬러 올라가며 인간으로서 우리에게 어떤 의미를 갖는 지를 의미한다. 예를 들어 라벤더는 청결과 진정,

프랑킨센스는 영적 수행(향에 사용됨)을 연상시키며, 오렌지는 기분을 좋게 만드는 경향이 있다.

블렌딩의 두 가지 중요한 역학 관계

록킹(Locking)은 내가 사용하는 용어로 어떤 에센스 냄새 프로파일의 한 측면이 다른 에센스 냄새 프로파일의 유사한 측면과 결합하여 완전히 새로운 것을 만들어낼 때 발생하는 현상을 뜻한다. 우리는 종종 1 + 1 = 3으로 조정되는 것을 경험한다. 같은 아로마 계열의 에센스는 항상 향수에서 함께 고정된다. 에센스의 다른 측면들 사이에서도 록킹이 일어날 수 있는데, 비슷한 텍스처와 비슷한 모양도 록킹을 일으킬 수 있다. 록킹은 에센스를 블렌딩할 때 발생하는 현상으로, 로즈와 호 우드가 록킹되어 로즈우드 노트가 만들어지는 것처럼 좋은 현상일 수도 있고, 페루 발삼과 자스민이 록킹되어 의도했던 것보다 훨씬 더 스윗한 향수가 만들어지는 것처럼 나쁜 현상일 수도 있다.

베링(Burying)은 블렌딩에서 한 에센스가 하나 이상의 다른 에센스에 의해 가려질 때 발생하는 현상을 설명하는 방식이다. 베링은 에센스의 상대적인 냄새 강도에 따라 결정된다. 이는 공식의 특정 상황에 따라 바람직할 수도 있고 그렇지 않을 수도 있다. 에센스를 사용할 때 미량 요소로만 느껴지기를 원하는 에센스를 억누르고자 한다면 도움이 될 수 있다. 그러나 의도치 않게 블렌딩에서 가장 중요한(그리고 비싼!) 요소가 사라질 수도 있다.

향수 디자인하기

학습을 위해 향수를 만들 때는 탑 노트, 미들 노트, 베이스 노트가 함께 아름다운 인상을 주면서 다른 에센스와 조화되지 않을 정도로 너무 강렬하거나 압도되지 않는 향을 중심으로 향수를 구성하는 것이 가장 좋다. 조합을 결정하는 데 도움이 되도록 고려 중인 여러 에센스에 향 스트립을 담그고 조합하여 냄새를 맡아보면서 서로 어떤 관계가 있는지 알아보자.

핵심적인 세 가지 에센스를 결정한 후에는 각 음역대(탑, 미들, 베이스)에서 이 중심음을 보완할 두 가지 에센스를 추가로 선택한다. 베이스부터 시작하여 메인 베이스노트를 강화하거나 넓히거나 음영을 주는 다른 베이스 노트를 찾고 중심 미들 노트와 잘 어울리도록 하자. 그런 다음 중심 미들 노트에 추가하고 이를 뒷받침하고 넓혀 주는 다른 두 개의 미들 노트를 선택한다. 그런 다음 상단도 비슷하게 확장한다.

중추의 각 층을 확장하는 추가 에센스를 선택하는 것은 까다롭다. 각각의 새로운 향이 이미 선택한 향과 어떻게 상호 작용할지 고려해야 한다. 세이지 잎의 연두색과 파스타의 아이보리 색으로 강조된 버터넛 스쿼시의 밝은 오

1512년, 향수를 조제하는 약사의 어린 조수

렌지 색을 머릿속에 그려 보고, 허브의 스파이시한 맛과 전분의 부드러우면서 너티한 풍미가 어떻게 스쿼시의 즙을 끌어낼지 기대하고 음미하는 요리사처럼, 숙련된 조향사는 개별 재료의 고유한 특성에 대한 철저한 지식을 바탕으로 다양한 향이 어떻게 어우러질지 상상할 수 있는 능력을 기르게 된다.

디자인 단계에서는 어떤 에센스를 어떤 순서로 추가할지 생각해볼 수 있다. 패밀리 차트와 탑/미들/베이스 차트를 사용하면 사용할 에센스를 찾는 데 도움이 된다. 시트러스 계열과 민트 계열은 모두 탑 노트이다. 플로럴 계열은 대부분 미들 노트이다. 우디, 레진, 동물 계열은 거의 모두 베이스 노트이다. 오렌지, 스파이시, 레몬 계열은 탑 노트와 미들 노트가 혼합되어 있다. 허브, 식용, 아니스(미나리과), 얼씨, 우디 계열은 세 가지 노트를 모두 포함한다. 블렌딩 중간에 레몬 노트가 필요하거나 탑 노트로 우디 노트를 찾고 있을 때 유용하게 사용할 수 있다.

블렌딩 아이디어를 테스트하려면 향 스트립이나 뚜껑에서 에센스 조합의 냄새를 맡아보자. 기존 중추 에센스에서 선택한 다른 에센스와 함께 냄새를 맡으면 다음에 무엇을 추가할지 파악하는 데 도움이 되며, 향신료 병의 냄새를 맡으면 수프나 스튜에 어떤 시즈닝을, 어느 정도 추가할지 가늠할 수 있다. 페퍼나 레몬즙을 너무 많이 넣으면 레시피를 망칠 수 있는 것과 마찬가지로 탑 노트는 항상 제대로 맞추기가 가장 어렵다.

그러나 테스트 스트립을 아무리 많이 사용해도 실제로 성분을 혼합하고 시간이 지남에 따라 냄새를 맡는 것과는 비교할 수 없다. 어떤 에센스는 다른 에센스보다 더 강렬하며, 테스트 스트립에서는 조화로운 조합처럼 보이는 것이 실제로 혼합하면 불균일하거나 조화롭지 않을 수 있고, 처음에 괜찮았는데 시간이 흐르면서 조화가 깨어질 수도 있다. 또한 칵테일과 마찬가지로 이러한 조합은 섞을 때마다 달라질 수 있다는 점을 명심해야 한다. 그렇기때문에 향수는 과학이 아닌 예술이다.

디자인 사례 연구
: 오크모스, 일랑일랑, 그레이프프룻을 중추로 한 향수

나는 탑 노트, 미들 노트, 베이스 노트들이 마치 소개팅에 나가서 상대에게 어필할 만한 향수가 되어 좋은 대화를 이끌어낼 수 있게 하는 것처럼 각각의 노트를 선택하고자 한다. 향수를 만드는 것은 일련의 결정이며, 각각의 결정은 앞으로의 선택의 폭을 더욱 제한하게 된다. 내가 만들고 싶은 향수의 핵심은 그레이프프룻의 상큼함이 오크모스의 축축한 얼씨 향과 대조를 이루고, 일랑일랑의 스윗한 플로럴 느낌으로 이어지는 것이다. 일랑일랑은 크리미한 플루티 향과 활기차고 상쾌한 향을 지닌 복합적인 플로럴 미들 노트이다. 그레이프프룻은 일랑일랑과 오크모스 향의 대비를 이루는 탑 노트에서 강렬하게 대조되며 전율 같은 기쁨을 준다. 일랑일랑과 그레이프프룻의 향을 함께 맡으며 그레이프프룻의 반짝임이 관능적인 일랑일랑을 어떤 식으로 돋보이게 해 줄지 상상해본다. 오크모스 베이스 노트는 풍부하고 얼씨한 우디 향으로 향수를 받쳐 주며 일랑일랑의 달콤함과 그레이프프룻의 상큼함 사이에 균형을 잡아준다.

세 가지 에센스는 각각 다른 에센스와 강한 대조를 이룬다. 처음부터 대위법을 도입한다. 이러한 종류의 조합은 효과가 있을 때는 스릴이 넘치지만, 진흙탕 같고, 기이하며, 불균형스러운 매우 큰 재앙을 초래할 수도 있다. 강하게 대조되는 에센스로 시작하면 나머지 에센스가 이질적인 요소 사이에 다리를 놓을 수 있도록 세심하게 제어하는 것이 중요하다.

베이스에 랍다넘을 약간 첨가해 오크모스를 따뜻하게 하는 앰버 노트를 만들고 벤조인을 조금 더해서 오크모스를 더 부드럽고 달콤하게 해 준다. 벤조인은 내가 "필러(filler) 노트"라고 부르는 향이다. 개성이 강한 에센스의 밸런스를 맞출 때, 나는 때때로 "필러 노트"를 사용하는데, 이는 향기 자체의 향은 강하지 않지만 다른 에센스와 잘 어울리고 더 강한 에센스를 조화롭게 결합하는 데 도움이 되는 낮은 향 강도의 에센스를 말한다. 이들은 그림에서 여백의 공간, 저녁 모임에서 어느 누구의 옆 자리라도 어울려서 앉을 수 있는 "편안한" 손님과 같은 역할을 한다. 따라서 베이스는 이끼가 낀 듯 부드럽고 달콤하다. 중간에 필러 노트와는 정반대의 높은 냄새 강도를 가진 액세서리 노트인 시나몬을 약간 추가한다. 한 방울씩 떨어뜨려가며 향수가 어떻게 발전하는지 코가 알려주는 대로 조정하면서 작업한다. 시나몬을 사용해 일랑일랑의 스파이시한 맛을 살린 다음 로즈를 추가해 시나몬의 향을 부드럽게 한다. 로즈는 액세서리 노트를 부드럽게 하는 것으로 악명이 높다.

마지막으로 탑 노트에는 향수를 처음 맡을 때 그레이프프룻의 화사함을 유지하고 싶을 것이다. 탑 노트는 향기로운 여정으로의 초대장이다. 미들이나 베이스가 아무리 훌륭하더라도 처음 오프닝에 화사함이 빠진 향수는 그 어느 누구도 향기의 여정으로 이끌 수 없다. 나는 그레이프프룻에 소량의 블러드 오렌지를 더해 시트러스 노트의 복잡성을 높이고, 약간의 타라곤을 추가해 오크모스 베이스의 그린 향을 더하기로 결정했다.

향수 블렌딩

향수를 디자인한 후 블렌딩은 어떻게 할까?

나는 향수를 만드는 과정을 가능한 한 단순하게 하여 직접 체험하는 것을 좋아한다. 에센스와 거리를 두기 보다는, 에센스의 순수하고 강렬한 향을 맡으며 알코올이나 오일에 담긴 다른 에센스와 한 방울씩 섞이는 과정을 지켜보는 것을 선호한다.

주방용 종이 타월을 반으로 접는다. 왼쪽에 비커나 병 또는 블렌딩할 용기를 놓는다. 오른쪽에는 잘 건조된 깨끗한 스포이드 두 개와 알코올을 채운 유리잔을 놓는다(스포이드 세척용). 호호바 오일, 정제 코코넛 오일, 향수 알코올 등 사용하고자 하는 용매를 10ml 계량하여 왼쪽의 병이나 비커에 넣는다.

향수를 만들 때는 사용하려는 에센스를 포함해 모든 재료를 준비해 둔다. 병에 대한 시스템을 구축하면 이미 블렌딩에 들어간 에센스와 추가할 에센스를 한눈에 파악할 수 있다. 내가 만든 시스템은 블렌드에 넣지 않은 에센스는 바로 앞에 두고 이미 넣은 에센스는 테이블의 반대쪽 끝으로 빼놓는 것이다. 블렌딩할 때는 전화를 받거나 다른 불필요한 방해가 생기지 않도록 주의해야 한다. 중요한 에센스를 두 배로 넣거나 아예 넣지 않는 등의 실수는 너무나 쉽게 일어날 수 있기 때문이다.

이 향수의 경우 탑 노트, 미들 노트, 베이스 노트에 각각 같은 수의 방울을 추가한다. 이 총액을 향수의 "예산"이라고 생각하자. 천연 향수는 합성 향수만큼 피부에 오래 지속되지 않기 때문에 각 목록에 같은 수의 방울을 떨어뜨려야 탑 노트에서 미들 노트, 베이스 노트로 향이 고르게 퍼지고 향이 오래 지속된다. 이 경우 나의 예산은 탑 노트 10방울, 미들 노트 10방울, 베이스 노트 10방울이 될 것이다.

연금술 과정

향료(향수 알코올, 호호바 오일 등)가 담긴 용기에 에센스를 한 번에 한 방울씩 떨어뜨려 다음 단계로 넘어가기 전에 각 목록을 완성한다. 항상 베이스 노트부터 시작하여 미들 노트로 옮겨 간 다음 탑 노트로 이동한다. 베이스 노트를 추가할 때까지 기다리면 탑 노트의 향을 명확하게 맡을 수 없거나 탑 노트가 블렌드에 미치는 영향을 알기 어렵다.

각 에센스를 다 사용한 후에는 방금 사용한 스포이드를 알코올 비커에 넣고 펌핑하여 세척한 후, 다음 사용 시까지 비커에 알코올을 채운 채로 두자. 다시 필요할 때는 비우고 종이 타월로 안팎을 깨끗이 닦아 오일이 교차 오염되지 않도록 한다.

각 단계에서 예산으로 책정된 10방울 중 자신에게 적합하다고 생각되는 비율로 8방울 정도를 추가하는 것으로 시작하되, 한쪽으로 양이 조금 치우치게 하면 균등한 비율보다 일반적으로 더 흥미로운 블렌딩을 만들어 낸다는 점을 명심하자. 새로운 에센스를 추가할 때마다 블렌딩이 어떻게 변하는지에 주목하자. 블렌딩한 에센스를 손에 한 방울 떨어뜨린 후 새로운 에센스를 추가할 때마다 냄새를 맡아본다. 이렇게 하면 각 에센스가 블렌드에 가져오는 향의 변화를 경험하고 다음에 사용할 에센스를 선택하거나 이미 사용한 에센스의 비율을 조정하여 결정할 수 있다. 각 목록마다 예산에 몇 방울씩 남겨두면 에센스가 어떻게 상호 작용하는지 확인한 후 블렌딩을 조정할 수 있다.

에센스를 추가할 때마다 정확한 양을 기록하고 블렌딩에서 생성되는 친화력과 길항력에 대한 자신의 인식을 기록해 두자. 이것이 후각 의식을 개발하는 방법이다. "구성자는 냄새로 생각하기 시작하고, 냄새가 그의 마음에 스며들게 할 것이며, 냄새의 세계가 그의 제 2의 본성이 될 것이다."라고 루드니츠카는 말한다.

비커에 담긴 블렌딩을 그냥 냄새만 맡지 마시고 손에 한 두 방울 떨어뜨려 보자. 향수는 공기 중이 아닌 몸에서 맡아야 하며, 향수를 뿌리는 사람마다 피부에서 개별적인 향이 나기 때문에 이것 말고는 각각의 특성을 파악할 수 있는 다른 방법이 없다.

향수 수정하기

향수를 만드는 진짜 과정은 블렌딩을 수정하는 것이다. 첫 번째 버전의 정확한 세부 사항은 중요하지 않으며, 어디에서 수정을 시작할지 찾아내는 것이 진정한 목적이다. 수정이란 공식에 어떤 에센스를 넣을지 변경하거나, 아니면 공식에 에센스를 몇 방울 넣을지 변경하거나, 또는 둘 다 변경하는 것을 의미할 수 있다. 수정할 때마다 하나의 목록에서만 수정하는 것이 가장 중요하다. 예를 들어, 한 수정에서는 탑 노트만 수정하고 다음 수정에서는 베이스 노트만 수정하는 것이다. 예를 들어 미들 노트와 탑 노트를 동시에 변경하면 너무 많은 에센스가 동시에 변경되기 때문에 향수의 변화 원인을 파악할 수 없게 된다. 항상 미묘한 차이에 주의를 기울이면서 조금씩 조금씩 수정하는 것이 가장 좋다는 것을 기억해야 한다.

수정 과정에서 각 에센스가 여전히 블렌딩에 기여하고 있는지, 아니면 그 과정에서 하나 이상의 에센스가 묻혀 버렸는지 주의를 기울여 살펴보아야 한다. 너무 중요한 에센스가 묻혔다면 이제는 향의 기미만 남아 있을 뿐이다. 중요한 요소가 사라진 경우, 그 요소가 크고 선명하게 드러나던 그 전 버전으로 되돌아가 거기서부터 수정하자(주의 깊게 메모해 두었다면 쉽게 수정할 수 있다!). 향수가 지루하지는 않은 지(충분히 대조되지 않은 지), 너무 많은 내용을 담고 있지는 않은지 스스로에게 물어보자. 향수가 흐릿하거나 초점이 맞지 않는 것 같다면, 정리해야 할 경고성 에센스가 있는지 생각해 보자.

기타 권장할 만한 중추 에센스

호 우드, 오렌지 플라워, 프랑킨센스: 로즈 빛의 라이트 호 우드와 레진 계열의 약간 시트러스한 프랑킨센스가 오렌지 플라워의 복잡하고 아름다운 향과 조화를 이룬다.

블랙페퍼, 자스민, 랍다넘: 랍다넘과 자스민이 앰버의 달콤한 플로럴 향을 만들어내며, 블랙페퍼의 날카로움에 의해 초점과 형태가 부여된다.

오렌지, 로즈, 패출리: 패출리는 로즈의 풍부한 향과 상큼한 오렌지의 프레쉬 시트러스 향으로 상쇄된다.

주니퍼, 레몬그라스, 페루 발삼: 페루 발삼의 진한 바닐라에 신선한 레몬그라스와 드라이 주니퍼로 포인트를 줄 수 있다.

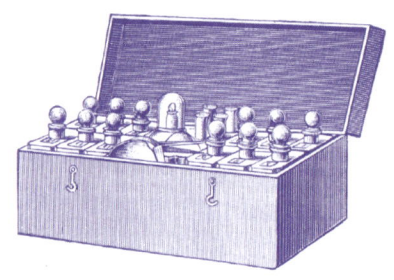

정체된 경우:

거의 모든 향수에 추가할 수 있는 에센스

몇몇 신뢰할 수 있는 에센스는 대부분의 다른 에센스들과 잘 어울린다. 시더우드, 진저, 주니퍼, 라벤더, 퍼와 같은 탑 노트는 드라이한 시원함이 있어 다른 다양한 에센스와 잘 어울린다. 시트러스 계열의 다양한 조합에 이 향을 추가하면 달콤함을 더하고 블렌딩에 신선함을 주는 경향이 있다. 클라리 세이지와 제라늄 같은 미들 노트는 다른 플로럴 미들 노트와 잘 어우러진다. 제라늄은 블렌딩에 달콤함을 더하고 클라리 세이지가 복합적인 향을 더할 뿐만

아니라 블렌딩이 피부에 오래 지속되도록 해준다. 프랑킨센스와 샌달우드는 부드러운 베이스 노트로, 지배적이지 않으면서 블렌딩을 확장한다. 블렌딩에서 더 강한 에센스에 압도당하지 않도록 주의해야 한다.

너무 많은 성분을 추가했거나 한 에센스에서 다른 에센스로 부드럽게 전환해야 할 때 사용할 수 있는 몇 가지 에센스를 소개한다:

버가못 : 버가못의 은은한 시트러스 향은 블렌딩의 시트러스 또는 플로럴 향을 강조하고 모든 블렌딩에 화사한 오프닝을 선사하는 아름다운 조화를 이룬다. 비터 오렌지와 라임도 거의 보편적으로 블렌딩에 잘 어울린다.

자스민과 로즈: 자스민은 특히 소량만 첨가해도 모든 블렌딩을 변화시킨다. 로즈와 마찬가지로 블렌딩의 일관성을 유지하고 완벽하지 않은 조합의 날카롭고 부조화스러운 부분을 가려주는 부드러운 특성을 가지고 있다.

바닐라: 전 세계적으로 사랑받는 바닐라 앱솔루트는 친숙하고 맛있는 바닐라 향뿐만 아니라 발사믹과 레진 향을 지니고 있다.

향수를 만드는 법을 배우는 것은 글쓰기나 그림 그리기처럼 평생에 걸친 과정이다. 누구나 좋은 작품을 만들고 싶어 하는 것은 당연하다. 혼자서 실험을 시작할 때 모든 블렌딩이 잘 될 것이라고 기대해서는 안 된다. 조향사가 되는 법을 배우려면 위험을 무릅쓰고 끔찍한 냄새가 날 수도 있는 재료를 혼합해야 한다. 나쁜 블렌딩이 좋은 배움과 같을 수 있으며, 나쁜 블렌딩 뒤에는 다시 돌아올 수 있는 좋은 아이디어가 숨어 있을 수도 있다. 작가 앤 라모트(Anne Lamott)은 좋은 글을 쓰기 위한 첫 단계로 작가들에게 "엉망진창의 초안"을 작성할 것을 권장한다. 마찬가지로 조향사도 "엉망진창의 첫 번째 블렌딩"을 기꺼이 만들어 본다면 훌륭한 조향사가 될 수 있다. 위험을 감수하고 블렌딩을 망칠지도 모른다는 망설임을 극복하는 것은 창의적인 향수를 만들기 위한 필수 단계이다.

까다로운 에센스

개와 고양이처럼 싸울 수도 있고, 격렬한 두 연인처럼 열정적으로 결합할 수도 있는 에센스를 조합하면서 더 위험한 선택을 하는 시점에 도달할 수 있다. 위험한 선택을 하면 블렌딩이 극적으로 좋아지거나 극적으로 나빠져 중간 지점이 없어진다. 다시 한번 강조하지만, 조향사는 단순히 아름다운 향을 만드는 데 만 집중할 것이 아니라 이미 선택한 재료에 새로운 재료를 추가하여 예상치 못한 특성을 이끌어내는 데 집중해야 한다. 예를 들어, 패출리는 로즈의 향을 깊게 하고 향이 겹쳐지면서 꽃잎이 무한히 열리고 펼쳐지는 듯한 느낌을 준다. 세페스 앱솔루트는 튜베로즈의 얼씨 향을 끌어내는 놀라운 효과를 발휘한다. 그리고 타바코와 라임의 조합은 다른 시트러스와 타바코의 조합과는 다르다.

나는 조향사이자 카운슬러이기 때문에 사람 성격의 역동성과 아로마 재료로 작업할 때의 역동성을 비유하여 표현하곤 한다. 어떤 에센스는 까다롭고, 어떤 에센스는 친근하고, 어떤 에센스는 매력적이지만 깊이가 없고, 어떤 에센스는 질기고 끈질긴 개성을 가지고 있다고 생각한다. 어떤 재료는 공동의 이익을 위해 이를 굴복시키려면 씨름 끝에 복종하게 만들어야 한다. 다른 재료들은 완벽한 공생이 이루어질 때까지 한 방울 한 방울 설득해야 한다.

에센스의 강력한 향과 색상, 질감은 작업할 때 직관적인 연상을 불러일으키고 다른 의식 상태에 다가갈 수 있게 해준다. 향에 집중해서 작업할 때면 일상에서 벗어나 새로운 세계로 빠져드는 것을 느낀다. 특히 복잡한 베이스 노트는 내면의 기억과 관능의 숨겨진 장소로 나를 이끌어 준다. 베이스 노트는 외부 세계(풍요로운 대지, 깊은 숲, 폭풍, 바다)와 내부 세계(무의식, 어두운 면, 그림자, 혼돈)의 밀도 있고 야생적인 측면을 끌어 올려 준다. 나는 이러한 연관성을 받아들이고 작업하면서 어떤 결과가 나오든 늘 감동을 받는다. 냄새 강도가 높은 에센스가 있는데, 특히 적응하기 어렵다고 생각하지만 향에 기여하는 뚜렷한 형태와 질감 때문에 노력할 만한 가치가 있다. 웜우드, 참파카, 코냑과 같은 이국적인 물질로 만들어지는 경우가 많은데, 다른 오일로는 표현할 수 없는 향으로 조향사의 상상력을 자극한다. 향에 고유한 향을 더할 뿐만 아니라 다른 에센스와 만나 예측할 수 없는 상호 작용을 일으키기도 한다. 블렌딩을 완전히 개선하거나 파괴할 수 있는 힘을 가진 위험 요소이다. 블렌딩에 소량 이상은 절대 첨가하지 말도록 하자. 한 방울을 더 넣으면 세 방울이 될 수도 있다! 하지만 적절하게 사용하면 블렌딩의 완성도를 높이고 변화를 줄 수 있는 에센스가 될 수 있다. 큐민, 갈바넘, 블랙페퍼와 같은 노트는 날카로운 모서리를 만들 듯 블렌딩의 형태를 선명하게 해줄 수 있다. 베티버와 패출리 같은 베이스 노트는 블렌드에 얼씨 향이 나는 드라이아웃 노트를 선사한다. 코냑은 향수의 베이스 노트에서 밝고 강렬하며 다른 베이스 노트에 진한 프룻티 향을 더해 준다. 통카는 쌉싸름한 그린 베티버에 완벽한 파우더리 향을 더한다.

까다로운 노트는 블렌딩의 출발점이 될 수 있으며, 어떻게 사용하든 다른 재료의 특성, 강도, 지속 시간을 신중하게 고려해야 한다. 이 노트들은 내가 가장 좋아하는 노트이며, 나는 종종 이 노트 한 두 가지를 중심으로 향수를 만들어 미묘한 색조와 색상을 강조한다. 그 가능성을 발견하기 위해 다른 어떤 에센스보다 세심한 실험과 연구가 필요하다. 더 부드러운 에센스와 결합하는 데 시간을 투자하면 무의식적인 연상을 불러일으키고 조향사에게 수많은 아이디어가 떠오르게 하며 관능의 구조에 대해 조명할 수 있다.

향수를 만드는 것은 건물을 짓는 것과 같다는 것을 기억하자. 각 층은 바로 아래층 위에 얹혀 있는데, 기초가 튼튼하지 않거나 전체가 균형을 제대로 맞추지 못하면 한꺼번에 무너져 내릴 수 있다. 건축물은 보기만 좋아서 되는 것이 아니라 흥미롭고 복잡해야 한다. 루드니츠카는 "향수의 형태는 조향사가 선택하고 원하는 미적 조합에서 비롯된다..."라고 말한다. 음악가는 소리를 조합하여 단순한 하모니가 아니라 훨씬 더 복잡하고 광범위한 음향 및 음악적 형태를 만들어낸다. 마찬가지로 화가는 색을 결합하고 색조를 혼합하여 표현적이든 아니든 다양한 형태를 구성한다.

와인과 마찬가지로 새로 만든 향수는 알코올이나 호호바의 영향을 받아 에센스가 서로 완전히 결합하여 각각의 정체성이 잘 어우러진 향기에서 녹아들고 합쳐질 수 있도록 잠시동안 휴식을 취해야 한다. 이것은 이 과정의 필수적인 부분이다. 시간이 허락한다 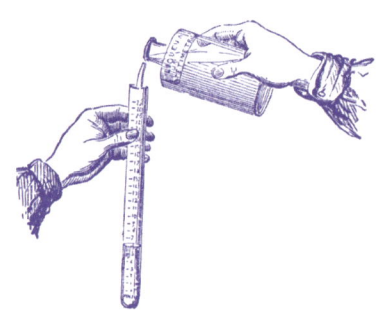 면 서늘한 곳에 일주일 이상, 또는 한 달까지 샘플과 최대한 비슷한 용량의 유리병에 단단히 밀봉하여 보관한다. 블렌딩이 방해받지 않고 쉬는 동안 마법 같은 변화가 일어나고 있다.

혹은 아닐 수도 있다. 시간이 지남에 따라 혼합물의 냄새가 현저하게 좋아지기도 하고 나빠지기도 한다. 가수 겸 작곡가인 도노반(Donovan)을 위한 맞춤 향수를 만들 때 놀랍게도 한 가지 향이 병에서 솟아 나오면서 다른 향들을 지배한 적이 있었다. 주요 베이스 노트 중 하나는 베티버로, 복잡하고 어둡고 풍부한 뿌리로 향수 블렌드에 얼씨 향을 더해 주는 향료이다. 하지만 향수가 숙성된 후, 나는 향수의 강렬한 플로럴 향을 감싸는 머드 향이 너무 강해져서 다른 향은 맡기 어렵고, 베티버가 너무 많이 섞여 있다는 사실을 깨달았다. 내가 어렵게 발견했다시피, 특정 에센스는 병 안에서 기하급수적으로 증가하여 다른 에센스의 섬세한 특성을 압도한다.

사실 향수를 만드는 것은 무언가를 만드는 다른 모든 작업과 마찬가지이다. 처음에는 모든 디자인 가능성이 열려 있고 두 세 가지 에센스가 공존할 수 있다. 하지만 일단 중추 에센스가 구축되고 나면 수많은 가능성의 문과 창문이 닫힌다. 인생과 마찬가지로 향수에서도 더 이상 모든 것이 가능하지 않다. 향수가 완성되기까지 고려해야 할 측면이 너무나 많다. 블렌딩의 특성은 무엇인가? 텍스처는 어떤가? 달콤하고, 쌉싸름하고, 무겁고, 가볍고, 뾰족하고, 둔한가? 층을 이루며 펼쳐지는가? 매혹적인 향수를 만든다는 것은 자스민의 분변인 꽃의 매력처럼 자연 자체가 만들어내는 상반된 요소를 모방하여 상반된 향을 결합하는 것을 의미한다. 나는 향수 구성 내에서 누구에게나 잘 어울리는 에센스와 까다롭지만 특별한 개성을 지닌 에센스 사이에서 항상 균형을 맞추고 있다. 블렌딩되는 에센스는 두 가지 다른 향으로 남지 않는다. 한 아로마의 측면이 다른 아로마의 측면과 결합하여 처음부터 없던 아로마 특성을 만들어낸다.

이 시점에서 조향사는 생각하고, 테스트하고, 거부하고, 재고하는 등 프로처럼 냄새를 맡는 방법을 알아야 한다. 자극적인 노트가 있나? 너무 뻔한 향인가? 너무 날카롭지는 않나? 너무 둔탁한가? 고유성이 조화롭게 진화하고 있나? 한 코드가 드라이아웃을 지배하나? 아니면 잘 어우러져 있나? 무엇보다도 형태가 있는가? 루드니츠카는 "이 형태는 하나의 실체로서 고려되어야 한다. 일관성이 없는지, 균질한지, 지루한지, 독창적인지, 조화로운 인상을 주는지, 안도감과 개성이 있는지, 밋밋한지 등을 고려해야 한다. 역동적인가 (압도적이거나 머리가 아프거나 무겁지 않은가)? 볼륨감이 있고, 충분한 밀착력이 있는가?"

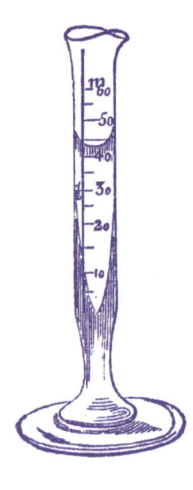

숙련된 조향사는 진단뿐만 아니라 처방도 할 수 있어야 한다. 형태가 부족하면 탑 노트의 약점을 나 타낼 수 있다. 내가 도노반을 위해 만든 향수에서 베티버의 경우처럼 탁한 향은 베이스 노트에 문제가 있는 경우가 많다. 때로는 탑, 미들, 베이스의 비율을 조정하는 것이 문제이다. 때로는 전체 블렌드가 너무 야심차고, 초점이 맞지 않아서 이를 버리고 다시 시작해야 할 때도 있으며, 더 절제된 블렌딩에서 몇 가지 아주 흥미로운 아이디어로 작업해야 할 수도 있다. 블렌딩에 날카로운 모서리가 너무 많은 것 같으면 로즈를 추가해 보자. 탑 노트가 밋밋하고 지루하다면 블랙페퍼를 한두 방울 떨어뜨려 보자.

조향사는 이 오일을 조금 더 첨가하거나, 저 오일을 조금 더 첨가하는 등 블렌딩을 정제하고 조정한다. 공식이 균일하게 균형을 이루어야 한다고 생각해선 안된다. 공식은 하나 또는 몇 가지 에센스를 강조하거나 선호할 수 있으며, 특히 매우 독특한 특성을 가진 에센스를 강조할 수 있다(일반적으로 그래야 한다). 중요한 것은 서로 다른 에센스가 독특하고 매력적인 방식으로 드라이아웃의 모든 단계를 통해 진화하는 흥미롭고 역동적인 향을 만들어내는 방식과 조화를 이루는가 하는 사실이다. 이 애매한 특성을 파우더링(powdering)이라고 하는데, 화학은 그 모든 신비를 설명할 수 없다. 우리는 지각할 수 없을 정도로 미세한 물질 입자로 구성된 '신비체'라는 연금술적 개념과 비슷한 개념이 필요하다.

예술과 연금술의 창작 과정과 마찬가지로 향수 조향은 궁극적으로 지식과 연습만큼이나 재능과 직관에 따라 달라진다. 실제 규칙은 없다. 아름답고 새로운 향이 만들어지면 그 향에 이르는 길은 무의미하다. 그래서 나는 초보 조향사에게 이 가이드라인을 제시하면서 이것이 전부라고 경고한다. 재료에 완전히 익숙해졌다면 향수를 만드는데 있어 핵심은 개방성, 유희 감각, 적극적인 후각적 상상력이다. 직관적인 조향사는 향기 사이의 관계를 관찰하는 방법, 관찰을 통해 결론을 도출하는 방법, 그리고 그 결론을 아름답게 활용하는 방법을 알고 있다. 루드니츠카는 "직관은 기적이 아니라 지식, 실험, 사고, 명상 등을 충분히 쌓아두면 불꽃처럼 튀어나오는 것"이라고 말한다.

향수를 만든다는 것은 분석하는 것이 아니라 경험하는 것이다. 앙리 베르그송의 말을 빌리자면, 이것이 바로 직관의 핵심이다. "직관은 무엇보다도 의식이지만 즉각적인 의식, 즉 보이는 대상과 거의 구별할 수 없는 비전을 의미한다."라고 그는 『창의적 정신 The Creative Mind』에서 썼다. 창의적 비전은 대상의 외부에 머무르지 않고 대상의 핵심을 꿰뚫는다. "여기서 직관이란 대상의 내부로 이동하여 그 안에 있는 독특하고 결과적으로 표현할 수 없는 것과 일치를 이루는 공감 능력을 말한다. 그런 다음 분석은 사물을 사물이 아닌 것으로 표현하는 것을 뜻한다. 따라서 모든 분석은 번역이며 기호로의 발전이다."

조향사는 순전히 두뇌로만 작업을 수행하는 것이 아니다. 연금술사처럼 단순히 육체적 행위만 수행하는 것도 아니다. 에센스 자체에는 연금술사가 신비스러움이라고 부르는 것이 들어 있다: "비밀스럽고 무형적이며 불멸의 것으로, 경험을 통하지 않고는 알 수 없는 것이다. 신비스러움은 모든 물질의 내적 미덕을 통해 물질 자체보다 수천 가지 더 많은 경이로움을 달성할 수 있다. 드러나지 않은 원리, 불멸의 본질." 이 말은 천연 물질의 풍부함과 복잡함, 그리고 그 물질을 다룰 때 우리에게 미치는 영향에 대해 훌륭하게 설명하고 있다.

운이 좋다면, 알기 어려운 과정을 통해서든 본질이 결합하여 정수를 형성하는데, 이는 원소의 합보다 무한히 많은 것이기 때문에 연금술사의 탐구를 충족시킨다. 미학의 언어는 다르지만 궁극적으로 독창적이고 아름다운 희귀한 창조물에 신성한 성격을 부여하는 것을 포함하여 감정은 동일하게 다가온다. 베르그송은 "우아한 모든 것에서 우리는 일종의 포기, 즉 겸손을 보고, 느끼고, 신성시한다."라고 썼다. "따라서 예술가의 눈으로 우주를 관조하는 사람에게는 아름다움의 베일을 통해 포착되는 것이 은총이며, 은총 아래에서 빛을 발하는 것이 선이다. 모든 사물은 그 형태에 의해 기록된 움직임 속에서 스스로에게 부여하는 원리의 무한한 관대함을 드러낸다."

7 장
유혹적인 향수 : 향수와 내실

내 여주인이 은총과 사랑의 신들로부터 받은 향수에 대해 이야기하겠다.
당신이 그 향을 맡는다면 신께 이제 코만으로 충분하다고 기도하리라.

- 카툴루스(Catullus)

향기는 오랫동안 유혹의 훌륭한 도구 역할을 해 왔다. 클레오파트라는 타고난 미녀가 아니었다는 말도 있는데, 자기 가꾸기의 예술을 과학의 경지로 승화시켰다고 전한다. 그녀는 자신의 향수 작업장을 가지고 있었고, 연인과 키스하기 전에 고체 향수를 입술에 발라서 헤어지고 나서도 그 향기 때문에 그녀를 잊지 못하게 만들었다고 한다. 그녀는 마크 안토니우스와 만나는 바지선의 돛에 향수를 흠뻑 뿌렸고, 방에는 카펫을 그물로 벽에 고정시키고 그 위에 몇 피트나 되는 장미 꽃잎을 흩뿌린 채 그를 맞이했다.

수많은 문화권의 신화 속에는 향수의 매혹적인 힘에 대한 언급으로 가득한데, 이는 향기가 초자연적인 기원에 서 비롯되었다는 오랜 믿음의 표현이다. 힌두교의 사랑의 신 카마(Kama)는 화살통에 화살 대신 꽃을 넣고 다녔다고 전해진다. 그리스의 지하 세계의 신 하데스는 매혹적인 향기를 지닌 수선화 꽃을 페르세포네를 유혹하는 덫으로 사용했다. 달콤한 향기를 풍기는 사랑의 여신 아프로디테(Aphrodite 이름을 따서 최음제 aphrodisiacs란 단어가 만들어짐)는 아름다운 향기를 만끽하면서 신들과 인간들의 유혹을 돕기 위해 자유롭게 향기를 뿌리고 다녔다. 그녀는 트로이의 헬렌에게 특별한 향수 제조법을 알려주었고, 헬렌은 첫날 밤 파리스와 침대에 들 때 그 향수를 흠뻑 뿌렸다. 뱃사공 파온에게는 레즈비언 시인 사포와 그의 순종적인 아내를 포함한 수 많은 여성들이 그와 사랑에 빠질 수 있도록 향기를 만들어 선물했다(안타깝게도 그는 질투심 많은 남편에게 발각되어 불행한 최후를 맞았다). 신들의 왕 제우스도 달콤한 향기에 약했고, 헤라는 제우스를 유혹하기 위해 몸에 향기로운 향유를 부었다.

1세기 이후 폼페이 프레스코화: 향수를 뿌리는 큐피드

평범한 인간들 사이에는 아무리 둔한 사람이라도 거부할 수 없게 만드는 특정 향수 성분이나 레시피에 대한 희망이 영원히 남아 있다. 고대 예루살렘에서는 젊은 여성들이 미르과 발삼을 신발에 넣었다. 그들은 시장에서 매력적인 청년을 발견하면 그에게 다가가 발을 땅에 차고 향기를 뿌려 그의 욕망을 자극했다. 그러나 모든 향수 성분 중에서 시벳만큼 널리 퍼지고 오래도록 에로틱한 명성을 누린 것은 없으며, 심지어 개들도 시벳에 성적 흥분을 느낀다고 알려져 있다. 그러나 1688년 시벳에 관한 논문 『시벳의 황홀경 De

Hyoene Odorifera』에서 피에트로 카스텔리(Petrus Castellus, 이탈리아 의사)가 묘사한 황홀경을 능가하기는 어려울 것이다.

자궁이 정액에 더 욕심을 내게 하기 위해 귀두 음경에 시벳을 묻히면 성교 중에 여성의 쾌감이 증가하여 정액을 더 쉽게 받을 수 있으며… 성욕이 너무나 커져서 남편과 계속해서 사랑을 나누고 싶어할 것이다. 특히 남자가 여자와 함께 느끼고 싶다면 자신의 성기 끝에 시벳을 묻혀서 불쑥 사용하면 그녀에게 가장 큰 쾌감을 불러 일으킬 것이다.

향수를 붓는 여인, 로마 프레스코화

때때로 권력자들은 향수의 매혹을 이용해야만 문제를 해결할 수 있다고 생각했다. 1770년 영국 의회에서 "처녀, 하녀, 과부 등 연령, 계급, 직업, 학위를 불문하고 어떤 여성이라도 폐하의 신하에게 강요, 유혹, 배신의 방법으로 결혼에 이르게 하는 행위를 금지한다"고 선언했을 때 영국에서는 이러한 정서가 팽배했다. "향수, 물감, 화장법, 인공 치아, 가발, 스페인 양모, 철제 코르셋, 후프, 하이힐, 보정한 엉덩이를 이용할 시 현재 시행 중인 주술에 대한 법률에 의거 형벌을 처해지며 유죄 판결 시 결혼은 무효화된다."

그런 영국인들조차도 향수의 힘을 더 이상은 억누를 수 없었다. 바로 이듬해 런던에서 제임스 그레이엄(James Graham)이라는 남성이 아이 없는 부부의 임신을 돕기 위한 시설을 설립하여 전국적인 관심을 끌었다. 40개의 화려하고 정교하게 조각된 기둥으로 지탱된 "천상의 침대"가 바로 그 메인 테마였다. 그레이엄은 이 침대가 "해뜨는 순간부터 해지는 순간까지, 침대의 기둥과 기둥마다 마법 같은 힘을 발휘한다"고 선전했다. 마법의 주체는 향기였다. 침대 위에는 원기를 되살리고 활력을 불어넣을 수 있도록 "향기로운 주술과 에센스"를 뿜어내는 돔이 장식되어 있었다. 매트리스는 깃털이 아닌 "새로 수확한 향긋한 밀과 귀리의 짚에 장미 잎, 라벤더꽃, 동양의 향신료를 섞어서 만든 밤(balm)"으로 채워져 있었다. 침대 시트는 레진과 발삼으로 향을 냈다.

향기의 에로틱한 힘을 활용하려는 시도는 확실한 향수 성분이나 블렌딩을 찾기 위한 탐구에 영감을 주는 경우가 많았다. 헝가리의 라즐로 렝겔(Laszlo Lengyel)은 성욕과 성 기능을 향상시키는 수많은 '사랑의 묘약' 및 기타 제품 공급업자들의 선구자였다. 1923년, 투탕카멘 왕의 무덤의 발견에서 영감을 받은 렝겔과 그의 형제는 무덤에서 발견된 클레오파트라의 향수 제조법을 기반으로 한 향수를 만들었다. 그러나 얼마 지나지 않아 두 형제는 무덤을 어지럽히면 병에 걸린다는 미신을 입증이라도 하듯 둘 다 병에 걸렸다. 그 후 시장에서 그들이 만든 향수를 회수하자 두 형제는 건강을 되찾았다.

위험한 부작용에도 불구하고 전 세계 문화권에서는 특히 여성에게 욕망을 불러일으키는 향의 힘에 대해 꾸준히 연구하고 있다. 뉴기니의 고지대에서는 주술사들이 진저 잎을 얼굴과 몸에 문지르는 남성에게 여성들이 매혹을 불러일으킨다고 믿으며 주문을 외운다. 아마존의 야노마모족 남성은 매력적인 여성을 유혹하기 위해 향이 나는 가루를 주머니에 넣고 다니기도 했다. 이성을 향기로 매혹시킬 수 있다는 믿음에 있어서 우리도 그들 종족들과 크게 다르지 않다는 사실을 이용한 것이 바로 향수 지면 광고이다. 현란한 광고와 화려한 포장을 넘어 우리는 천상의 열정을 불러일으키거나 적어도 신성한 혼란을 느낄 수 있는 물질의 힘 그 자체를 믿는다.

> 줄리라는 젊은 여인이 있었네
> 패출리를 너무나 좋아해서
> 일곱 병이나 쓰고 말았네
> 그 향이 하늘까지 퍼져 나가니
> 모든 천사들이 어쩔 줄 몰라했네.
>
> – 에델 와츠 멈포드(Ethel Watts Mumford)

향기의 영역에 일종의 에로틱한 "마법의 총알"이 존재하거나 만들어질 수 있다는 믿음에 과학적 근거가 없는 것은 아니다. 페로몬에 대한 인식은 동물의 짝짓기 습관에서 중요한 역할을 한다. 페로몬(그리스어로 '전달하다'라는 뜻의 페린 pherin과 '흥분하다'라는 뜻의 hormon에서 유래)은 체내에서 생성되어 같은 종의 구성원에게 성적 반응을 일으키는 휘발성 화학 물질이다.

향기와 마찬가지로 페로몬은 신경계에 의해 직접적으로 즉각적으로 감지되어 의식에 들어가기도 전에 생물학적 반응을 일으킨다. 페로몬이 뇌로 가는 경로는 코의 기도와 모든 고양이 종이 환경 정보를 얻기 위해 의존하는 감각 기관의 일종인 후각 기관(VNO)을 통해 이루어지는 것으로 보인다. 인간의 경우 콧구멍 뒤에 있는 두 개의 작은 구멍으로 이루어진 흔적기관이며, 수술로 제거한 사람에게서 페로몬 지각 기능이 발견되었기 때문에 이 기관의 기능 유지 여부에 대해서는 논란의 소지가 있다.

사자가 기린이 아닌 다른 사자와 짝짓기를 하게 되는 것은 페로몬 지각 때문이다. 로이 베디첵(Roy Bedichek)은 "천연 최음제"의 마법에 걸린 동물에게 "죽음과 파괴는 아무런 공포도 주지 않는다"고 말한다. 식물도 향기에 기반한 성욕을 가지고 있다.

> 식물계는 에로틱한 만족을 위해 스스로 꽃을 피워 향기가 퍼져 나가게 한다. 꽃 피는 식물들은 다급하게 초대장을 보내고 있다: "더 늦기 전에 지금 당장 오라." 그들은 냄새를 머금은 분자를 바람에 흩날리며 간청한다. 벌, 나비, 수십 종의 다양한 종, 심지어 몇 마리의 새들도 이에 반응하여 꽃과 꽃 사이를 오가며 조심스럽게 꿀주머니에 꿀을 담그는 대가로 약간의 꽃가루를 주고받는다.

감각 자극은 매력으로 이어지고, 매력은 유혹으로 이어지는 단순한 순환이다. 그리고 인간은 이 순환에 참여한다. 헤르만 헤세(Herman Hesse)가 『나르시서스와 골드문트 Narcissus and Goldmund』에 설득력 있게 표현한 것처럼 말 없는 대화로 자신의 욕망을 전달한다. "여자와 사랑한다는 것이 얼마나 이상한 일인가. 정말 말이 필요 없었다... 그렇다면 그녀는 어떻게 말했을까? 그녀의 눈빛으로, 그리고 약간 두꺼운 목소리에 특정한 억양으로, 그리고 그 이상의 무언가, 아마도 향기, 미묘하고 은밀한 피부의 발산으로, 여성과 남성은 서로를 원할 때 즉시 알 수 있었다. 미묘하고 은밀한 언어처럼 이상했다."

페로몬이 화학적으로 복제될 수 있다는 사실이 발견되면서 페로몬에 대한 상업적 관심이 증가했다. 당연히 페로몬을 발견한 과학자 중 몇몇 사람들은 합성된 페로몬을 기반으로 한 향수 마케팅에 참여하게 되었다. 한편 조향사들은 특정 향, 특히 자스민, 오렌지 플라워, 보로니아, 튜베로즈와 같은 인돌(indole)이 풍부한 플라워 앱솔루트 향의 최음 효과를 활용할 수 있는 새로운 방법을 계속 모색하고 있다. 그러나 가장 풍성한 에센스 중 하나인 로즈에는 인돌 성분이 포함되어 있지 않으며, 가장 섹시한 향으로 알려진 발사믹 얼씨 향과 동물성 베이스 노트인 앰브렛, 코스투스, 랍다넘, 톨루 발삼, 카스토륨에도 인돌 성분이 포함되어 있지 않다. 다른 마법의 성분이 들어 있는가? 아니면 마법 성분이라는 개념 자체가 요점을 놓치고 있는 건 아닐까?

에로틱한 베이스 노트의 원초적이고 불쾌하게 느껴질 수도 있는 얼씨 향기와 섹슈얼리티의 관계에 대해 잘 알려지지 않은 진실을 알려주고자 한다. 섹시한 냄새는 땀 냄새와 인체의 털이 있는 부위를 무의식으로 연상시킨다. 우리 종의 가장 동물적인 냄새는 성애의 핵심이다.

인류가 항상 이 사실을 불편해했던 것은 아니다. 이반 블로흐(Iwan Bloch)는 1934년 성적인 향기와 에로틱한 향수에 대한 독특하고 강박적인 과학 및 문화 카탈로그인 『성적 향기와 에로틱한 향수에 대한 과학 및 문학 연구

Odoratus Sexualis』에서 고대 이집트에서는 남성과 여성 모두 자신의 성기에 향수를 뿌려서 냄새를 가리는 것이 아니라 냄새를 강화하고 과장하기까지 했다고 지적한다. 여성들은 음핵을 작은 공 모양으로 말아서 외음부에 넣었다. 그는 이집트에서 3년 동안 의학을 공부한 르네상스 시대 의사 프로스페로 알비니(Prospero Albini)의 말을 인용하며 "이집트 여성들은 외음부에 앰버와 시벳 오일을 발라 성교의 쾌감을 높인다"고 설명한다. "이탈리아를 비롯한 다른 나라의 여성들이 얼굴과 머리카락 관리에 큰 관심을 기울이는 것처럼 이집트 여성들도, 유럽 여성들의 관심사를 완전히 무시하고 외음부와 인접 부위에만 관심을 기울인다"고 설명했다.

블로흐는 힌두교도 여성 생식기의 냄새에 똑같이 집착했으며, 이를 이용해 여성을 네 가지 유형으로 분류했다고 주장한다:

연꽃 향기 유형: 이들의 가슴은 빌바 열매와도 같다. 이 향을 가진 여성들은 사랑의 분비물이 멈추지 않고 흐르며 아름다운 꽃을 피우는 타마레이의 냄새와도 비교된다는 특징을 갖고 있다. 그들의 성기는 레드 워터 로즈의 꽃과 같으며 거룩한 신비에 비유된다.

기쁨의 유형: 이 여성들은 가슴이 두껍고 허벅지는 황금빛이 난다. 그들의 사랑 분비물에는 꿀이나 야자수 수액과 같은 냄새가 난다. 성기는 풍성한 털로 덮여 아름답다. 사랑 분비물은 부드럽고 풍부하게 흐르며 성기가 도르래처럼 나뉘어져 있다.

달팽이와 닮은 유형: 이들은 매우 마르고 빈약하다. 성기에 길고 검은 털이 납작하게 붙어 있으며, 사랑의 분비물에서 짠맛과 향이 난다.

코끼리와 닮은 유형: 이들의 몸은 크고 풍만하다. 외음부는 건조하고 튀어나온 마니(음핵, 장미 화환의 가운데 진주)가 그 안에 서 있기 때문에 매우 넓

다. 그들의 사랑 분비물에는 발정한 코끼리의 귀에서 배출되는 체액 같은 코를 찌르는 듯한 냄새가 있다.

체취를 최음제로 사용한다는 기록은 역사상 대부분의 고대 문헌에 남아 있다. 자신이 원하는 성 파트너의 주변에 남몰래 땀이 묻은 옷을 갖다 두었고, 땀은 또한 비약을 만드는 데 중요한 역할을 했다. 셰익스피어 시대에는 사랑에 빠진 여성이 껍질을 벗긴 사과를 겨드랑이에 끼워서 자신의 향기를 가득 머금게 한 다음 사랑하는 사람에게 선물함으로써 욕망의 증표로 삼기도 했다. 나폴레옹은 조세핀에게 "내일 저녁에 파리에 도착할 테니 씻지 말고 기다려요"라고 미리 전한 것으로 유명하다. 그리고 대지의 기쁨을 노래한 월트 휘트먼(Walt Whitman)은 땀을 "기도보다 더 고운 향기"라고 불렀다.

하지만 체취에 이끌리는 인간의 매혹에 대한 기록에는 양면성이 아닌 끈질긴 회피성이 관통하고 있다. 그리스인들은 표범의 입 냄새가 유난히 달콤하고 사랑스러운 체취를 풍긴다고 믿어 표범에 매료되었다. 아리스토텔레스를 비롯한 여러 학자들은 표범의 사냥 기술을 설명했다. 표범은 창녀처럼 숨어 있다가 천연 향기로 희생자를 매혹시켜 점점 더 가까이 끌어당긴 다음 먹잇감에 달려들었다. 하지만 표범은 자연의 생물들 사이에서도 치명적일 뿐만 아니라 기분 좋은 향기를 지닌 특별한 동물로 여겨진다.

"그녀가 붉은 입술을 열면 그녀의 입김이 천지 전체를 향기로 가득 채운다."라는 중국 연애 시가 있다. 로마의 서정시인 마르시알(Martial)은 "향기로 향기를 풍기며 그대에게 달콤한 향수를 보낸다"라고 썼다. 하지만 사랑하는 사람의 매혹적인 향수는 실제로 어떤 냄새가 날까? 인간의 진화 과정에서 후각이 시각으로 대체됨에 따라 감정의 초점이 향기에서 완전히 벗어나는 경우가 간혹 있다. 사랑하는 사람은 꽃처럼 사랑스러웠기 때문에 어떤 냄새가 나는 지는 신경 쓰지 않았다.

보들레르라는 대담하고 천재적인 시인이 에로틱한 향기에 대해 완전히 솔직한 방식으로 글을 쓰기까지는 많은 노력이 필요했다. 그는 여성에게 좋은 냄새든 나쁜 냄새든 많은 냄새가 난다는 사실을 세상에 상기시켰다. 그리고 여성들이 흥분하는 것은 향수 그 자체가 아니었다. 그것은 향수 아래 깔린 몸의 냄새, 즉 베이스 노트 아래 베이스 노트의 냄새였다. 프랑스 사회사학자 알랭 코뱅(Alain Corbin)은 『악취와 향기 The Foul and the Fragrant』에서 보들레르의 글에 대해 "여자의 향기로운 프로필이 변형되었다"고 평한다.

그녀는 더 이상 얇은 천 아래에서 묘사될 수 없었다. 따뜻하고 적당히 축축한 침대에서 겸손한 몸 속에 가려져 있던 맨살의 향기는 더욱 강렬해진 채로 성적 자극을 불러일으켰다. 시각적 은유는 사라졌다. 여인은 더 이상 백합이 아니었고, 풀어 헤친 머리카락, 피부, 숨결, 피의 '냄새 나는 나무'에서 뿜어져 나오는 냄새의 꽃다발인 향주머니가 되었다. 여인의 향수는 방과 침대의 에로틱한 친밀감을 더욱 고조시켰다. 그녀는 골방의 "향로"였고, 그녀의 부재를 증명하는 부정적인 대체물인 찌든 담배 냄새와 곰팡내를 뿜어내고 있다. 육체의 발산은 집에 생명을 불어 넣고 끊임없이 충돌하는 냄새의 극장이 되게 만들었다. 골방의 분위기는 욕망을 이끌어냈고 열정의 폭풍을 불러일으켰다.

보들레르 이후, 몸의 향기는 자연에서 그 어떤 것에도 뒤지지 않고 연인의 입장에서는 나머지 모든 것의 필수 불가결한 요소로서 그 자체로 축하받을 수 있다.

라이너 마리아 릴케(Rainer Maria Rilke)는 이렇게 썼다:

> 외부의 향기가 당신의 강한 저항을 어떻게 견디는지 느껴지는가?

일반적으로 언급할 수 없는 체취가 후각적 각성의 근간이라는 데는 의심의 여지가 없다. 해블록 엘리스(Havelock Ellis)는 특유의 솔직함으로 이러한 냄새를 에로틱한 효과의 순서대로 분류했다. "가장 중요한 냄새는 다음과 같다: (1) 일반적인 피부 냄새, 세안 직후 피부에서 감지되는 희미하지만 기분 좋은 향기, (2) 머리카락과 두피 냄새, (3) 입 냄새, (4) 겨드랑이 냄새 (5) 발 냄새, (6) 회음부 냄새, (7) 남성의 경우 귀두 액취증 냄새, (8) 여성의 경우 외음부 냄새, 외음부 액취증 냄새, 질 점액 냄새, 생리 냄새가 있다." 엘리스 박사는 마지막 두 가지에 대한 선호도가 일부 사람들이 구강 성교를 더 선호하는 이유일 수도 있다고 약간 논란의 여지가 있는 발언을 했다.

보들레르가 말한 바 있는 "털의 향긋함", 즉 여성의 성기에서 나는 매혹적인 냄새에 대한 침묵의 규범을 과감히 깨뜨린 헨리 밀러(Henry Miller)보다 이 아이디어를 더 잘 표현한 사람은 없었다. "성숙에서 오는 세련미와 함께 [어린 시절의] 냄새는 사라지고, 오직 한 가지 뚜렷하게 기억에 남는, 뚜렷하게 기분 좋은 냄새, 즉 성기 냄새로 대체되었다. 특히 여자와 놀고 난 후 손가락에 남아 있는 냄새는 이전에 눈치채지 못했더라도 아마도 이미 과거의 향수를 지니고 있기 때문에 성기 자체의 냄새보다 기분을 더 좋게 해준다."

우리의 끌림은 여기서 멈추지 않는다. 인간의 동물적 본성을 다시 한번 상기시켜 주는 것은 변에 대한 우리의 영원한 관심과 그 냄새가 성에 미치는 영향이다. 벤저민 프랭클린(Benjamin Franklin)이 브뤼셀 왕립 아카데미에 보낸 미공개 편지에서 "우리가 흔히 먹는 음식이나 소스에 섞여 우리 몸에서 배출되는 자연스러운 가스를 불쾌하지 않고 오히려 향수처럼 기분 좋게 만들어 주는 약으로 개발합시다"고 제안한 것은 대변 냄새가 주는 매력과 혐오감, 유쾌함의 혼합을 잘 보여준다.

지금까지 철학자들을 유명하게 만든 과학의 발견들이 인류에게 얼마나 미미한 중요성을 띠는지, 또는 인류에게 어느 만큼이나 유용했는지 생각해 보자. 아리스토텔레스에게서 전수받은 지식으로 더 행복해졌고 더 큰 평안을 느꼈을 사람이 스무 명은 될까? 데카르트가 일으킨 지식의 소용돌이가 장 속에 회오리 바람을 품고 있는 인간에게 어떤 위안을 줄 수 있을까?... 뉴턴의 프리즘으로 빛의 실타래가 꼬이지 않고 일곱가지 색으로 분리되는 것을 일생에 몇 번 본 철학자 몇 사람이 느낀 쾌감을, 살아 있는 모든 사람이 창자에서 가스를 자유롭게 배출함으로써 하루에 일곱 번 느낄 수 있는 편안함과 쾌감에 비할 수 있을까? 특히 그것이 향수로 변환된다면...

그러나 우리를 끌어당기면서도 혐오감을 느끼게 하는 것은 바로 가장 매운 체취의 배설물 본질이다. 각성과 혐오감 사이의 위태로운 균형은 본질적으로 성적인 것이며, 에로틱한 긴장감을 조성하고 각성을 고조시킨다. 이는 민속, 미신, 문학에서 음부에 대한 언급이 널리 퍼져 있고, 인간의 배설과 에로티시

즘을 연결하는 성적 관습인 동성애의 보편성에서 나타난다.

그러나 성욕을 자극하는 강렬한 얼씨 향은 "섹시한" 합성 향료의 노골적이고 변조되지 않은 냄새처럼 그 자체로 에로틱한 것은 아니다. 향기는 에로틱하지 않으면서도 성적인 느낌을 줄 수 있다. 우리의 섹슈얼리티는 순전히 자연의 영역에 속하지만, 에로티시즘은 특히 인간의 영역에 속한다. 폴 젤리네크는 "섹슈얼리티는 개인의 성적인 본성이 드러나는 특징과 반응 패턴의 총체이다. 그것은 개인과 공동체 사이의 생물학적 연결고리이며, 개인의 생물학적 관심사(자기 보존)와 종의 관심사(번식)를 연결한다. 더 큰 의미에서 육체적, 영적, 성적 경험의 전체 우주를 포함하는 에로티시즘은 여기서는 남녀의 육체적 결합을 목표로 하는 번식 욕구라는 의미의 섹슈얼리티와는 대조적으로 관능적이고 영적인 사랑의 삶을 의미하는 것으로 받아들여진다."라고 말했다.

욕망은 쉽게 촉발될 수 있지만 에로티시즘은 미묘하고 복잡하며 무엇보다도 상황에 따라 달라진다. 에로티시즘은 향수 자체와 마찬가지로 만들어진 현실이다. 여성은 꽃 냄새가 아닌 성적으로 매혹적인 후광을 발산하는 향수를 원한다. 따라서 진정한 최음제 향수는 모든 에로틱한 표현에서 우리의 동물적 본성에 대한 무의식적 기억을 불러일으키는 향수이다. 그것은 우리의 동물적 본성으로 돌아가는 것도 아니고 그것을 은폐하려는 시도도 아니며 오히려 그것을 고양시키는 것이다. 그리고 우리가 다른 생물과 공통적으로 가지고 있는 가장 낮은 공통분모인 성적 반응이 아니라 릴케가 "자신의 경험과 어린 시절과 힘에서… (관습과 전통의 영향을 받지 않고) 전적으로 자신만의 성에 대한 관계"를 성취하는 능력에 대해 언급했을 때 말한 개인의 독특한 섹슈얼리티를 공표한다.

몸에는 얼굴만큼이나 독특한 향기가 있다. 허버트 조지 웰스(H. G. Wells)

는 특별히 잘생긴 남자는 아니었지만 악명 높은 바람둥이였다. 그의 위대한 정신, 문학적 재능 또는 그의 유명세 때문에 많은 여성들이 그에게 끌렸을까? 아니다. 그의 전 애인은 그의 피부에서 꿀 냄새가 났다고 고백했다. 같은 몸에서도 때때로 다른 냄새가 나며 건강, 식단, 감정, 나이에 따라 복잡한 냄새는 달라진다. 섹시한 란제리가 몸의 윤곽을 감추기보다는 강조하는 것처럼, 에로틱한 향수는 몸의 독특한 냄새와 어우러져 그것을 감추기보다는 더욱 강조하고 강화한다. 특정 냄새를 추적할 수는 없지만 인체의 가공하지 않은 냄새를 바탕으로 향을 교묘하게 구성한 것이다.

동물학자답게 포유류 후각 생물학 연구의 선구자인 마이클 스토다트(Michael Stoddart)는 향수의 성분을 다음과 같이 깔끔하게 요약한다: 꽃의 성 분비물, "교차 수분을 목적으로 동물을 유인하기 위해 생산되며 주로 동물의 성페로몬을 모방하여 만들어지는", "배설물 냄새가 나는 화합물", "섹스 스테로이드와 다르지 않은 냄새가 나는 수지 물질", "소변이나 배설물 냄새가 나는 포유류의 성 유인제"는 "잘 재단된 옷이 착용자의 체형을 강조하는 것과 같은 방식으로 착용자의 냄새 특성을 강조한다"고 설명한다. "베이스 노트와 낮은 농도의 성적으로 끌리는 냄새가 섞인 향의 조합은 강렬한 탑 노트가 의식적으로 숨기려고 하는 것을 무의식적으로 드러나게 한다. 냄새를 인지하는 사람의 주의는 신문의 헤드라인에 이끌리듯, 보다 휘발성이 강하고 활동적인 노트에 끌리게 된다. 진짜 메시지는 작은 글씨 속에 담겨 있다."

그러나 이 공식은 궁극적인 최음제인 환경의 힘을 완전히 설명하지 못한다. 특정 향수 에센스가 다른 향수보다 더 두드러지게 매혹적인 것은 사실이다. 그러나 궁극적으로 에센스가 서로 상호 작용하는 방식과 자신의 신체 화학 작용에 따라 특정 블렌딩이 그 향수를 뿌린 특정 사람에게서 에로틱하게 느껴질 수도 그렇지 않을 수도 있다. 한 블렌딩(또는 한 사람)에서는 풍성한 향이 다른 사람에게는 얼씬 향이나 상큼한 향으로 바뀔 수 있다. 폴 젤리네크가 흥미로운 실험을 통해 입증한 것처럼 향과 섹스에 관한 한 환경이 가장 중요하다.

　젤리네크는 두 가지 블렌딩으로 시작했다. 첫 번째는 로즈, 자스민, 릴리, 튜베로즈, 오리스, 일랑일랑, 네롤리 등의 꽃으로 구성된 100년 전통의 강렬한 플로럴 향, '퀄크 플뢰르(Quelquse Fleurs)'이다. 두 번째 향수는 시트러스오일로 만든 전통적인 오 드 콜론으로 로즈와 네롤리, 로즈마리로 포인트를 주었다. 그런 다음 블렌딩에 다양한 에센스를 추가하고 참가자들에게 에센스를 추가할 때마다 향의 효과가 더 에로틱한지 덜 에로틱한지 판단해 달라고 요청했다. 네롤리의 양을 늘렸을 때 표본 추출자들은 정반대의 효과를 보고했다. 오 드 콜론의 경우, 네롤리가 "전체 향료 블렌드 중 가장 매혹적이고 휘발성이 가장 적은 성분"이었기 때문에 에로틱한 것으로 평가되었다. 하지만 퀄크 플뢰르에서는 네롤리가 버가못, 레몬과 같은 시트러스오일과 함께 탑 노트로 사용되어 깊은 플로럴 향의 균형을 맞춘다. 네롤리가 상대적으로 신선하기 때문에 성적인 향으로 인식되었다. 향기의 섹슈얼리티는 단순한 공식보다는 환경에 의해 좌우되는 복잡한 요소이다. 그리고 향이 불러일으키는 에로티시즘은 모든 에로티시즘과 마찬가지로 복잡하고 섬세하며 여러 요인이 복합적으로 작용한 결과로서 모든 요인을 측정하거나 명명할 수 있는 것은 아니다.

　연인의 향기가 지닌 특별함은 에로티시즘의 원천이다. 그 기억은 시간의 흐름에 대한 아쉬움으로 영혼을 채우면서도 열정이 살아 있게 한다. 파올로 로베스티(Paolo Rovesti)는 "어느 누구도 따라올 수 없는 후각 전문가"였던 이제 고인이 된 동료를 회상한다.

프로방스의 자스민 채집

그는 인생에서 위대한 사랑을 할 때마다 그 여인들이 사용했던 향수를 질투심에 가득 차서 보관했다. 여든이 되었을 때 그는 여덟 개의 향수를 모았고, 각 향수의 이름과 그 향수가 표현하는 사랑의 시간, 그리고 그 향수와 연관된 장소가 적힌 라벨을 붙였다. "그는 반쯤 감은 눈으로 이 향수들을 보면서 프로방스 생활에서 자스민을 채집하던 시절, 온 세상이 한 여자, 그녀의 이름과 얼굴을 중심으로 돌아가며 그녀의 향수의 마법에 걸려 시간을 지우고 지금은 한 줌의 재로 변해버린 모든 아름다움을 되살려주던 그 시절의 맛있는 로맨스를 추억의 영화로 되살려 본다."라고 말했다.

기억 속에 남아 있는 사랑하는 사람의 몸의 특이성을 바탕으로 한 에로틱한 향기는 마침내 몸으로부터 독립된 삶을 살게 된다. 카사노바는 회고록에서 "사랑하는 여인의 침실 공기에는 너무나 친밀하고, 발사믹하고, 풍성한 향기가 풍겨서 연인이 천국과 이 기쁨의 장소 중 하나를 선택해야 한다면 한 치의 망설임 없이 이 장소를 택할 것"이라고 말한다. 이러한 초월성은 연금술 과정의 변화무쌍한 측면을 떠올리게 한다. "모든 것을 금으로 바꾸는 유일한... 연금술사는 사랑뿐이다."라고 아나이스 닌(Anaïs Nin)은 말한다. "죽음, 노화, 평범한 삶에 대항하는 유일한 마법은 사랑이다."

그 자체로 에로틱하다고 여겨지는 에센스는 세 가지 범주로 나뉜다. 폴 젤리네크의 작품에서 아래와 같이 인용했다.

성적 자극 : 앰브렛 씨드, 코스투스 루트, 시벳, 카스토륨
관능적인 (성감 및 약물) : 튜베로즈, 자스민, 톨루 발삼, 랍다넘,
　　　　　　　　　　　 스티락스, 오렌지 블로썸
마취적인 : 로즈, 페루 발삼, 벤조인, 일랑일랑, 매그놀리아, 네롤리,
　　　　　 카시아

상황과 비율이 가장 중요하므로 이 목록이 본질적으로 확정적이지 않다는 점을 기억해야 한다. 시나몬, 클로브와 같은 향신료 오일과 바닐라, 티 등 미각과 밀접한 관련이 있는 다른 향신료 오일도 특정 사람들의 코에는 편안함보다는 자극이 될 수 있다. 시트러스 오일과 스피어민트, 로즈마리, 라벤더, 타임과 같은 허브 에센스는 일반적으로 에로티시즘과 반대되는 통제, 절제,

분리감을 유발하는 것으로 간주된다.

다음은 두 가지 최음제 향수의 공식이다. 첫 번째는 맛있게 먹을 수 있는 향을 연상시키는 에센스를 기반으로 하고, 두 번째는 좀 더 노골적으로 암시적인 향이다. (강도가 높음에 따라 에센스 농도 가 더 낮다.)

식용 블렌딩

향수용 알코올 또는 호호바 오일 15ml

블랙 티 15방울

바닐라 10방울

코냑 8방울

로즈 앱솔루트 12방울

참파 2방울

진저 2방울

블러드 오렌지 8방울

핑크 그레이프프룻 3방울

에로틱 블렌딩

향수용 알코올 또는 호호바 오일 15ml

앰브렛 2방울

시벳 2방울

코스투스 2방울

자스민 앱솔루트 8방울

플라워 앱솔루트 6방울

튜베로즈 10방울

블랙 페퍼 2방울

넛맥 4방울

  모든 향수는 고체로 만들 수 있지만, 최음제 블렌딩은 특히 이 형태에 적합하다. 원하는 신체 부위 어디든 문지르며 에로틱한 플레이에 쉽게 접목할 수 있다. 목에 향기 목걸이를 걸어서 깨물거나 상상력을 발휘할 만한 모든 부위에 향기를 바를 수 있다(코코 샤넬은 향수를 어디에 뿌릴지 묻는 한 젊은 여성에게 "키스를 받고 싶은 곳이면 어디든!"이라고 말했다).

  위의 공식(또는 모든 혼합물)은 다음과 같은 방법으로 고체로 만들 수 있다: 에센스를 호호바 4ml에 섞는다. 비즈왁스 1/2티스푼을 갈아서 작은 세라믹 또는 유리그릇에 넣고 약한 불로 녹인다. 호호바 혼합물을 빠르게 저어 준다. 즉시 불을 끄고 작은 용기에 붓는다. 15분간 그대로 둔다.

  튜베로즈나 자스민과 같은 싱글 노트 고체 향수는 관능과 욕망을 완벽하게 보완한다. 호호바 4ml에 에센스 약 20방울을 넣고 위와 같이 비즈왁스와 섞어준다.

8장
물의 향수 : 목욕의 환상

개인은 일반적인 인상의 총합이 아니라 특이한 인상의 총합이다.
따라서 우리에게 익숙한 신비가 희귀한 상징으로 표현된다.
몽상이란 끊임없이 생성되는 우주, 몽상가를 통해 사물에서 나오는 향기로운
숨결이라는 것을 가장 잘 이해한 것은 물과 그 꽃 근처이다.

– 가스통 바슐라르(Gaston Bachelard), "물과 꿈 (Water and Dreams)"

 무한하고 불멸하는 물은 지구상의 모든 것의 시작이자 끝이다. 원소 중 가장 변화무쌍하고 썰물과 밀물, 끊임없는 움직임이 있는 물은 최면에 걸린 듯 우리를 사로잡는다. 우리가 그 깊이에 끌린 이유는 그 안에서 우리 자신의 모습을 보기 때문이다. 바슐라르는 "인간은 가장 깊은 곳에서 흐르는 물의 운명을 공유한다"고 썼다. 물은 진정으로 일시적인 요소이다. 물에 헌신하는 존재는 유동적인 존재이다. 그는 매 순간 죽어가고, 그의 실체 중 일부는 끊임없이 사라지고 있다. 용해하고, 씻어내고, 정화하고, 재생하는 것이 물의 본질이다. 물은 우리를 깊이 보고 그 너머를 보도록 유혹한다.

예술과 문학에서 이러한 영혼을 찾고 회복시키는 속성은 모비딕(Moby-Dick)의 이 구절에서처럼 자연에서 겪은 물에 대한 우리의 경험과 가장 빈번히 연결된다.

가장 무심한 사람을 가장 깊은 몽상에 빠지게 해보자. 그의 다리를 일으켜 세워 발을 움직이게 하면 물이 있는 어디든 틀림없이 그리로 인도할 것이다. 광활한 미국 사막에서 목이 마를 때 캐러밴 일행 중 형이상학에 대해 아는 이가 있다면 이 실험을 시도해보자. 그렇다. 모두가 알다시피 명상과 물은 영원히 결합되어 있다.

건장하고 건강한 영혼을 가진 소년들 대부분이 바다에 가고 싶어하는 이유는 무엇일까? 첫 항해에서 당신과 당신의 배가 이제 육지에서 벗어났다는 말을 처음 들었을 때 왜 그렇게 신비로운 진동을 느꼈을까? 그리스인들은 왜 바다에 별도의 신성을 부여하고 그를 제우스의 형제로 만들었을까? 분명히 이 모든 것이 의미가 없는 것은 아니다. 그리고 샘물에서 본 고통스러우면서 온화한 모습이 무언지 알 수 없었기에 그 속으로 뛰어들어 죽음을 맞이한 나르시서스의 이야기가 갖는 의미는 더더욱 심오하다. 그러나 그런 이미지는 우리 자신도 모든 강과 바다에서 볼 수 있다. 그것은 파악할 수 없는 삶의 유령 같은 이미지이며, 이것이 모든 것의 열쇠이다.

그러나 목욕이라는 고독한 경험은 이와 같은 신비함과 정체성을 잃지 않는 기운을 불러일으킨다. 물에 잠긴 우리는 반은 세상 속에 있고 반은 세상 밖에 있는 진정한 데미몽드(demimonde, 반쪽의 세계)에 있는 것이다. 우리는 무아지경, 꿈과 현실의 경계에 있는 상태이다. 일상의 사소한 근심은 사라지고, 내가 누구이고 무엇인지에 대한 확고한 감각마저도 녹아내린다. 우리 존재의 절반 이상은 물이며, 목욕은 우리가 습관적으로 떠올리듯 우리의 존재가 견고하면서도 변하지 않음을 상기시켜 준다.

반쯤 잠긴 채로 우리는 퇴행하면서, 따뜻한 물 속에서 생명의 근원인 자궁을 떠올린다. 성인이 된 우리의 자아는 붕괴된다. 깊은 건망증이 우리를 덮치고, 우리는 현재의 올가미에서 벗어나 안개와 흐릿한 테두리만 남겨진 친밀감 속으로 빠져든다. 마치 반가운 공허함이 우리의 숨구멍을 통해 스며든 것 같다.

마치 일상을 깨끗이 씻어내고 새롭게 시작할 수 있을 듯한 회복된 상태로 돌아온다. 실비아 플라스(Sylvia Plath)는 "뜨거운 목욕이란 종교인들이 성수에 대해 느끼는 감정과 비슷하다고 생각한다. 맑고 뜨거운 물 속에 오래 누워 있을수록 더 순수해지는 기분이 들었고, 마침내 밖으로 나와서 크고 부드러운 흰색 호텔 목욕 타월로 몸을 감싸면 아기처럼 순수하고 달콤한 기분이 들었다."라고 말한다. 이처럼 물은 망각 및 무의식과 동일시된다.

연금술 이미지에서 목욕은 한 존재의 상태가 새로운 상태로 전환되는 과정과 연관되어 있다. 이성과의 신비로운 결혼에 대한 묘사는 해와 달(Sol & Luna)이 함께 목욕하는 왕과 왕비로 등장하며, 이들은 결합하기 전에 불순물을 씻어내고 있다.

샤워는 이러한 몽환적인 느낌이나 해체와 재탄생을 연상시키지 않는다. 샤워는 직설적이고 실용적이며 효율적이다. 샤워가 산문이라면 목욕은 시다. 하지만 어떤 종류의 시일까? 목욕하는 사람의 기분이나 시간에 따라 목욕은 우리를 자극하거나 진정시키고, 현실 세계로 나가도록 준비시키거나 꿈의 세계로 물러나도록 손짓할 수도 있다.

아침 목욕은 침대에서 바깥세상으로 나아가는 디딤돌이다. 가혹한 현실과의 충돌을 미루고 완화해 주지만, 또한 온화하고 끈질기게 밀어붙인다. "나는

추위에 떨고 있었고 추운 겨울 아침에 파리에서 피난처로 삼은 것과 같은 목욕탕에서 매우 뜨거운 목욕물에 몸을 담그고 싶다는 깊은 욕구만 느꼈다."라고 콜레트는 적었다. 피난처는 일시적인 것이므로 곧 추위를 이겨내야 한다.

그러나 저녁 목욕은 진정한 명상 목욕으로, 우러러 볼만한 삶의 책임을 떨쳐버리고 어린 시절의 광활하고 생명력 넘치는 고독, 릴케가 『젊은 시인에게 보내는 편지 Letters to a Young Poet』에서 말한 고독으로 돌아갈 수 있는 기회이다: "결국 필요한 것은 고독, 위대한 내면의 고독이다. 자기 자신 속으로 들어가 몇 시간 동안 아무도 만나지 않는 것, 이렇게 될 수 있어야 한다. 어렸을 때 본 어른들이 너무나 바쁘고 자신이 하는 일을 이해하지 못한 채로 크고 중요한 일에 관여하면서 살았을 때 고독했던 것처럼 말이다." 하루가 끝나고 내려앉은 어둠과 평화 속에서 우리는 자연에서 물을 마시는 것과 마찬가지로 더 높은 자각과 명료함으로 목욕을 다르게 경험한다. 바슐라르(Bachelard)는 "스스로 평화로운 영혼에게는 물과 밤이 함께 공통의 향기를 풍기는 듯하고, 습한 그림자에는 두 배의 신선함이 느껴지는 것 같다"고 말한다. 우리는 밤에만 물의 향기를 선명하게 맡을 수 있다. 햇볕에 비친 물은 그 자체의 향기를 내기에는 너무 많은 냄새를 내포하고 있다.

하지만 부유층을 제외한 대부분의 사람들이 고독과 명상의 장소로 목욕을 경험하는 것은 최근에야 이루어진 혁신이다. 수 세기 동안 목욕탕은 때때로 수천 명 이상의 목욕객을 수용하는 훌륭한 공공장소였다. 고대 로마는 공중목욕탕의 정점을 찍었다. 현대 테마파크에 버금가는

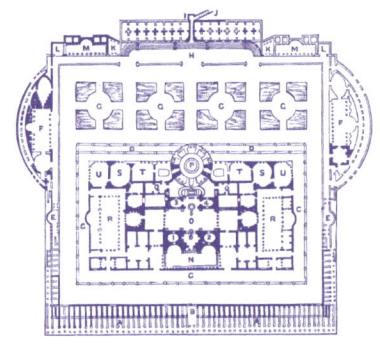

로마 목욕탕의 평면도

규모와 웅장함을 자랑하는 목욕탕에 서로 서로 보여주고, 보기 위해 부유한 남성들이 모였다. 이 시설에는 목욕탕 외에도 극장, 신전, 축제장, 나무가 늘어선 드넓은 산책로, 강당, 도서관 등이 있었다.

목욕탕에 들어가자마자 목욕객은 옷을 벗어서 직원에게 건네주었다. 그는 고대 화학자의 상점처럼 생긴 지하 운투아리움(unctuarium)로 향했고, 벽에는 다양한 모양과 크기의 항아리와 물병들이 늘어서 있었으며 각 항아리에는 향기로운 오일이나 오일 베이스의 연고가 들어 있었다. 로즈로 만든 로듐(rhodium), 수선화로 만든 나르시시즘(narcissum), 모과로 만든 밀리눔(melinum), 비터 아몬드로 만든 메토피움(metopium), 사프란으로 만든 크로키눔(crocinum)과 같은 단순한 오일은 은은한 향과 풍부한 색이 몸에 스

며들게 했다. 목욕하는 사람은 여유가 있을 때마다 발과 허벅지, 뺨과 가슴, 팔, 눈썹과 머리카락, 목과 무릎 등 신체 부위별로 다른 종류의 향유를 구입했다. 그는 사전 청결을 위해 시원한 탕 프리지다리움(frigidarium) 또는 냉탕으로 갔다가 그다음 미지근한 테피다리움(tepidarium)와 뜨거운 칼데리움(calderium)으로 이동했다. 이곳에서 자유롭게 땀을 흘리며 청동 브러쉬로 몸을 문지르거나, 여유가 있다면 하인이 몸을 긁어주고 마사지를 하게 한 후 연고를 피부에 발랐다(물은 미네랄 함량이 높아 피부를 건조하게 만들기 때문에 기름진 제제는 수분을 회복하고 몸을 향기롭게 하는 수단이었다). 마침내 그는 라브룸(labrum)으로 넘어가 차가운 물로 몸을 씻은 다음, 운투아리움(unctuarium)으로 돌아와 향기로운 오일을 피부에 더 바른다.

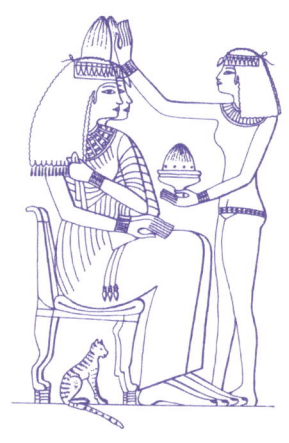

목욕하는 사람이 매우 부유한 사람인 경우, 집에서 자신이 좋아하는 향을 가져오거나 조향사가 직접 블렌딩한 향수를 운투아리움으로 가져왔을 수도 있다. 조향사들은 화학자 못지않은 예술가이자 패션의 대제사장으로 여겨졌으며, 수많은 재료를 사용해 목욕탕에서 사용하는 단순한 블렌딩보다 더 복잡하고 정교하며 훨씬 더 비싼 연고와 향수를 만들었다. 귀족 고객들은 엄청난 양의 향수를 소비했고, 그들에게 향수 가게는 가십을 주고받고 그날의 이슈를 토론하는 비공식 사교 클럽 역할을 담당했다.

당시 로마 여성들은 노예들이 향기로운 연고를 피부에 발라 주고 라벤더, 바질, 타임, 마조람과 같은 향수를 옷에 뿌려 준 덕분에 몸과 얼굴과 머리카락을 관리할 수 있었다. 네로의 아내 포파에아는 목욕을 새로운 차원의 퇴폐미로 승화시켰는데 매일 나귀의 젖을 짜 욕조를 채운 다음 그 속에 몸을 담갔다. 그 당시로 봐선 물론 결코 쉬운 일이 아니었을 것이다. 추방당했을 때에도 그녀는 우유를 조달하기 위해 나귀 50마리를 끌고 떠났다고 한다.

꽤 오랜 시간이 지난 후 남녀가 함께 목욕을 시작했지만 이는 정결한 일이었다. 채식 필사본(illuminated manuscript, 중세 유럽에서 이니셜과 세밀화 등의 장식을 넣어 제작했던 필사본)에는 중세 목욕탕에서 벌거벗은 남녀가 절제된 방식으로 물에 몸을 담그는 모습이 묘사되어 있다. 하지만 물 표면에 엘더플라워, 로즈마리, 캐모마일, 로즈 꽃잎이 흩뿌려져 있었고 향을 냈을 것이다. 남성은 수염을 다듬거나 면도하고 여성은 샴푸를 하는 등 목욕탕에서의 활동은 주로 머리 손질에 집중되어 있었다. 목욕 후 여성들은 달콤하고 스파이시한 에센셜 오일로 몸을 문질렀으며 때로는 약간의 머스크 향이 첨가되기도 했다.

16세기 런던에서는 부유한 여성들이 허브가 들어간 물이 바닥의 파이프를 통해 공급되는 동안 기다렸다가 뜨거운 물 속에 앉아 '스튜'를 끓이며 함께 목욕하고 수다를 떨었다. 18세기에는 귀족과 매춘부들 사이에서 향수 목욕이 인기를 끌었다. 고급스럽고 자극적인 효과를 위해 우유나 아몬드 페이스트, 심지어 샴페인을 첨가하기도 했다. 향수를 뿌리고 성기를 자극하기 위해 두 가지 종류의 향수 목욕이 있었는데, 온수 욕조에 꽃을 깔고 마른 목욕을 하는 것과 따뜻한 물이 담긴 욕조에 제비꽃과 야생 타임을 넣은 실제 목욕이 있었다.

기록에 따르면 남녀가 함께 목욕하는 것보다 여성 혼자 목욕하는 것이 더 섹시하게 들리는 경우가 많다. 여성들이 함께 목욕하는 것은 나태한 관능미 또는 성교 전의 분위기를 조성하여 할렘의 분위기를 연상시킬 수 있다. 남편이 터키에 주둔했던 한 영국 여성이 19세기 중반 터키 여성 목욕탕에 대해 묘사한 내용은 극도로 관능적이다. 그녀는 처음에 최면에 걸린 듯한 분위기, 질식할 것 같은 짙은 유황의 수증기, 돔 주위에 울려 퍼지는 노예들의 날카롭고 야만적인 울음소리, 여주인들의 웃음소리와 속삭이는 대화에 대해 생생하게 묘사했다. "물에 젖어 몸에 착 달라붙은 고운 린넨을 두른 반나체의 3백 명 남짓한 여인들, 상반신을 노출한 노예들, 팔짱을 낀 채 수놓은 술 장식의 수건 더미를 머리에 이고 균형을 잡는 분주한 노예들, 과자와 곁들여 시원한 과일주스와 레모네이드를 마시며 웃고 떠드는 어여쁜 소녀들, 함께 놀고 있는 아이들과 같은 압도적인 광경에 압도당했다"고 회상한다. 그런 다음에는 따뜻한 린넨으로 몸을 감싼 노예들이 소파에 비스듬이 기댄 여성들의 머리에 에센스를 붓고 얼굴과 손에 향수를 뿌렸다.

그럼에도 불구하고, 동성끼리 알몸으로 목욕하는 것은 적어도 15세기 중반 바덴바덴을 방문했을 때 묘사된 이미지에서 연상되는 남녀가 반쯤 옷을 걸치고 함께 목욕하는 에로틱한 긴장감과는 비교조차 되지 않는 다: "남자들은 짧은 드로우즈를, 여자들은 헐렁헐렁하고 목이 많이 파진 가운을 몸에 둘렀다. 여자 수영장 위 갤러리를 돌아다니며 이탈리아 사람들은 그중 제일 예쁜 여자들에게 동전을 던졌고, 동전을 주우려고 허리를 굽히자 가운이 벌어져 모든 매력이 드러났다."

혼자 목욕하는 것은 완전히 다른 경험으로, 늘 즐겨듣는 슬픈 노래처럼 자연의 물이 불러일으키는 풍부하고 고통스러울 정도로 즐거운 우울함을 떠올리게 한다. 바슐라르는 "나는 항상 고인 물 앞에서 같은 우울함을 경험한다."라며 "비에 젖은 숲속의 연못 색과 같은 매우 특별한 우울함, 억압적이지 않고 몽환적이며 느리고 차분한 우울함을 느낄 수 있다."라고 말한다. "물의 삶에서 미세한 디테일은 필연적으로 나에게 심리적인 상징이 되곤 한다. 따라서 워터 민트의 냄새는 나에게 일종의 존재론적 대응을 불러일으키는데, 이는 생명은 단순히 향기이며, 냄새가 물질에서 발산되는 것처럼 존재에서 발산되며, 개울에서 자라는 식물은 물의 영혼을 표현해야 한다는 것을 믿게 해준다."

향기를 더하면 목욕을 마치고 집안으로 들어와 목욕하는 사람의 의식 속으로 들어온 자연 속 물의 공감각적 경험을 연결할 수 있다. 향수는 아름다움과 안식처의 분위기를 고조시키고 관능적인 분위기를 더하여 마음을 사로잡는 또 다른 층을 더한다. 향기로운 욕조에서 호화로운 시간을 보내는 동안에는 아무것도 할 수 없다. 숨을 더 깊게 쉬기 시작한다. 의식은 향기처럼 물과 촉촉하고 따뜻한 공기 속으로 흩어집니다. 생각에 잠겨 시간 가는 줄도 모르게 된다. 목욕의 향기가 추억처럼 주위를 감싸며 퍼져나간다. 물 표면에 반짝이는 오일의 광택은 어린 시절 웅덩이의 기름에 매료되었던 기억을 떠올리게 한다. 무지개의 색을 반영하는 것을 볼 수 있다. 물과 합쳐지지 못한 채 수면 위에 떠 있는 모습을 지켜본다. 물과 분리되어 있지만 물 속에 잠겨 있고, 한 상태에서 다른 상태로, 여기와 여기가 아닌 상태로 전환하는 자신의 본질적인 외로움을 떠올리지만 더 이상 외로움으로 느껴지지 않는다.

욕조에서 나오면 향기가 온 몸에 달라붙는다. 이 향기로운 베일은 마치 꿈 자체인 듯 깨어 있는 세상이나 꿈속으로 나를 이끌고 간다. 그 후 몇 시간 동안 이 우주에서 몸의 흐름이 향기를 발산하며 모든 것이 가능하고 아무것도 할 필요가 없는 목욕의 연금술을 떠올리게 한다. 그저 존재하는 것만으로도 충분하다.

두 가지 목욕 오일 블렌딩을 소개한다. 첫 번째는 프루티 향과 플로럴 향의 탑 노트와 미들 노트가 어우러져 기분을 상쾌하게하고 스트레스를 줄여주는 블렌딩이며, 두 번째는 얼씨 향의 베이스 노트와 환한 탑 노트로 마무리되는 편안한 블렌딩이다. 작은 병(1/2 온스 또는 15 ml)에 보관하되, 가급적 스크류 온 드롭퍼가 있는 병에 보관하자. 오일을 최대한 활용하려면 욕조에 물이 가득 찰 때까지 기다렸다가 한 방울(약 40 ml)을 떨어뜨린 후 손으로 물을 휘저어 주자.

입욕 블렌딩 1

일랑일랑 4 ml
제라늄 2 ml
호 우드 2 ml

입욕 블렌딩 2

히노키 3 ml
프랑킨센스 3 ml
스윗 오렌지 1 ml
베티버 2 ml

다음은 목욕에 향을 더할 수 있는 몇 가지 블렌딩을 제안한다:

· 상쾌함: 파인 니들, 스윗 오렌지, 라임, 페티그레인, 로즈마리, 주니퍼 베리, 퍼 니들
· 진정 및 휴식: 시더우드, 캐모마일, 클라리 세이지, 마조람, 네롤리, 로즈, 샌달우드, 베티버, 일랑일랑

입욕제 만들기: 엡솜 솔트 3/4 컵(약국에서 근육통을 진정시키는 용도로 판매)과 천일염 및 베이킹소다 각 1/4컵을 섞는다 (또는 엡솜 솔트만 전량 사용해도 된다). 에센셜오일 3ml(120방울) 또는 위의 블렌드 중 하나를 추가한다. 잘 섞어 밀폐 용기에 넣는다. 사용하기 전에 일주일 동안 소금이 향기를 흡수하도록 놔둔다. 이 정도면 4~6번의 향수 입욕에 충분한 양이다.

9장
신들의 향기 : 향수와 영혼

너는 의를 사랑하며 악을 미워하거늘 그러므로
네 하나님 여호와께서 네게 기쁨의 기름을 네 동족들보다 더 많이 부으셨도다.
네 모든 옷에서 몰약과 알로에와 계수나무의 냄새가
상아 궁전에서 나며 그것들이 너를 기쁘게 하였도다.

- 시편 (Psalms) 45:7-8

화장품으로 사용되기 이전부터 향기의 가장 오래된 역할은 정신의 영역으로 향하는 매개체였다. 왜 일까? 후각은 항상 가장 미묘한 감각으로 인식되어 왔기 때문이다. 향수는 물질과 공기로 이루어진, 말 그대로 정신에서 비롯된, 여기 있지만 여기 없는 존재이다. 덧없지만 기억에 남는 향기는 지상적 존재의 사라지는 특성과 영원의 가능성을 모두 구현한다. 향수가 꽃의 영혼인 것처럼, 인간의 영혼은 모든 시대에 걸쳐 인간의 필멸의 육체에서 찾아보기 힘든 불멸의 본질로 여겨져 왔다. 인간의 신성한 모든 것은 향수에서 가장 신랄하게 암시되는 것 같다.

종교의식에서 가장 초기에, 그리고 가장 보편적이고 오래 지속되어 온 아로마 향의 사용은 정화, 영적 세계와의 소통, 영감, 영혼의 이동을 위해 향을 태우는 것이었던 것 같다. 향은 거의 모든 종파와 국적에서 종교의식의 중심에 자리 잡고 있다. 향이라는 단어 자체는 "연기를 통해"라는 뜻의 라틴어 per fumum에서 유래했다. 동물 희생과 향의 형태로 신에게 제물을 바치는 것은 신이 부여한 선물에 대해 신에게 경의를 표하는 방법이었다. 향을 사용했다는 증거는 투탕카멘 왕의 무덤, 인더스 계곡의 고대 여신상, 크레타 섬의 미노스 무덤에서 발견되었다. 카르나크(Karnak)의 암몬(Ammon) 신전에 있는 파라오 람세스 2세의 비문에는 "나는 가장 많은 양의 허브와 최고의 향수와 함께 3만 마리의 소를 당신에게 바쳤다."라고 쓰여 있다. 향은 불교 의식과 이슬람교와 가톨릭의 성인들에게 경의를 표하는 의미로 태워진다. 프랑킨센스는 거의 보편적인 재료이지만 다른 향기로운 수지와 검도 사용되었다.

향기로운 연기가 피어오르면 본능적으로 하늘로 향하는 길로 여겨져 승천과 헌신의 기도가 더욱 빨라진다. 사원에 퍼지는 향기로운 연기는 또한 해로운 영혼을 물리치고 좋은 영향을 끌어들이는 것으로 믿어졌다. 단순히 메시지를 전달하기 위해서가 아니라 영의 세계와 소통하기 위해 아로마틱 향을

힌두교 조향사

태웠으며, 응답을 이끌어내기 위한 목적으로도 사용되었다. 사제나 여사제, 선지자나 마술사는 향기로운 연기를 가두기 위해 머리와 얼굴을 천으로 가리고 흡입하여 그 향에 취하기도 했다. 이런 식으로 영감을 받은 영혼은 육체를 떠나 일종의 꿈의 상태인 다른 영역으로 여행한다고 믿어졌다.

향기로운 오일과 성유를 몸에 붓는 것은 매우 보편적인 제사 전통이며 역사가 매우 깊다. 미르는 카시아, 시나몬과 함께 유대인에게 매우 성스럽고 거룩한 기름 부음을 위해 주요하게 쓰여졌다고 출애굽기에 기록되어 있다. 미르와 그 밖의 에센스들이 유대 율법에 규정된 대로 일 년 동안 여성의 정결 의식에서 중요한 역할을 했다. 에스더는 아하수에로 왕에게 바쳐져 그의 총애를 받기 위해 기름 부음을 거쳐야 했다. 방주, 촛대, 제단과 같은 신성한 물건과 함께 사람들에게도 기름을 부었다.

성체는 세례와 견진, 고인에게 기름 부음, 주교와 사제 서품 등 다양한 기독교 의식에 사용되는 봉헌 기름(일반적으로 발삼과 향신료가 첨가된 올리브 오일)이다. 문화사학자 콘스탄스 클라센(Constance Classen)은 "중세 전설에 따르면 에덴동산에 있는 생명 나무의 향기로운 분출물에서 직접 성체가 만들어져, 생명력을 불어 넣어준다고 믿었다."라고 말하며, 에녹서 외경에 나오는 나무의 '달콤한 냄새'가 선택받은 사람의 뼈에 들어가서 장수할 것이라는 문장에 이 믿음의 기원이 있다고 말한다. 따라서 세례는 세례를 받은 사람들에게 육체적 불멸은 아니더라도 어느 정도의 영적 불멸을 부여하는 것으로 여겨졌다.

역사 초기에 기름 부음은 거룩함을 위한 전제 조건이 되었다. 사제와 왕은 신성한 권위의 자리에 오를 때 기름 부음의 의식을 거쳤다. 영국 왕족은 찰스 1세 즉위 이래로 사용되어 온 로즈, 오렌지 플라워, 자스민, 시나몬, 벤조인,

시벳, 머스크, 앰버그리스, 세서미 오일을 섞은 앰버로 기름을 바르는 등 오늘날까지도 완전한 기독교 의식으로 즉위식을 거행한다.

 몸에 기름을 바르는 것은 대부분의 원시 민족의 입문 의식과 마법 축제에서 필수적인 부분이었다. 대부분의 원시인들은 신성한 기름은 몸에 바른 사람에게 초자연적인 특성을 부여하는 신성한 물질이 된다고 믿었다. 예를 들어, 사람 사냥꾼은 첫번째 사냥감을 잡은 후 자신을 체력을 더욱 강화하기 위해 자신의 머리에 향기로운 기름을 부었을 것이다.

 이러한 관습을 종교의식이라고 말하는 것은 어떤 의미에서 잘못된 표현이다. 몸과 마음, 영혼이 분리될 수 없는 것으로 여겨져 이 모든 의식이 사제, 마법사, 주술사 등에 의해 수행되던 시대에서 비롯된 것으로, 이를 절대적으로 구분하는 것 또한 불가능했다. 향기로운 향신료와 허브는 사람의 심리적, 영적, 육체적 질병을 '전인적'으로 치료하는 마법의 제제로 여겨졌다. 이러한 만병통치약의 대표적인 예로 카다멈, 스파이크 나드, 시나몬, 샤프란, 프랑킨센스, 미르, 건포도, 포도주, 꿀 등 16가지 재료로 만들어진 고대 이집트의 유명한 향수, 키피(kyphi)를 들 수 있다. 키피는 치료제 용도로 물에 녹여 삼키거나 신에게 제물로 바칠 때 향으로 태울 수 있다. 키피는 몸을 정화하고, 정신을 진정시키고, 숨을 달콤하게 해 주고, 상상력을 회복하고, 수면을 유도하고, 꿈을 잘 받아들이게 하는 것으로 유명했다.

 치유 예술에는 신성한 차원이 있었으며, 초기 의학은 마법, 주문, 기도에 얽매여 있었다. 질병은 영의 세계와 인간 세계 사이의 부조화로 간주되었다. 악마를 쫓기 위해 향유를 사용했고 예방 의학에서 보조제 역할을 했다. 사제들은 조향사로서 아로마오일과 연고를 제조하고 혼합하여 부유층을 위한 향수를 만들었다.

 마술과 향수 전문가인 에릭 메이플(Eric Maple)은 "이 두 가지 전통이 분리되는 데는 오랜 시간이 걸렸고, 17세기에는 오컬트 신봉자, 조향사, 의사, 그리고 수많은 오컬트주의자들이 이교도 선조들이 그랬던 것처럼 아로마틱을 계속 사용했다."라고 설명한다. "하지만 마술사와 조향사의 직업이 겹치는 경향이 있는 특정 활동 영역이 있었다. 17세기 파리의 조향사 가게는 마술사의 방과 거의 구분할 수 없을 정도였다. 말린 미라와 박제된 따오기로 조향실을 꾸미곤 했는데, 아마도 유행에 민감한 고객들에게 향기가 한 때는 이집트 마술의 고도로 발달한 미묘한 디테일이었다는 점을 부각하려는 의도였을 것이다. 대부분의 조향사들은 성적 매력과 신비주의 사이의 밀접한 연관성을 잘 알고 있었고 특수 램프로 조명을 비춰 으스스한 분위기를 연출하곤 했다."

중세 영국 조향사 가게, 스틸 컷 포함

플루타르코스(Plutarch)에 따르면 레테 강은 "이상할 정도로 풍성한 냄새를 섬세하고 매혹적으로 내뿜어 와인에 취했을 때와 같은 취기를 일으켰다"고 한다. 전통적으로 낙원은 절묘한 냄새가 가득한 곳으로 묘사되어왔다. 다시 말해, 아름다운 향기는 오랫동안 천국으로 가는 통로일 뿐만 아니라 신성한 것의 발산으로 여겨져 왔다. 앞서 언급했듯이 이러한 믿음으로 인해 아랍인들이 모스크에서 신성한 영원 불멸의 향기를 발산하기 위해 머스크와 모르타르를 섞은 것처럼 사람들은 매우 기발한 방법으로 예배 장소에 향기를 불어 넣곤 했다.

많은 종교의 신과 여신들은 신성한 은총과 사랑스러움을 발산하기 위해 향수를 뿌리는 것으로 묘사된다. 크리슈나(Krishna)는 천상의 꽃 냄새를 풍긴다고 한다. 에우리피데스(Euripides)의 비극 중 하나인 히폴리테스(Hippolites)는 "오, 다이애나여, 내가 그대의 향기를 알아차렸으니 그대가 내 곁에 있는 것을 알겠나이다."라고 외친다. 실제로 고대 종교의 일부 권위자들은 예배에서 향을 사용하는 목적이 신의 냄새를 전하기 위함이었다고 말한다.

기독교 전통에서 성스러움의 달콤한 향기는 성도들에게도 전해져 이들은 성스러움과 순결함을 나타내는 증표로 사랑스러운 향기를 지니고 다녔다. 아빌라의 테레사(Teresa of Avila)는 손이 닿는 모든 것을 향기롭게 할 정도로 강력한 향기를 발산한다고 여겨졌다. 성 폴리카프(Saint Polycarp)는 그리스도의 향기에 흠뻑 젖어 있어 마치 향유를 뿌린 것 같았다고 한다. 교황 베네딕트(Benedict) 14세는 "인간의 몸에는 본질적으로 불쾌한 냄새가 없을 수도 있지만, 실제로는 본성을 뛰어 넘는 기분 좋은 냄새가 있어야 한다"고 말했다. "만약 그러한 기분 좋은 냄새가 존재한다면, 냄새를 생성할 수 있는 자연적인 원인이 있든 없든 간에, 냄새는 어떤 더 높은 원인에 기인한 것이므로 기적적인 것으로 간주되어야 한다."

"성녀의 달콤한 향기는 하나님과의 특별한 관계의 증거였다." 아닉 르 게레르(Annick Le Guérer)는 이렇게 말한다:

> 그것은 또한 수단이자 목적이기도 하다. 영적 인식과 금욕주의는 인간을 인간의 보다 더 근본적이고 동물적인 본성으로부터 분리시켜 부패, 그리고 부패와 연관된 냄새로부터 벗어나게 만드는 경향이 있다. 동시에 유기적 욕구의 승화와 다른 세계에 전적으로 초점을 맞춘 영혼의 고양은 성도가 신성의 향수에 참여할 수 있도록 한다. 신에게 바치는 제물이자 신이 주신 선물인 성스러운 냄새는 평범한 인간에게는 그것을 발산하는 피조물의 독특한 본성을 나타내는 신호이다. 그러나 성스러움의 냄새는 육체와 그 욕망을 버린 사람의 특별한 속성이기 때문에 제물이 되기도 하다. 성자는 그의 몸을 제물로 바침으로써 하나님께 더 가까와지는데, 피의 제물을 드리는 대신 참회를 통해 성화된 몸의 냄새로 대신하는 것이다.

일부 전통에서는 단순한 필멸자라도 사후에, 즉 영혼이 충분히 순수하다면 정의의 향기를 얻을 수 있 다고 믿었다. 『아서 왕자의 역사 History of Prince Arthur』에서 토마스 말러리 경(Sir Thomas Mallory)은 랜슬롯 경(Sir Lancelot's)의 시신을 발견한 동료들이 "그에게서 가장 달콤한 향기"를 맡았다고 말한다. 페르시아인들은 죽은 자들이 낙원에 가까워질 때 향기로운 바람이 영혼에 향기를 불어넣는다고 생각했다. 어떤 이들은 영혼이 육신에서 벗어나 상승을 시작하기 위해서는 아름다운 향기가 필요하다고 믿었다. 아즈텍인들은 죽은 사람에게 사후 4년 동안 향기로운 꽃을 바쳤는데, 이는 영혼이 천국에 도달하는 데 걸리는 시간이라고 믿었기 때문이었다.

자연적으로 달콤한 냄새가 나지 않는 고인은 좋은 냄새가 나도록 만들었을 수도 있다. 고대 인도에서는 시신을 씻고 샌달우드 오일과 투메릭 오일을 발랐다. 로마인들은 죽은 자의 유골에 아로마오일을 뿌렸는데, 이 관습은 죽음의 순간에 가톨릭에서 행하는 극도의 합일 의식과 깊은 관련이 있다. 고대 이집트인들은 장례식 및 기타 종교의식에 매우 많은 양의 향을 사용했으며, 사제들에 의해 철저히 관리된 레시피로 만든 오래 지속되는 연고의 형태로 시신 곁에 두거나 때에 따라서는 시신의 몸속에도 넣고는 했다. (투탕카멘 왕의 무덤에서 발견된 연고 항아리는 3천 년이 지난 후에도 여전히 향기가 남아 있었다). 지위가 높은 남성과 여성이 죽으면 축제를 치르듯 얼굴에 향수를 바르고 그림을 그렸다. 장기를 제거하고 귀중한 향신료, 수지, 기름을 채운 다음 시신에도 그림을 그렸다. 그런 다음 연고로 적신 1마일에 달하는 아마포 붕대로 시신을 감싸고 유리나 금으로 만든 부적과 주문을 함께 매장하여 마지막 여정 동안 시신이 보호되게 했다.

이 모든 관습의 이면에는 영혼의 순수함이 순수한 영혼으로 되고자 하는, 말 그대로 향기가 되고자 하는 열망이 있다. 하지만 합성 성분으로 인해 일반적으로 사용되는 에센셜오일의 종류가 줄어들고 종교적 관습에서 아로마가 사라지다 보니 가톨릭 사제들이 향로에서 똑같은 향을 피우게 되면서 이 아이디어는 그 힘을 잃었다. 향기는 영혼에 대한 은유에 지나지 않게 되었으며, 그다지 생생한 향기는 아니게 되었다.

아로마테라피의 인기로 다양한 천연 에센스를 다시 쉽게 접할 수 있게 되면서 영성과 향기 사이의 연결고리가 다시금 부활하고 있다. 어떤 신앙을 가지고 있는가와 무관하게 향기를 사용하여 명상과 기타 영적 수행에 깊이와 즉각성을 불어넣을 수 있다.

명상이란 보이지 않는 존재, 즉 신이나 선한 천사 또는 자기 자신과의 내적 대화를 뜻하는 연금술 용어이다. 융에 따르면, "연금술사들이 말하는 명상은 단순한 명상이 아니라 내면의 대화를 의미하며, 따라서 우리 안에 있는 '타자', 즉 무의식의 응답하는 목소리와의 살아 있는 관계를 의미한다. 그러므로 '모든 것은 신으로부터 신에 대한 명상을 통해 진행된다'는 밀교의 격언에서 명상이라는 용어를 사용하는 것은 연금술적 의미에서 사물이 무의식적 잠재 상태에서 현현된 상태로 넘어가는 창조적 대화로 이해되어야 한다." 이러한 내적 대화는 창조적 과정과 명시적으로 영적인 과정 모두에서 필수적인 부분이며, 행동을 취하기 전에 보이지 않는 무의식적 힘을 이해할 수 있게 해준다.

특정 오일은 명상 및 영적 수행과 오랜 역사를 함께 해왔다. 프랑킨센스, 샌달우드, 미르는 오랫동안 수 많은 종교 전통에서 마음을 진정시키고 정신을 맑게 하며 일반적으로 우리 자신을 되돌아 보게 하는 능력으로 인정받아 왔다. 벤조인의 달콤하고 수지 같은 향은 명상에 집중할 수 있도록 마음을 안정시키고 집중력을 높여 준다. 시더우드는 의지의 변화하는 힘을 끌어내 주는 근저가 되는 오일이다. 클라리 세이지 향은 영감과 통찰력에 도움을 준다. 라벤더 앱솔루트는 정신을 진정시키고, 버가못은 마음을 내려놓는데 유용하게 쓰일 수 있다.

아로마는 명상하는 장소를 정화하고 평화로운 사색에 도움이 되는 분위기를 조성하는 데 사용할 수 있다. 특별히 명상을 목적으로 만든 블렌드를 지속적으로 사용하면 원하는 의식 상태로 나를 이끌어 주는 힘을 얻을 수 있다. 블렌딩한 향수를 신체 부위 또는 손에 쥐고 있는 물건에 바르거나 고체 향수로 만들어 휴대하고 다니면서 명상 시간에 평온함을 되찾을 수 있다.

향기 자체에 집중하는 명상은 하루의 걱정을 내려놓고 마음을 진정시키며 호흡을 깊고 느리게 하는 훌륭한 방법이다. 이 연습을 위해 흡착지 스트립을 간단히 사용할 수도 있지만, 명상 중에 흡입할 수 있도록 한 노트의 고체 향수를 만들어 손이나 손목에 문지르면 좋다. 오렌지 플라워 앱솔루트, 랍다넘, 라벤더 콘크리트 또는 (내가 특히 좋아하는) 순수한 로즈 앱솔루트와 같은 풍부하고 다층적인 풀 바디 에센스를 사용해보자. 항상 그렇듯이 내가 제안하는 것에 얽매일 필요는 없으며, 여러분 자신의 취향에 따라 결정하면 된다. (고체 향수 만드는 방법은 7장을 참조.)

프랑킨센스와 미르 수확하기

향기에 초점을 맞춘 가이드 명상을 소개한다:

편안한 자세로 앉는다. 흡착지 스트립 혹은 손이나 손목의 향이 나는 부분을 코에 대고 세 번 깊게 숨을 들이마신다. 눈을 뜬 채로 향기를 만지고, 향기와 합쳐지고, 향기 속으로 흘러 들어가는 것처럼 의식이 향기 속으로 녹아드는 것을 상상해보자. 포화 지점에 도달하면 눈을 감고 후각을 제외한 모든 감각에서 자신을 분리한다.

선택한 향의 에센스를 지닌 채 내면 깊숙이 들어가 그 향기에 대한 나의 비전을 떠올리며 향을 만져보자. 에센스 내면의 그림, 즉 에센스의 에센스를 그려보자. 환상, 동물, 기억 등 향기의 깊은 인상으로 인해 떠오르는 모든 것을 상상해보자. 명상하는 향기마다 각기 다른 내면의 이미지와 명상적 경험을 만들어내는 것을 발견하게 될 것이다.

다시 바깥쪽으로 몸을 돌린다. 영혼이 충만해질 때까지 바깥쪽 단계와 안쪽 단계를 번갈아가며 반복하자. 이와 같은 연습은 의식 속에 특정 에센스와의 살아 있는 연결을 가능하게 하며, 그리고 이를 통해 일반적 의미에서 향의 영적 차원을 전달하는 데 도움이 될 것이다.

다음은 명상할 때 특별히 사용할 수 있는 블렌딩 공식이다. 양손 엄지와 집게손가락 사이의 피부에 블렌딩을 바른 다음 양손을 모아 얼굴에 대고 심호흡을 한다. (이 블렌딩은 고체 형태로도 만들 수 있다. 174페이지 참조).

명상을 위한 블렌딩

호호바 15ml
프랑킨센스 30방울
샌달우드 18방울
미르 12방울
로즈 앱솔루트 18방울
클라리 세이지 18방울
버지니아 시더우드 18방울
핑크 그레이프프룻 30방울
로즈우드 24방울
버가못 40방울

묵주와 같은 향기 나는 물건은 다양한 종교에서 사용되어왔다. 초기 기독교 사제들은 축일에는 장미 꽃잎으로 만든 장미 꽃봉오리 화환이나 대리석을 갈아서 고정제와 섞어 향기로운 페이스트로 만든 다음 공 모양으로 말아서 바늘로 뚫어 사용했다. 묵주의 원형 형태는 영원과 영원한 헌신을 암시한다. 그리고 아마도 장미가 그리스도의 피와 성모 마리아의 순결과 관련이 있기때문에 관습을 따랐을 것이다. 아니면 단순히 기도하는 동안 손에서 따뜻해지면 구슬이 매혹적인 향기를 발산했기 때문일 수도 있다. 보들레르는 "묵주는 매개체이자 수단이며, 모든 사람이 마음대로 사용할 수 있는 기도이다."라고 말했다.

19세기의 레시피를 소개한다:

> 건조한 날에 로즈를 모아 꽃잎을 아주 잘게 자른다. 소스 팬에 넣고 물을 살짝 부어 준다. 한 시간 동안 가열하되 끓이지 않는다. 이것을 3일 동안 반복하고 필요한 경우 물을 더 추가한다. 로즈 꽃잎으로 만든 진한 검은 색 구슬은 녹슨 팬에서 따뜻하게 하여 이 풍부한 색을 내게 된다. 혼합물을 끓이지 말고 매일 적당한 불로 따뜻하게 데우는 것이 중요하다. 이렇게 만들어진 섬유질을 손가락으로 공 모양으로 만들어 구슬을 만든다. 잘 다듬어지고 완전히 건조되면 구슬 한 가운데를 송곳 위에 놓고 구멍을 뚫는다. 구슬이 완전히 마를 때까지 송곳 위에서 자꾸 돌려주어야 한다. 그렇지 않으면 송곳에서 빼면서 구슬이 깨질 수 있다.

명상 수행에 사용하기 위해 손에 쥘만한 물건을 만드는 것은 멋진 아이디어이다. 대부분의 사람들은 그런 물건으로 집중하는 데 도움을 받는다. 나는 실크 리본, 가죽 끈, 실크 천, 샤무아(chamois:다양한 동물 가죽으로 만든 부드러운 가죽)로 실험을 해 보았다. 샤무아는 손에 닿는 촉감이 좋고 동물 특유의 색조를 더해 더욱 깊은 향을 만들어낸다(당연히 샤무아는 원조 뽀 데 스페인에 사용되었다). 자동차 용품점에서 샤무아를 구입할 수 있다(많은 사람들이 자동차 광택에 샤무아를 사용한다).

추출을 기다리는 프랑스산 로즈

향 샤무아 만들기:

가죽에서 경화된 얇은 기름을 제거하기 위해 중성 세제로 재료를 씻는다. 깨끗이 헹구고 쭉 펴서 완전히 말린다. 명상하는 동안 잡기 좋은 모양으로 자르거나 스트립 형태로 잘라서 땋아도 된다. 자신이 좋아하는 에센스를 하나 또는 몇 가지 선택하되, 단순하게 사용하는 것이 좋다(클라리 세이지 콘크리트, 랍다넘, 화이트 스프루스 앱솔루트 같은 베이스 노트와 샤무아의 조합이 특히 마음에 들지만, 나는 앰버를 가장 좋아한다). 천에 몇 방울을 직접 떨어뜨려 스며들게 한다. 시간이 지나면 향이 희미해지지만 완전히 사라지지는 않는다. 명상할 때마다 향을 더 추가하여 샤무아에 에센스가 완전히 스며들 때까지 향을 겹

겹이 쌓아 올린다.

고체 향수는 오랫동안 이어져 온 향수의 치유 전통을 이어갈 수 있는 멋진 병문안 선물이다. 나는 한 고객으로부터 자동차 사고에서 회복 중인 친구에게 선물할 고체 향수 제작을 주문받았다. 그 고객은 친구에게 "꽃다발을 가져왔어"라고 말하면서 작은 은색 상자에 담긴 꽃 향기가 가득한 고체 향수를 건네주었다. (고체 향수를 만드는 방법은 174페이지 참조).

초보 조향사를 위한 에센스 및 용품

2장에서 살펴본 것처럼 향수를 시작하는 데는 장비가 거의 필요하지 않다. 창의력을 자극하고 열정을 지속할 수 있는 다양한 에센스를 구비하려면 기본 에센스와 두 번째 에센스 세트를 모두 구입하는 것이 좋다.

기본 에센스 세트

베이스 노트
벤조인 앱솔루트
랍다넘 앱솔루트
오스크모 앱솔루트
패출리 에센셜 오일
베티버 에센셜 오일

미들 노트
클라리 세이지 에센셜 오일
제라늄 에센셜 오일
자스민 그렌디폴로룸 앱솔루트
로즈 앱솔루트
일랑일랑 콘크리트

탑 노트

버가못 에센셜 오일

비터 오렌지 에센셜 오일

호 우드 에센셜 오일

버지니아 시더우드 에센셜 오일

블랙페퍼 에센셜 오일

두 번째 에센스 세트

베이스 노트

프랑킨센스 에센셜 오일

페루 발삼 레진

샌달우드 에센셜 오일

타바코 앱솔루트

바닐라 앱솔루트

미들 노트

초콜릿 앱솔루트

자스민 삼박 앱솔루트

라벤더 앱솔루트

레몬그라스 에센셜 오일

오렌지 플라워 앱솔루트

탑 노트

퍼 에센셜 오일

그레이프프룻 에센셜 오일

라임 에센셜 오일

핑크 페퍼 에센셜 오일

타라곤 에센셜 오일

소모품

향수를 만드는 데 필요한 도구는 간단하고 쉽게 구할 수 있을 뿐만 아니라 사용하기도 쉽다. 모든 재료는 아마존 또는 이베이에서 구입할 수 있다.

블렌딩용 15ml 비커. 향수를 만들 때는 "낮은 형태"(통통한) 비커를 사용한다. 나는 5, 10, 15ml로 표시된 15ml 비커를 사용한다.

향 테스트 스트립은 냄새의 세계를 탐구하는 데 필수적인 도구이다. 나는 특히 노 모양의 테스트 스트립을 좋아하는데, 라벨을 붙일 공간이 넉넉하기 때문이다. 두꺼운 쪽 끝에 샘플링 할 재료의 이름을 적고 다른 쪽 끝을 재료 자체에 0.5인치 정도 담근 다음 냄새를 맡는다.

블렌딩 연습과 실험을 위한 작은 2ml 병. 완성된 향수에 사용하는 것보다 작은 것을 사용한다.

작은 병에 블렌딩 연습과 실험에 라벨을 붙일 수 있는 작은 원형 라벨. 라벨 중 하나가 떨어지거나 한 번에 여러 개의 뚜껑을 열어 놓을 경우를 대비해 각 병의 상단과 하단에 모두 라벨을 붙인다.

많은 양의 재료를 계량할 수 있는 계량스푼. 요리용 일반 플라스틱 또는 금속 세트를 사용해도 된다.

에센스 및 기타 성분을 계량하기 위한 유리 스포이드. 나는 많은 에센스와 함께 제공되는 오리피스 리듀서 캡(orifice-reducer cap 에센셜오일 병 뚜껑을 열면 나오는 구멍 뚫린 마개) 대신 스포이드를 사용하는 것을 선호하는데, 스포이드를 사용하면 더 잘 조절할 수 있고 오차의 여지가 적기 때문이다. 에센스는 냄새 강도가 강하고 소량이기 때문에 한 방울이라도 더 떨어뜨리면 모든 것을 망칠 수 있다. 나는 항상 유리 스포이드를 사용하고 플라스틱 파이펫 (플라스틱으로 된 스포이드 류)은 절대 사용하지 않는다.

저어 주기 위한 대나무 꼬치. 작업 중에 쓰러지지 않도록 사용 중인 비커보다 너무 크지 않게, 관리하기 쉬운 길이로 잘라야 한다. 작은 소금 스푼은 작은 블렌딩에 적합한다.

향수가 숙성된 후 고체 플라워 왁스를 걸러내기 위한 종이 커피 필터.

드롭퍼 청소용 알코올. 나는 수지와 진한 기름을 녹이는 190도의 변성되지 않은 옥수수 알코올을 선호한다. 소독용 알코올은 장비 소독용이므로 향수를 만드는 데 사용해선 안된다. 알코올은 organicalcohol.com 사이트에서 구입할 수 있다.

후각을 리프레쉬 해주는 양모 조각. 코가 지치고 모든 냄새가 비슷하거나 흐릿하게 느껴질 때 양모 조각을 코에 대고 세 번 깊게 숨을 들이마시면 후각을 회복할 수 있다.

비즈왁스 용 강판. 치즈에 사용하는 단순한 사다리꼴 종류가 좋다. 나는 중간 크기의 구멍을 사용하여 한 번에 많은 양을 갈아 준다. 강판에 간 비즈왁스는 밀봉 가능한 비닐 봉지에 보관한다.

왁스를 녹일 수 있는 "실험용" 도자기 냄비. 이상적인 버전은 따르는 주둥이와 긴 손잡이가 있다.

    왁스를 녹이기 위해 열을 가하는 가스 또는 전기 버너. 커피 메이커의 발열체를 사용할 수 있다. 고체 향수를 만들 때는 간단한 "실험실 용 핫 플레이트"를 구입하면 매 우 유용하게 쓰인다.

    완성된 고체 향수 용 15 ml 립밤 슬라이더 틴케이스.

출처

Aftelier Perfumes www.aftelier.com
Perfumes created by Mandy Aftel, and education about natural perfume
The Natural Perfume Workbook and Oil Kit
Aftelier Natural Perfume Wheel
510-841-2111
hello@aftelier.com

For essential oils, absolutes, and isolates:
www.aftelier.com
www.edenbotanicals.com
www.libertynatural.com

For undenatured perfumer's alcohol
www.culinarysolvent.com www.organicalcohol.com

For lab equipment, bottles, droppers
www.amazon.com
www.ebay.com
www.etsy.com

참고 사항

10 The alchemical symbol ⚗ means "essence."
13 *"We who are immersed"*: Paolo Rovesti, *In Search of Perfumes Lost* (Venice: Blow-up, 1980), p. 9.

1장. 연금술사의 정신: 향수의 자연사

21 Theal chemical symbol ⚗ means "coagulate."
22 *Odor, oftener*: Roy Bedichek, *The Sense of Smell* (London: Michael Joseph, 1960), p. 218.
23 *"We are often"*: Constance Classen, *The Color of Angels* (London: Routledge, 1998), pp. 152-53.
25 *"who lived, completely naked"*: Paolo Rovesti, *In Search of Perfumes Lost* (Venice: Blow-up, 1980), p. 23.
26 *Umeda hunters*: Constance Classen, David Howes, and Anthony Synnott, *Aroma* (London: Routledge, 1994), p. 7.
26 *The Berbers of Morocco*: Gabrielle J. Dorland, Scents Appeal (Mendham, NJ: Wayne Dorland Company, 1993), p. 187.
26 *"could recognize an old country house"*: Classen, *The Color of Angels*, pp. 152-53.
26 *"He would often"*: Patrick Suskind, *Perfume* (London: Penguin, 1986), p. 35.

27 *"Our olfactory experiences"*: Havelock Ellis, Studies in the *Psychology of Sex: Sexual Selection in Man* (Philadelphia: F. A. Davis Co., 1905), pp. 54-55.

28 *"A scent may drown years"*: Walter Benjamin, "On Some Motifs in Baudelaire," *Illuminations* (New York: Schocken Books, 1985), p. 184.

28 *"When it is said"*: Henri Bergson, Time and Free Will (Kila, MT: Kessinger, 1997), p. 9.

28 *"These memories"*: Henri Bergson, Creative Evolution, trans. Arthur Mitchell (New York: Dover, 1998), pp. 7-8.

29 *"can readily be understood"*: Classen, *The Color of Angels*, p. 60.

31 *Roman Empire*: Giuseppe Donato and Monique Seefried, The *Fragrant Past* (Atlanta: Emory University Museum of Art and Archaeology, 1989), p. 55.

32 *Jungon alchemy*: Carl Jung, *Psychology and Alchemy* (Princeton, NJ: Princeton University Press, 1993), pp. 288-89, 314-16.

34 *"The quinta essentia"*: Paracelsus, *Selected Writings*, ed. Jolande Jacobi: (Princeton, NJ: Princeton University Press, 1988), pp. 145-47.

34 *"so loaded with unconscious"*: Carl Jung, *Mysterium Coniunctionis* (Princeton, NJ: Princeton University Press, 1989), p. 114.

35 *"The combination of two bodies"*: F. Sherwood Taylor, *The Alchemists* (New York: Barnes and Noble, 1992), p. 250.

36 *"For the people of earlier ages"*: Titus Burckhardt, *Alchemy* (London: Element, 1987), pp. 57-59.

37 *"All alchemical thinking"*: Nathan Schwartz-Salant, T*he Mystery of*

Human Relationship (London: Routledge, 1998), p. 16.

38 *René the perfumer*: C.J.S. Thompson, *The Mystery and Lure of Perfume* (Philadelphia: J. B. Lippincott, 1927), p. 102.

42 *Charles Lillie*: Charles Lillie, *The British Perfumer* (London: W. Seaman, 1822), pp. x-xii.

44 *"the truly artistic part"*: Eugene Rimmel, *The Book of Perfumes* (London: Chapman and Hall, 1865), p. 236.

45 *"It may be useful"*: Arnold J. Cooley, *Instructions and Cautions Respecting the Selection and Use of Perfumes, Cosmetics, and Other Toilet Articles* (Philadelphia: J. B. Lippincott, 1873), p. 555.

46 *"As a child"*: Peter Altenberg, *The Vienna Coffeehouse Wits, 1890-1938*, ed. Harold B. Segel (West Lafayette, IN: Purdue University Press, 1993), p. 136.

48 *"Modern perfume"*: J. Stephan Jellinek, "The Birth of a Modern Perfume," *Dragoco Report*, March 1998, p. 13.

48 *"It was, for the first time"*: J. Stephan Jellinek, "Scents and Society: Observations on Women's Perfumes, 1880," *Dragoco Report*, March 1997, p. 90.

49 *"Artificial perfumes obviously present"*: J. P. Durvelle, *The Preparation of Perfumes and Cosmetics* (London: Scott, Greenwood and Son, 1923), p. 112.

50 *The shift can be traced*: Schimmel Reports, 1895, 1898, 1901, 1902.

50 *"Our experience"*: *Schimmel Report*, 1898.

52 *On Coty*: Elisabeth Barille, Coty (Paris: Editions Assouline, 1995), p.

112; J. Stephan Jellinek, "The Birth of a Modern Perfume."
55 *On Paul Poiret and Ahmed Soliman*: Ken Leach, *Perfume Presentation* (Toronto: Kres Publishing, 1997), p. 92.
56 *"The more we penetrate"*: Edmond Roudnitska, "The Art of Perfumery," in *Perfumes: Art, Science, and Technology*, ed. P. M. Müller and D. Lamparsky (London: Elsevier, 1991), p. 45.
56 *"Magic has power"*: Paracelsus, *Selected Writings*, p. 137.
57 *"Philosophers agree"*: Henri Bergson, *Introduction to Metaphysics* (Kila, MT: Kessinger, 1998), p. 159.
57 *"subtle bodies"*: Carl Jung, *Jung on Alchemy*, ed. Nathan Schwartz-Salant (London: Routledge, 1998), p. 148.
57 *"The alchemist is an educator"*: Gaston Bachelard, *The Poetics of Reverie* (Boston: Beacon, 1971), p. 76.
58 *"The alchemist is described"*: Cherry Gilchrist, *The Elements of Alchemy* (London: Element, 1991), pp. 7–8.
58 *"the object of art"*: Bergson, *Time and Free Will*, p. 14.
58 *"It is our task"*: Paracelsus, *Selected Writings*, p. 111.

2장. 첫 번째 문제: 향수의 기초

59 The alchemical symbol denotes ethyl alcohol.
60 *"In alchemy the prima materia"*: Lyndy Abraham, *A Dictionary of Alchemical Imagery* (Cambridge: Cambridge University Press, 1998), p. 153.

61 *"Why natural oils?"*: Robert Tisserand, *The Art of Aromatherapy* (Rochester, VT: Healing Arts Press, 1977), p. 46.

61 *"If you have taken"*: Marsilio Ficino, *The Book of Life* (Woodstock, CT: Spring Publications, 1996), p. 67.

65 *"The souls of these noblest"*: Patrick Suskind, *Perfume* (London: Penguin, 1986), p. 186.

72 *"Try to determine"*: Edmond Roudnitska, "The Art of Perfumery," in *Perfumes: Art, Science, and Technology*, ed. P. M. Müller and D. Lamparsky (London: Elsevier, 1991), p. 18.

73 *Steffen Arctander*: Steffen Arctander, *Perfume and Flavor Materials of Natural Origin* (Elizabeth, NJ: Self-published, 1960), p. 28.

76 *Here is a method*: I have adapted my sampling method from that described by Tony Curtis and David G. Williams in their *Introduction to Perfumery* (Hertfordshire, England: Ellis Horwood, 1994), p. 520.

79 *"There is no evidence"*: Christine Wildwood, *The Encyclopedia of Aromatherapy* (Rochester, VT: Healing Arts Press, 1996), p. 24.

3장. 고착의 계산법: 베이스 노트

83 The alchemical symbol ✡ means "fixed."

85 *"The perfumer should be totally unprejudiced"*: Jean Carles, "A Method of Creation in Perfumery," in *Perfume*, ed. William I. Kaufman (New York: Dutton and Co., 1974), p. 173.

87 *"The motivated and experienced perfumer"*: Edmond Roudnitska, "The Art of Perfumery," in *Perfumes: Art, Science, and Technology*, ed. P. M. Müller and D. Lamparsky (London: Elsevier, 1991), p. 7.

88 *"The first phase of the alchemical process"*: Richard and Iona Miller, *The Modern Alchemist* (Grand Rapids, MI: Phanes Press, 1994), p. 64.

91 *"It would be ridiculous"*: Edmond Roudnitska, "The Shapes of Fragrances," *Dragoco Report*, January 1976, p. 18.

92 *On duration*: Henri Bergson, *Duration and Simultaneity* (Indianapolis: Bobbs-Merrill, 1965), p. 44.

92 *"In our inner life"*: Henri Bergson, *The Creative Mind* (New York: Citadel Press, 1992), p. 32.

92 *"Our psychic states"*: Bergson, *The Creative Mind*, p. 19.

93 *"We speak of change"*: Bergson, *The Creative Mind*, p. 131.

94 *On harvesting sandalwood*: Edwin T. Morris, *Fragrance* (Greenwich, CT: E. T. Morris and Co., 1984), p. 98.

96 *History of ambergris*: A. Hyatt Verrill, *Perfumes and Spices* (Clinton, MA: L. C. Page, 1940), p. 135.

103 *"It has a particular soft"*: Steffen Arctander, *Perfume and Flavor Materials of Natural Origin* (Elizabeth, NJ: Self-published, 1960), p. 195.

111 *Papal bull*: G. W. Septimus Piesse, *The Art of Perfumery* (Philadelphia: Lindsay and Blakiston, 1867), p. 142.

4장. 아로마구성: 미들 노트

113 The alchemical symbol ♃ indicates "to distill."

113 *Colette's "Fragrance"*: As quoted in "Colette's Salon" by Robert Reilly, *Vogue*, November 1998, p. 296.

115 *"It is precisely"*: Paul Jellinek, *The Psychological Basis of Perfumery* (London: Chapman and Hall, 1997), p. 42.

115 *"the odor strength"*: Jellinek, *The Psychological Basis of Perfumery*, p. 43.

98 *"The opulently rounded shapes"*: Jellinek, *The Psychological Basis of Perfumery*, p. 54.

117 *alchemical symbols are susceptible*: Titus Burckhardt, *Alchemy* (Dorset, England: Element Books, 1987), p. 155.

118 *"Graphic images of Coniunctio"*: Mark Haeffner, *Dictionary of Alchemy* (London: Aquarian, 1991), p. 62.

119 *"the concept of harmonizing"*: Haeffner, *Dictionary of Alchemy*, p. 62.

121 *"Flotillas of sturdy vessels"*: Ernest Guenther, *The Essential Oils*, vol. 4 (New York: Van Nostrand, 1950), p. 397.

123 *"clear eye"*: William A. Poucher, *Perfumes and Cosmetics* (London: Chapman and Hall, 1923), p. 127.

123 *"All is permitted"*: Colette, "Fragrance," p. 296.

126 *"Despite all the crises"*: Marie-Christine Grasse, *Jasmine* (Grasse: Parkstone Publishers, 1996), p. 63.

126 *It takes more*: Grasse, *Jasmine*, p. 50.

5장. 고상함과 휘발상: 탑 노트

133 The alchemical symbol 🜂 means "volatile."
133 *"the fluid state"*: Gaston Bachelard, *Air and Dreams* (Dallas: Dallas Institute Publications, 1988), p. 4.
133 *"With air"*: Bachelard, *Air and Dreams*, p. 8.
134 *"The absolute absence"*: Milan Kundera, *The Unbearable Lightness of Being* (New York: Harper and Row, 1985), p. 5.
134 *"Habit"*: Bachelard, *Air and Dreams*, p. 11.
135 *"It is no mere chance"*: Edmond Roudnitska, "The Shapes of Fragrances," *Dragoco Report*, January 1976, p. 27.

6장. 향기의 옥타브: 구성의 예술

148 The alchemical symbol 🜀 *means "quintessence."
148 *Colette's "Fragrance"*: As quoted in "Colette's Salon" by Robert Reilly, *Vogue*, November 1998, p. 296.
149 National Geographic issue: Cathy Newman, "Perfume: The Essence of Illusion," *in National Geographic*, October 1998, pp. 94–119, later published as Cathy Newman, Perfume (Washington, D.C.: National Geographic Society, 1998).
150 *"In my early days"*: Jean Carles, "A Method of Creation in *Perfumery*," in Perfume, ed. William I. Kaufman (New York: Dutton and Co., 1974), p. 173.

151 *Maupassant*: Quoted in Paolo Rovesti, *In Search of Perfumes Lost* (Venice: Blow-up, 1980), p. 42.

152 *a long, glorious, and often mystical tradition*: Roland Hunt, *Fragrant and Radiant Symphony* (London: C. W. Daniel and Co., 1938), p. 13.

154 *"Some perfumes are as fragrant"*: Charles Baudelaire, "Correspondences," *The Flowers of Evil and Paris Spleen*, trans. William H. Crosby (Brockport, NY: BOA Editions, 1991), p. 31.

154 *"When the composer writes"*: Edmond Roudnitska, "The Art of Perfumery," in *Perfumes: Art, Science, and Technology*, ed. P. M. Müller and D. Lamparsky (London: Elsevier, 1991), pp. 40, 41.

172 *"The composer will start thinking"*: Roudnitska, "The Art of Perfumery," p. 38.

178 *"The shape of a perfume"*: Edmond Roudnitska, "The Shapes of Fragrances," *Dragoco Report*, January 1976, p. 18.

180 *"This form must be considered"*: Roudnitska, "The Art of Perfumery," p. 8.

181 *"For intuition is no miracle"*: Roudnitska, "The Shapes of Fragrances," p. 23.

181 *Bergson on intuition*: Henri Bergson, *The Creative Mind* (New York: Carol Publishing Group, 1992), pp. 32, 161, 162.

181 *arcanum*: Marinus Rulandus, *A Lexicon of Alchemy*, 1612 (Reprint, Kila, MT: Kessinger Publications, 1999), p. 36.

182 *"In everything that is graceful"*: Bergson, The Creative Mind, p. 243.

7장. 유혹적인 향수: 향수와 내실

183 The alchemical symbol ⚥ indicates "mix together."

185 *"Celestial Bed"*: Eric Maple, *The Magic of Perfume* (New York: Samuel Weiser, 1973), p. 49.

188 *"Death and destruction"*: Roy Bedichek, *The Sense of Smell* (London: Michael Joseph, 1960), p. 184.

188 *"The vegetable world"*: Bedichek, *The Sense of Smell*, p. 180.

188 *"How it was"*: Herman Hesse, *Narcissus and Goldmund* (New York: Bantam, 1971), p. 95.

189 *Iwan Bloch*: Iwan Bloch, *Odoratus Sexualis* (New York: Panurge Press, 1934), p. 229.

192 *"The scented profile"*: Alain Corbin, *The Foul and the Fragrant* (Cambridge, MA: Harvard University Press, 1986), p. 205.

193 *Havelock Ellis on body odor*: Havelock Ellis, *Studies in the Psychology of Sex: Sexual Selection in Man* (Philadelphia: F. A. Davis Company, 1905), p. 62.

193 *"With the refinements"*: Henry Miller, *Tropic of Capricorn* (New York: Grove Press, 1961), p. 132.

194 *"discover some Drug"*: Benjamin Franklin, *On Perfumes* (New York: At the Sign of the Blue-Behinded Ape, 1929), pp. 12-13.

195 *"Sexuality is the totality"*: Paul Jellinek, *The Psychological Basis of Perfumery* (London: Chapman and Hall, 1997), p. 9.

195 *"out of your own experience"*: Rainer Maria Rilke, *Letters to a Young*

Poet (New York: W. W. Norton, 1962), p. 35.

196 *As befits a zoologist*: D. Michael Stoddart, *The Scented Ape* (Cambridge: Cambridge University Press, 1990), p. 163.

197 *a fascinating experiment*: Jellinek, *The Psychological Basis of Perfumery*, p. 18.

168 *Paolo Rovesti recollects*: Paolo Rovesti, *In Search of Perfumes Lost* (Venice: Blow-up, 1980) p. 37.

168 *three categories*: Jellinek, *The Psychological Basis of Perfumery*, pp. 145-46.

8장. 물의 향수: 목욕의 환상

202 The alchemical symbol means "sea salt."

202 *"In his inmost recesses"*: Gaston Bachelard, *Water and Dreams* (Dallas: Dallas Institute of Humanities and Culture, 1983), p. 6.

204 *"Let the most absent-minded"*: Herman Melville, *Moby-Dick* (New York: Library of America, 1991), pp. 26-27181

204 *"I guess I feel about a hot bath"*: Sylvia Plath, *The Bell Jar* (New York: Harper and Row, 1971), p. 22.

205 *"I was trembling with cold"*: Colette, *Break of Day* (New York: Farrar, Straus and Giroux, 1961), p. 114.

205 *"The necessary thing"*: Rainer Maria Rilke, *Letters to a Young Poet* (New York: W. W. Norton, 1962), p. 46.

206 *"For the soul"*: Bachelard, *Water and Dreams*, p. 104.
209 *a mid-nineteenth-century Turkish women's bath*: Françoise De Bonneville, *The Book of the Bath* (New York: Rizzoli, 1998), p. 52. 187
209 *a visit to Baden-Baden*: De Bonneville, *The Book of the Bath*, p. 38.
210 *"I always experience"*: Bachelard, *Water and Dreams*, p. 7.

9장. 신들의 향기: 향수와 영혼

213 The alchemical symbol ⟶ means "spirit."
215 *Chrism*: Constance Classen, *The Color of Angels* (London: Routledge, 1998), p. 45.
216 *"Throughout the sixteenth"*: Eric Maple, *The Magic of Perfume* (New York: Samuel Weiser, 1973), p. 35.
219 *"That the human body"*: Annick Le Guérer, *Scent* (New York: Turtle Bay Books, 1992), p.120.
219 *"It also serves"*: Le Guérer, Scent, p. 123.
221 *"When the alchemists"*: Carl Jung, *Psychology and Alchemy* (Princeton: Princeton University Press, 1993), p. 274.
225 *a nineteenth-century recipe*: Eleanour Sinclair Rohde, *Rose Recipes from Olden Times* (New York: Dover, 1973), p. 45.

참고 문헌

향수에 관심이 많았던 나는 향수에 관해 쓰여진 고서들을 찾기 위해 고서 박람회를 찾아다니기 시작했다. 나는 수년에 걸쳐 1720년부터 2000년 사이 출판된 총 200권이상의 서적으로 중요한 컬렉션을 구축할 수 있었다. 학술적인 것부터 사변적인 것, 그리고 단순히 장식적인 것까지 다양한데, 이는 향기에 대한 인간의 매료, 그리고 이를 글로 전달하고자 하는 욕구가 얼마나 끈기있게 지속되고 있는지를 보여주는 증거라고 할 수 있다. 이 주제는 독학적이고 열정적이며 특이한 사람들을 끌어당기면서 페이지를 넘기다 보면 단번에 배운 사람부터 순진하고 때로는 영리하고 때로는 영감을 주며 때로는 완전히 미치광이처럼 보이는 저자들을 만난다. 대부분의 글에서 매력적이고 기발한 정보를 얻을 수 있었다.

이 책들 중 일부는 쉽게 구할 수 있었지만 어떤 책들은 암탉의 이빨보다 더 희귀하다. 더 희귀한 책들도 딜러, 도서 박람회, 인터넷의 희귀 도서 사이트에서 가끔씩 등장한다.

향수에 대한 일반적인 소개

이 책들 중 상당수는 동일한 정보를 재탕하고 있다. 모리스(Morris)의 책은 매우 잘 쓰여지고 철저하며 강력히 추천한다. 카우프만(Kaufman)의 책은 커피 테이블에 놓을 수 있는 커다란 책으로 자연 상태의 아름다운 재료 사진과 위대한 향수 제작자이자 이론가인 에드몽 루드니츠카의 멋진 인터뷰와 에세이를 담고 있다. 엘리스(Ellis)와 케넷(Kennett)의 책은 향수의 역사에 대한 광범위한 내용과 함께 엄선된 세부 정보를 제공한다.

Ellis, Aytoun. *The Essence of Beauty*. London: Secker and Warburg, 1960.
Genders, Roy. *Perfume Through the Ages*. New York: G. P. Putnam's, 1972.
Groom, Nigel. *The Perfume Handbook*. London: Chapman and Hall, 1992.
Jessee, Jill. *Perfume Album*. Huntington, NY: Robert E. Krieger, 1951.
Kaufman, William I., ed. *Perfume*. New York: Dutton and Co., 1974.
Kennett, Frances. *History of Perfume*. London: Harrap, 1975.
Morris, Edwin T. *Fragrance*. Greenwich, CT: E. T. Morrison and Co., 1984.
Redgrove, H. Stanley. *Scent and All About It*. New York: Chemical Publishing Company, 1928. Rovesti, Paolo. *In Search of Perfumes Lost*. Venice: Blow-up, 1980.
Sagarin, Edward. *The Science and Art of Perfumery*. New York: Greenberg, 1945.
Thompson, C.J.S. *The Mystery and Lure of Perfume*. Philadelphia: J. B. Lippincott, 1927.
Trueman, John. *The Romantic Story of Scent*. London: Aldus Books, 1975.
Verrill, A. Hyatt. *Perfumes and Spices*. Clinton, MA: L. C. Page, 1940.

일러스트 된 일반 향수 책

이 호화로운 책들은 향수 책이 갖고 있는 특별한 그래픽 가능성을 한껏 끌어 올린다. 코티는 진정으로 독창적이고 매혹적인 한 남자에 관한 매우 아름다운 책이다. 아네트 그린(Annette Green)과 린다 다이엣(Linda Dyett)의 향수 보석에 관한 책은 고체 향수를 포장하고자 하는 상상력 넘치는 모든 사람들에게 영감을 준다. 자스민은 향수의 풍부한 역사를 떠올리게 하는 아름다운 꽃 사진을 담고 있다.

Barille, Elisabeth. *Coty*. Paris: Editions Assouline, 1997.

Barille, Elisabeth, and Catherine Laroze. *The Book of Perfume*. Paris: Flammarion, 1995.

De Bonneville, Françoise. *The Book of the Bath*. New York: Rizzoli, 1998.

Ettinger, Roseann. *Compacts and Smoking Accessories*. West Chester, PA: Schiffer, 1991.

Green, Annette, and Linda Dyett. *Secrets of Aromatic Jewelry*. Paris: Flammarion, 1998.

Haarmann and Reimer. *The H and R Fragrance Guide to Feminine and Masculine Notes*. Hamburg: Gloss Verlag, 1991.

Heal, Ambrose. *London Tradesmen's Cards of the Seventeenth Century*. New York: Dover, 1968.

The Signboards of Old London Shops. New York: Benjamin Blom, 1972.

Irvine, Susan. *Perfume: The Creation and Allure of Classic Fragrance*. New York: Crescent, 1995. Müller, Julia. *The H and R Book of Perfume*.

Hamburg: Gloss Verlag, 1992.

Newman, Cathy. Perfume: *The Art and Science of Scent*. Washington, D.C.: National Geographic Society, 1998.

Pavia, Fabienne. *The World of Perfume*. New York: Knickerbocker Press, 1995.

Poltarnees, Walleran. *Design in the Service of Beauty*. Seattle: Blue Lantern, 1994.

클래식

천연 향수를 진지하게 공부하고 싶다면 이 책이 입문서가 될 것이다. 아크텐더는 향수 성분에 대한 명확한 의견과 독창적이고 설명적인 탁월한 어휘력을 갖춘 작가로, 냄새의 뉘앙스를 전달하는 그의 능력을 뛰어넘을 만한 사람은 없다. 그의 책은 꽤 비싸지만 여전히 출판되고 있으므로 중고 서점이나 웹 사이트를 통해 중고본을 구할 수 있다. 클리포드(Clifford)는 19세기 후반 보스턴의 한 약국에서 출판한 다소 묘하지만 매력적인 책이다. 가상의 모험가 이야기를 중심으로 향수 성분에 대한 설명이 담겨 있으며, 각 장 사이 사이에 치료제와 향수 광고가 실려 있다. 유진 림멜은 세기의 전환기에 런던의 조향사였으며, 그의 책에는 향수와 매우 정형화된 헤어 스타일을 보여주는 목판화들이 가득하다(그는 불평투성이의 미용사였을 것이다). 그의 책과 또 다른 조향사 피에세의 책은 다른 모든 향수 책의 정보를 구축하는 초석을 마련하고 있다.

Arctander, Steffen. *Perfume and Flavor Materials of Natural Origin.* Elizabeth, NJ: Self-published, 1960.

Clifford, F. S. *A Romance of Perfume Lands, or the Search for Capt. Jacob Cole.* Boston: Clifford, 1881.

Franklin, Benjamin. *On Perfumes.* New York: At the Sign of the Blue-Behinded Ape, 1929.

Lillie, Charles. *The British Perfumer. London*: W. Seaman, 1822.

Piesse, G. W. Septimus. *The Art of Perfumery.* Philadelphia: Lindsay and Blakiston, 1867.

Poucher, William A. Perfumes and Cosmetics. London: Chapman and Hall, 1923.

Rimmel, Eugene. *The Book of Perfumes.* London: Chapman and Hall, 1865.

Schimmel and Co. *Semi-Annual Reports.* Miltitz, Germany: Schimmel and Company, biannually 1887-1915.

고대의 향수

고대 향수에 관한 문헌은 고대의 의식과 삶의 즐거움에 대한 매우 사적인 창을 열어 준다. 향기로운 과거(The Fragrant Past)는 고고학 발굴을 통해 클레오파트라의 향수 공방에 대한 자세한 정보를 제공한다. 신성한 사치품(Sacred Luxuries)은 세심하게 연구된 책으로, 잘 쓰여진 글과 수많은 아름다운 사진을 통해 고대 이집트의 종교와 가정 생활에서 향수가 지닌 막중한 역할을 전달한다.

Dayagi-Menndels, Michal. *Perfumes and Cosmetics in the Ancient World.* Jerusalem: The Israel Museum, 1989.

Donato, Giuseppe, and Monique Seefried. *The Fragrant Past: Perfumes of Cleopatra and Julius Caesar.* Atlanta: Emory University Museum of Art and Archaeology, 1989.

Groom, Nigel. *Frankincense and Myrrh.* London: Longman Group Limited, 1981.

Manniche, Lisa. *Sacred Luxuries: Fragrance, Aromatherapy, and Cosmetics in Ancient Egypt.* Ithaca, NY: Cornell University Press, 1999.

Nostradamus. *The Elixirs of Nostradamus.* Edited by Knut Boeser. Wakerfield, RI: Moyer Bell, 1996.

문화적 역사

이 카테고리에는 당황스러울 정도로 많은 책이 있다. 악취와 향기: 냄새와 프랑스의 사회적 상상력 『The Foul and the Fragrant: Odour and the Socail Immagination』은 19세기 프랑스의 사회사와 향기를 잘 엮어 만든 특별한 방식으로 쓰여졌으며 내가 가장 좋아하는 책 중 하나이다. 코르뱅(Corbin)은 훌륭한 작가이자 사상가로서 향기를 둘러싼 문화적 이슈를 활기차고 예술적으로 표현하고 있다. 향기는 역사적으로 많은 문화에서 향기가 어떤 역할을 했는지 지적으로 환기시키는 또 다른 추천 도서이다. 향기로운 유인원(The

Scented Ape)은 인간 냄새의 생물학과 문화에 대한 놀라운 연구이다.

Classen, Constance, David Howes, and Anthony Synnott. *Aroma*. London: Routledge, 1994.

Corbin, Alain. *The Foul and the Fragrant*. Cambridge, MA: Harvard University Press, 1986.

Dorland, Gabrielle J. *Scents Appeal*. Mendham, NJ: Wayne Dorland Company, 1993.

Dragoco Reports. Totowa, NJ: Dragoco Inc., 1994-99.

Le Guérer, Annick. *Scent*. New York: Turtle Bay Books, 1992.

Maple, Eric. *The Magic of Perfume*. New York: Samuel Weiser, 1973.

Rindisbacher, Hans J. *The Smell of Books*. Ann Arbor, MI: University of Michigan Press, 1992. Stoddart, D. Michael. *The Scented Ape*. Cambridge: Cambridge University Press, 1990.

연금술

연금술에 관한 많은 책들이 수년에 걸쳐 출판되었다. 나는 본 책에 영혼 변화의 병행 과정에 대해 설명하는 책들만 포함했다. 연금술에 대해 알아볼 수 있는 또 다른 훌륭한 출처로는 아담 맥린(Adam McLean)이 운영하는 웹사이트(www.levity.com/alchemy)가 있다. 해프너(Haeffner)와 길크리스트(Gilchrist)의 책은 연금술 개념에 대한 기본적인 소개를 제공하며, 파라셀수스의 저술은 연금술의 깊은 철학을 이해하는 데 좋은 기초가 된다. 흥미로운 점은 레드그로브(Redgrove)와 톰슨(Thompson)이 1920년 대와 1930년대에 연금술뿐만 아니라 향수에 관한 입문서를 저술했다는 점이다.

Abraham, Lyndy. *A Dictionary of Alchemical Imagery*. Cambridge: Cambridge University Press, 1998.

Albertus, Frater. *Alchemist's Handbook*. York Beach, ME: Samuel Weiser, 1974.

Burckhardt, Titus. *Alchemy*. Dorset, England: Element Books, 1987.

Edinger, Edward F. *The Anatomy of the Psyche*. La Salle, IL: Open Court, 1985.

Fabricus, Johannes. *Alchemy*. London: Diamond Books, 1976.

Ficino, Marsilio. *The Book of Life*. Woodstock, CT: Spring Publications, 1996.

Forbes, R. J. *A Short History of the Art of Distillation*. Boston: E. J. Brill, 1970.

Gilchrist, Cherry. *The Elements of Alchemy*. London: Element, 1991.

Haeffner, Mark. *Dictionary of Alchemy*. London: Aquarian, 1991.

Jung, Carl. *Mysterium Coniunctionis*. Princeton, NJ: Princeton University Press, 1989.

—. *Psychology and Alchemy*. Princeton, NJ: Princeton University Press, 1993.

Junius, Manfred M. The Practical Handbook of Plant Alchemy. Rochester, VT: Healing Arts Press, 1993.

Miller, Richard, and Iona Miller. *The Modern Alchemist*. Grand Rapids,

MI: Phanes Press, 1994. Paracelsus. *Selected Writings*. Edited by Jolande Jacobi. Princeton, NJ: Princeton University Press, 1988.

Pernety, Antoine-Joseph. An Alchemical Treatise on the Great Art. York Beach, ME: Samuel Weiser, 1995.

Ramsey, Jay. *Alchemy*. London: Thorsons, 1997.

Redgrove, H. Stanley. *Alchemy: Ancient and Modern*. London: William Rider, 1922.

Rulandus, Martinus. *A Lexicon of Alchemy*. 1612. Kila, MT: Kessinger, Reprint, 1999.

Schwartz-Salant, Nathan. *The Mystery of Human Relationship*. London: Routledge, 1998.

Taylor, F. Sherwood. *The Alchemists*. New York: Barnes and Noble, 1992.

Thompson, C.J.S. *The Lure and Romance of Alchemy*. London: Harrap, 1932.

Wehr, Gerhard. *The Mystical Marriage*. Northamptonshire, England: Aquarian Press, 1990.

일러스트 된 연금술 책

연금술의 상징과 표상보다 연금술의 마법과 장엄함을 더 잘 전달할 수 있는 것은 없기 때문에 일러스트된 연금술 책을 펼쳐 보면 눈을 위한 향연이 펼쳐진다. 내가 가장 좋아하는 것은 알렉산더 루브(Alexander Roob)의 『연금술과 신비주의 Alchemy and Mysticism』이다. 모든 삽화에 설명이 다 되어 있지는 않지만 몇 시간이고 즐겁게 자신을 망각한 채 빠져들 수 있는 명상의 상태로 이끄는 책이다. 또 다른 명작으로는 스타니슬라스 드 롤라 (Stanislas de Rola')의 『황금 게임 The Golden Game』이 있다.

Burland, C. A. *The Arts of the Alchemists*. New York: Macmillan, 1967.
de Pascalis, Andrea. *Alchemy: The Golden Art*. Rome: Gremese International, 1995.
de Rola, Stanislas Klossowski. *Alchemy: The Secret Art*. London: Thames and Hudson, 1977.
―.The *Golden Game*. London: Thames and Hudson, 1988.
Fabricus, Johannes. *Alchemy*. London: Diamond Books, 1976.
Roob, Alexander. *Alchemy* and Mysticism. Cologne: Taschen, 1997.

섹슈얼리티

향기와 성욕은 피넛 버터와 젤리처럼 잘 어울린다. 이반 블로흐의 독특한 『성적인 향기와 에로틱한 향기에 대한 과학 및 문화 연구 Odoratus Sexualis』는 성적인 냄새에 대한 부끄러움 없는 호기심, 그리고 인종과 향기에 대한 그만의 견해로 인해 많은 사람들에게 거부감을 줄 수도 있다. 심리학적 관점에서는 시대에 뒤떨어진 것처럼 보일 수 있지만, 후각과 인간관계에서 냄새의 역할에 관한 해브록 엘리스의 견해는(Havelock Ellis) 여전히 타당성을 지니고 있다.

Bloch, Iwan. *Odoratus Sexualis*. New York: Panurge Press, 1934.

Davenport, John. *Aphrodisiacs and Anti-Aphrodisiacs*. London: privately printed, 1869.

Ellis, Havelock. *Studies in the Psychology of Sex: Sexual Selection in Man*. Philadelphia: F. A. Davis Co., 1905.

Hirsch, Alan R. *Scentsational* Sex. Boston: Element, 1998.

Kohl, James Vaughn, and Robert T. Francoeur. The Scent of Eros. New York: Continuum, 1995.

Lake, Max. *Scents and Sexuality*. London: Futura, 1991.

후각 및 공감각

후각에 관한 최고의 책은 로이 베디첵의 저서로, 자연계의 신기하고 아름다운 사례를 담고 있다. 공감각, 즉 모든 감각의 상호 연관성 (예: 색을 듣고, 소리를 맡고, 후각적 형태를 보는 능력)은 여러 시대에 걸쳐 시인과 예술가들에게 영향을 미쳤다. 다이앤 애커먼(Diane Ackerman)의 책은 각 감각과 그 특징 및 유사성에 대한 훌륭한 소개서이다. 내가 특히 좋아하는 책은 향수와 음악 및 색채를 연결하는 신비로운 전통에 관한 롤랜드 헌트(Roland Hunt)의 책이다.

Ackerman, Diane. *A Natural History of the Senses*. New York: Vintage, 1990.

Bedichek, Roy. *The Sense of Smell*. London: Michael Joseph, 1960.

Burton, Robert. *The Language of Smell*. London: Routledge and Kegan Paul, 1976.

Classen, Constance. *The Color of Angels*. London: Routledge, 1998.

Cytowic, Richard. *The Man Who Tasted Shapes*. New York: Jeremy Tarcher, 1993.

Hunt, Roland. Fragrant and Radiant Symphony. London: C. W. Daniel, 1938.

Kenneth, John H. Osmics: *The Science of Smell*. Edinburgh: Oliver and Boyd, 1924.

McKenzie, Dan. *Aromatics and the Soul*. London: William Heinemann, 1923.

Marks, Lawrence E. *The Unity of the Senses*. New York: Academic Press, 1978.

Moncrieff, R. W. *Odor Preferences*. London: Leonard Hill, 1966.

Watson, Lyall. *Jacobson's Organ*. New York: W. W. Norton, 2000.

Winter, Ruth. *The Smell Book*. Philadelphia: J. B. Lippincott, 1976.

원예

향기를 위한 원예에 관한 오래된 책들 중에는 허브와 꽃의 멋진 삽화와 독특한 냄새에 대한 사랑스러운 설명이 담겨 있다. 이 그룹에서 가장 좋아하는 것은 섬세하고 세심한 목판화의 보물 창고와 같은 테일러(Taylor)의 책이다. 트리니티 대학의 식물원 큐레이터가 세기 전환기에 쓴 『향기로운 정원의 책

The Book of Scented Garden』은 주옥같은 책으로, 다독가가 분명한 저자, 버비지(Burbidge)는 무작위적 사실과 꽃에 대한 시들, 향기 제품의 레시피들을 섞어 놓았다.

Burbidge, F. W. *The Book of the Scented Garden*. London: The Bodley Head Limited, 1905.
Fox, Helen Morgenthau. *Gardening with Herbs for Flavor and Fragrance*. New York: Dover, 1970. McDonald, Donald. *Sweet Scented Flowers and Fragrant Leaves*. London: Sampson, Low, Marston, 1895.
Rohde, Eleanour Sinclair. *Rose Recipes from Olden Times*. New York: Dover, 1973.
Taylor, J. E. Flowers: *Their Origin, Shapes, Perfumes, and Colors*. Edinburgh: John Grant, 1906.

허브 및 약전

아주 오래전에는 한 사람이 약사, 약초상, 조향사를 겸직했고, 허브와 에센셜오일은 약사의 기본용품 중 하나였다. 가장 좋아하는 책 중 하나는 『약사의 일반적 영수증 The Druggist's General Receipt』으로, 병든 양을 위한 치료법과 함께 아편이 들어있는 기침약, 납이 함유된 염색약, '파테 디바인 드 비너스(Pâté Divine de Venus)'와 같은 이름의 피부용 제제, 다양한 그 날의 향수 레시피를 찾을 수 있다.

Beasley, Henry. *The Druggist's General Receipt Book*. London: John Churchill, 1866.

Brown, Alice Cooke. *Early American Herb Recipes*. Rutland, VT: Charles Tuttle, 1966.

Culpepper, Nicholas. *The English Physician*. Manchester, England: S. Russell, Deansgate, 1807.

Day, Ivan. *Perfumery with Herbs*. London: Darton, Longman and Todd, 1979.

Grieve, Mrs. M. A *Modern Herbal*. New York: Dover, 1971.

Hiss, A. Emil, and Albert E. Ebert. *The New Standard Formulary*. Chicago: G. P. Engelhard, 1910. Ody, Penelope. *The Complete Medicinal Herbal*. New York: Dorling Kindersley, 1993.

Salmon, William. *Bate's Dispensatory*. London: William and John Innys, 1720.

천연 에센스

천연 에센스의 옥스포드 영어사전을 꼽는다면 어니스트 건터(Ernest Guenther)의 6권짜리 저서를 들 수 있다. 나중에 프리체(Fritzsches)가 된 쉬멜의 카탈로그에는 다양한 에센스의 지속력에 대한 평가 등 유용한 정보가 가득하다. 쉬멜의 보고서를 바탕으로 잔지바르의 클로브와 이탈리아의 다양한 시트러스 류의 아름다운 손 그림 지도가 가득한 '휘발성 오일(The Volatile Oils)'을 아주 좋아한다. 냄새학(Odorographia)은 제목이 암시하듯 향기 재료에 대한 매우 전문적이고 열정적으로 수집된 정보로 가득 찬 보석 같은 책이다.

Fritzsche Brothers. *Perfumers Handbook and Catalog*. New York: Fritzsche Brothers, 1944. Gildmeister, E., and Fr. Hoffmann. *The Volatile Oils*. Milwaukee, WI: Pharmaceutical Review, 1900. Guenther, Ernest. *The Essential Oils*. Six volumes. New York: Van Nostrand, 1948-52.
Naves, Y. R., and G. Mazuyer. *Natural Perfume Materials*. New York: Reinhold, 1947.
Parry, Ernest J. *The Chemistry of Essential Oils*. London: Scott, Greenwood, 1899.
-. *Cyclopedia of Perfumery*. Two volumes. Philadelphia: Blakiston, 1925.
-. *The Raw Materials of Perfumery*. London: Sir Isaac Pitman,1921.
Sawer, J. Ch. *Odorographia*. Two volumes. London: Gurney and Jackson, 1892 and 1894.

초기 공식 책

이 목록에 있는 모든 책은 보물이다. 어떤 책은 더 흥미로운 목판화(Sniveley)를, 어떤 책은 더 나은 역사(Cooley)를, 어떤 책은 더 광범위한 레서피(두소스의 향수에 관한 완전한 논문 Dussauce's A Complete Treatise on Perfumery)를 담고 있다. 찰스 피스(Charles Piesse)의 책은 정말 멋진데, 그보다 훨씬 더 유명한 그의 형 셉티무스(Septimus)의 책에서 많이 인용한 것으로 보인다.

Askinson, George William. *Perfumes and Their Preparation.* New York: N. W. Henley, 1892.

Cooley, Arnold J. *Instructions and Cautions Respecting the Selection and Use of Perfumes, Cosmetics, and Other Toilet Articles.* Philadelphia: J. B. Lippincott, 1873.

Cristiani, R. S. A *Comprehensive Treatise on Perfumery.* Philadelphia: Henry Carey Baird, 1877. Deite, C. A *Practical Treatise on the Manufacture of Perfumery.* Philadelphia: Henry Carey Baird, 1892.

Durvelle, J. P. *The Preparation of Perfumes and Cosmetics.* London: Scott, Greenwood and Son, 1923.

Dussauce, H. A *Complete Treatise on Perfumery.* Philadelphia: Henry Carey Baird, 1864.

-. *A Practical Guide for the Perfumer.* Philadelphia: Henry Carey Baird, 1868.

Martin, Geoffrey. *Perfumes, Essential Oils and Fruit Essences.* London: Crosby, Lockwood and Son, 1921.

Morfit, Campbell. *Perfumery: Its Manufacture and Use.* Philadelphia: Carey and Hart, 1847.

Piesse, Charles H. The Art of Perfumery. London: Piesse and Lubin, 1891.

Sniveley, John H. A *Treatise on the Manufacture of Perfumes and Kindred Articles.* Nashville, TN: Charles W. Smith, 1877.

Walter, Erich. *Manual for the Essence Industry.* New York: John Wiley, 1916.

현대의 향수

당연히 현대 향수에 관한 책은 천연 향료보다는 합성 향료에 더 집중한다. 1960년대 후반 중서부에서 독학으로 조향사 수업을 받았고, 특정 브랜드의 퓨어 오일(straight oil/neat oil, 물이 들어 있지 않은 상태의 오일) 향수에 열정을 쏟았던 메리 린(Mary Lynne)은 기이한 독학 조향사의 후손이다. 50년 만에 재발간된 폴 엘리네크의 향수의 성적 및 반 성적 측면에 대한 책은 여전히 유효성을 지닌다. 『향수: 예술, 과학, 및 기술 Perfumes: Art, Science, and Technology』, 뮐러(Müller)와 람파스키(Lamparsky)가 함께 만든 이 컬렉션에는 루드니츠카의 탁월한 에세이 『향수의 예술 The Art of Perfumery』이 포함되어 있다.

Calkin, Robert R., and J. Stephan Jellinek. *Perfumery*. New York: John Wiley and Sons, 1994.

Curtis, Tony, and David G. Williams. *Introduction to Perfumery*. London: Ellis Horwood, 1994. Gattefossé, R. M. *Formulary of Perfumes and Cosmetics*. New York: Chemical Publishing, 1959. Jellinek, Paul. *The Practice of Modern Perfumery*. London: Leonard Hill Ltd., 1959.

–. *The Psychological Basis of Perfumery*. Edited by J. Stephan Jellinek. London: Chapman and Hall, 1997.

Lynne, Mary. Galaxy of Scents. Kila, MT: Kessinger, 1994.

Maurer, Edward. *Perfumes and Their Production*. London: United Trade Press, 1958.

Miller, Richard, and Iona Miller. *The Magical and Ritual Uses of*

Perfumes. Rochester, VT: Destiny Books, 1990.

Moncrieff, R. W. *The Chemistry of Perfumery Materials*. London: United Trade Press, 1949.

Müller, P. M., and D. Lamparsky, eds. *Perfumes: Art, Science, and Technology*. London: Elsevier, 1991.

Van Toller, Steve, and George Dodd. Perfumery: *The Psychology and Biology of Fragrance*. London: Chapman and Hall, 1988.

아로마테라피

아로마테라피는 이 주제에 관한 방대한 양의 서적을 통해 알 수 있듯이 열렬한 독서 대중과 함께 성장 하고 있는 분야이다. 일부 서적은 건강 관련 측면에 더 집중한다(티저렌드 Tisserand, 발렛 Valnet, 가트포세 Gattefossé). 조향사에게 가장 유용한 아로마테라피 서적은 에센스의 미적 특성과 감정에 미치는 영향 을 조명하는 서적이다. 나는 특히 줄리아 로리스(Julia Lawless)의 두 권의 책과 다미앵(Damians)의 책을 좋아한다. 바타글리아(Battaglia)의 책은 철저한 백과사전이고, 피셔-리지(Fischer-Rizzi)의 책은 사용자 친화적인 소개서이다.

Battaglia, Salvatore. *The Complete Guide to Aromatherapy*. Queensland, Australia: The Perfect Potion, 1997.

Cunningham, Scott. *Magical Aromatherapy*. St. Paul, MN: Llewellyn Publications, 1992.

Damian, Peter, and Kate Damian. *Aromatherapy: Scent and Psyche.* Rochester, VT: Healing Arts Press, 1995.

Davis, Patricia. *Aromatherapy A-Z.* Essex, England: C. W. Daniel, 1988.

─. *Subtle Aromatherapy.* Essex, England: C. W. Daniel, 1991.

Edwards, Victoria H. *The Aromatherapy Companion.* Pownal, VT: Storey Books, 1999.

Fischer-Rizzi, Suzanne. *Complete Aromatherapy Handbook.* New York: Sterling Publishing, 1990. Gattefossé, René. *Gattefosse's Aromatherapy.* Essex, England: C. W. Daniel, 1993.

Jünemann, Monika. *Enchanting Scents.* Wilmot, WI: Lotus Light, 1988.

Keville, Kathy, and Mindy Green. *Aromatherapy: A Complete Guide to the Healing Art.* Freedom, CA: The Crossing Press, 1995.

Lawless, Julia. *Aromatherapy and the Mind.* London: Thorsons, 1994.

─ *The Complete Encyclopedia of Essential Oils.* Rockport, MA: Element, 1995.

Maury, Marguerite. *Marguerite Maury's Guide to Aromatherapy.* London: C. W. Daniel, 1989.

Miller, Richard, and Iona Miller. *The Magical and Ritual Use of Perfumes.* Rochester, VT: Destiny Books, 1990.

Mojay, Gabriel. *Aromatherapy for Healing the Spirit.* London: Gaia Books, 1996.

Price, Len. *Carrier Oils for Aromatherapy and Massage.* Stratford-upon-Avon, England: Riverhead, 1999.

Price, Shirley. *Aromatherapy Workbook.* London: Thorsons, 1993.

Rose, Jeanne. *The Aromatherapy Book*. Berkeley, CA: North Atlantic Books, 1992.

—. 375 *Essential Oils and Hydrosols*. Berkeley, CA: Frog Ltd., 1999.

Sellar, Wanda. *The Directory of Essential Oils*. Essex, England: C. W. Daniel, 1992.

Tisserand, Robert. *The Art of Aromatherapy*. Rochester, VT: Healing Arts Press, 1977.

Valnet, Jean. *The Practice of Aromatherapy*. Rochester, VT: Healing Arts Press, 1990.

Wildwood, Christine. *Create Your Own Perfumes*. London: Paitkus, 1994.

—. *Creative Aromatherapy*. London: Thorson's, 1993.

—. *The Encyclopedia of Aromatherapy*. Rochester, VT: Healing Arts Press, 1996.

Worwood, Valerie Ann. *Aromantics*. New York: Bantam, 1993.

—. *The Complete Book of Essential Oils and Aromatherapy*. San Rafael, CA: New World Library,1991.

—. *The Fragrant Heavens*. Novato, CA: New World Library,1999.

—. *The Fragrant Mind*. London: Doubleday, 1995.

향수 병

술과 라벨에 이르기까지 진정한 예술의 경지에 이른 향수의 프레젠테이션은 매우 관대한 역사를 가지고 있다. 흥미롭게도 상업용 향수병은 화장대 위에 향수를 담아두기 위해 만들어진 향수병보다 훨씬 더 흥미롭고 아름답다. 라리크(Lalique)의 책은 상업용 향수병과 마찬가지로 보물로 가득 차 있지만, 향수 패키징에 관한 책의 백미는 켄 리치(Ken Leach)의 책이다.

Ball, Joanne Dubbs, and Dorothy Hehl Torem. *Commercial Fragrance Bottles*. Atglen, PA: Schiffer, 1993.

　-. *Fragrance Bottle Masterpieces*. West Chester, PA: Schiffer,1996

Gaborit, Jean-Yves. *Perfumes: The Essences and Their Bottles*. New York: Rizzoli, 1985.

Jones-North, Jacquelyne. *Commercial Perfume Bottles*. West Chester, PA: Schiffer, 1987.

　- *Perfume, Cologne and Scent Bottles*. West Chester, PA: Schiffer, 1986.

Latimer, Tirza True. *The Perfume Atomizer*. West Chester, PA: Schiffer, 1991.

Launert, Edmund. *Perfume and Pomanders*. Munich: Georg D.W. Callwey, 1987.

Leach, Ken. *Perfume Presentation*. Toronto: Kres Publishing, 1997.

Utt, Mary Lou, and Glenn Utt, with Patricia Bayer. *Lalique Perfume Bottles*. London: Thames and Hudson, 1990.

향수

많은 조향사들이 향수에 대한 세련되고 아름다운 책을 자체 출판했다. 랑방(Lanvin)은 콜레트에게 소개 글을 써달라고 부탁했다. 조지 바비어(George Barbier)의 화려한 삽화가 담긴 『향수의 로맨스 The Romance of Perfume』에는 향수의 역사에 대한 풍부한 정보가 담겨 있다.

Colette. *L'Opera de l'Odorat*. Paris: Lanvin Parfums, 1949.
Leffingwell, Albert. *Toujours de L'Avant*. New York: Pinaud, 1928.
Le Gallienne, Richard. *The Romance of Perfume*. New York: Richard Hudnut, 1928.
Sentenac, Paul. *History of a Perfumer*. Paris: House of Houbigant, 1925.
Willer, Ellen, and Phillippe Lorin. *Jean Patou: Ma Collection*. Paris: Jean Patou, 1964.

감사의 말

  도움과 지지를 보내주신 몇 분께 특별히 감사드린다. 향수의 세계에서 나는 특히 나의 작업에 관대함과 지속적인 격려를 아끼지 않은 아네트 그린(Annette Green)과 원고의 일부를 읽고 댓글을 달아 준 에이버리 길버트에게 큰 빚을 지고 있다. 엘리너 베르티노(Eleanor Bertino)는 내가 향수의 세계로 진출할 수 있도록 도와주었다. 진 도허티(Jean Dougherty)는 책에 등장하는 모든 예술 작품을 스캔하면서 내가 아끼는 오래된 책들을 조심스럽게 다루어 주었고 이미지에 새로운 생명을 불어넣어 주었다. 조엘 번스타인(Joel Bernstein)은 특유의 완벽주의를 발휘하여 사진 촬영을 도왔다. 책의 디자인에 대한 나의 바람을 충족시키면서 영감을 준 수잔 미첼(Susan Mitchell), 산제이 코타리(Sanjay Kothari), 애비 케이건 (Abby Kagan)에게 찬사를 보내며, 침착하고 훌륭한 인성으로 수많은 디테일에 신경을 써 준 캐트 린 와일드(Katrin Wilde)에게 감사하는 마음을 전한다. 언제나 그렇듯이, 나의 에이전트인 피터 맷슨(Peter Matson)의 따뜻함과 나에 대한 변함없는 믿음에 고마움을 표한다.

  이나 리스만(Ina Risman)과 카렌 뎀시(Karen Dempsey)는 법에 저촉되지 않을 만큼의 동정심과 뛰어난 지성과 기술로 곤경에 처한 이 여성을 도와준 공로를 인정받아 변호사 천국에 가게 될 것이다. 윌리엄 볼먼(William

Vollman)은 지성을 다하고 늘 지켜주는 친구였다. 로빈 라코프(Robin Lakoff)는 모든 면에서 내 곁을 지켜주었고 작가로서의 발전을 위해 끊임없이 격려해 주었다. 패티 커탄(Patty Curtan)의 관대함과 타의 추종을 불허하는 디자인 안목에 감사를 전한다.

무엇보다도 변함없는 사랑과 내 삶을 헤아릴 수 없이 풍요롭게 해주는 깊은 유대감으로 나를 지켜주는 크리스 채프먼(Chris Chapman)과 내 인생에서 가장 소중한 선물인 딸 클로이에게 감사의 인사를 전하고 싶다.

옮긴이 감사의 말

향수 "왜 천연오일인가?"라고 질문했을 때 로버트 티져랜드(Robett Tisserand)의 『아로마테라피의 예술 The Art of Aromatherapy』에서의 대답은 합성물질이나 무기물질에는 '생명력'이 포함되어 있지 않고, 역동적이지 않기 때문이다. 모든 것은 화학 물질로 만들어졌지만 에센셜오일과 같은 유기물질은 대자연만이 조합할 수 있는 구조를 가지고 있다. 에센셜오일에는 생명력, 즉 생명체에서만 발견할 수 있는 추가적인 추진력이 있다고 말하고 있습니다.

천연오일에 내재된 힘에 대한 이야기는 오래전부터 이어져 내려오고 있고, 아로마테라피의 역사 속에 향수의 역사가 같이 녹아 있음이 이 책에 잘 소개되어 있습니다.

향수를 좋아하는 분들에게 천연오일 향에 대한 이해를 돕는데 매우 유용한 내용이 많이 있어 번역을 진행하면서 아로마테라피스트로 뿌듯함이 느꼈습니다.

이 책을 번역하고 출판까지 할 수 있도록 응원해주신 모든 분들에게 감사의 마음을 전합니다. 특히 아낌없는 지지와 도움을 보내준 저의 영원한 동반자이면서 든든한 버팀목이 되어주는 남편 김동화님, 또한 나의 영원한 벗인 황수미님께 이 글을 빌어 감사의 마음을 전합니다. 마지막으로 이 책이 완성될 수 있게 끝까지 힘써주신 ICAA영국아로마테라피 이은정 센터장님의 무한한 지지와 응원에 감사한 마음을 전합니다.

옮긴 이

아로마텔러 신지영